中华君子文化

第五辑

主　　编◎何善蒙

执行主编◎涂可国　叶达

安徽师范大学出版社
ANHUI NORMAL UNIVERSITY PRESS

·芜湖·

图书在版编目（CIP）数据

中华君子文化.第五辑 / 何善蒙主编.—芜湖:安徽师范大学出版社,2023.11
ISBN 978-7-5676-6338-1

Ⅰ.①中… Ⅱ.①何… Ⅲ.①中华文化—文集 Ⅳ.①K203-53

中国国家版本馆CIP数据核字(2023)第168078号

ZHONGHUA JUNZI WENHUA(DI-WU JI)

中华君子文化（第五辑）

何善蒙◎主编　　涂可国　叶　达◎执行主编

封面题字：楼含松

责任编辑：祝凤霞　夏珊珊　　责任校对：李克非

装帧设计：王晴晴　姚　远　　责任印制：桑国磊

出版发行：安徽师范大学出版社

　　　　　芜湖市北京中路2号安徽师范大学赭山校区　　邮政编码：241000

网　　　址：http://www.ahnupress.com/

发 行 部：0553-3883578　5910327　5910310（传真）

印　　　刷：苏州市古得堡数码印刷有限公司

版　　　次：2023年11月第1版

印　　　次：2023年11月第1次印刷

规　　　格：700 mm × 1000 mm　1/16

印　　　张：23

字　　　数：318千字

书　　　号：ISBN 978-7-5676-6338-1

定　　　价：98.00元

凡发现图书有质量问题,请与我社联系(联系电话:0553-5910315)

编辑委员会

传承赓续中华君子文化　创新发展中华民族现代文明

中华君子文化是中华民族人文精神的重要象征，具有凝聚共识、团结人心的积极作用，是维系社会稳定发展的积极力量。中华君子文化蕴含崇尚和睦、成己成人、民胞物与的价值追求与自强不息、厚德载物、重礼贵和的鲜明个性，是国民群体身份认同的精神符码，也是传统文化与现代文明沟通对话的黄金桥梁。当代中国进入经济高速发展时期，溯源中国古代思想文化、接续中华文脉文明、推动社会文明发展，是创新发展中华民族现代文明的题中应有之义。作为中华优秀传统文化重要组成部分，君子文化的独特魅力与人文价值，对民族团结、社会和谐、经济发展具有积极的推动作用。

一、传播弘扬中华君子文化，助推新时代文化强国建设

近年来，中华君子文化的发展表现出显著的社会影响力和学术感召力，充分说明中华优秀传统文化在社会层面的关注度与认可度与日俱增。2023年4月15—16日，第七届君子文化论坛在山东肥城举行，来自全国高校与科研院所的200多位专家学者参与本次会议，反响热烈，获得广泛好评。此次会议的主题是"美好生活与君子文化"，回应了当下社会关切的热点问题，彰显了君子文化的人文关怀与价值定位。自2015年以"君子文化与当代社会"为主题的首届君子文化论坛召开以来，历届会议的

主题设置、议程安排与发展目标无不彰显强烈的社会使命感与责任担当意识，这既是对中华君子文化核心精神与价值属性的自觉发扬，也是当代社会实践立足社会现实、回应社会问题、紧随社会发展的时代要求。2016年，以"君子文化的当代价值"为主题的第二届君子文化论坛在安徽合肥召开；2017年，以"君子文化的当代实践"为主题的第三届君子文化论坛在江苏无锡华西村举办；2018年，以"新时代，新君子，新使命"为主题的第四届君子文化论坛在湖南长沙召开；2019年，以"家国情怀与君子文化"为主题的第五届君子文化论坛在上海召开；2020年，以"立德树人与君子文化"为主题的第六届君子文化论坛在安徽铜陵召开。中华君子文化的传承创新与传播交流正逐渐走向成熟化、常态化、科学化，展现出浓郁时代气息。

从历届君子文化论坛推动学术发展、凝聚社会共识、传播公共价值的效果来看，围绕君子文化的解码赋能、传播联动与现代转化正逐步形成并走向成熟。本书设置的三大主题即"美好生活与君子文化""君子文化的历史内涵""君子教育的当代价值"，目的便是推动传统与现实的深层对话，激活历史文化资源，激发君子文化生命力，使君子文化的传承开新得以通过话语体系转化、多元视域融合与思维范式变革完成。未来君子文化的发展建设，仍是以学术研究为核心、社会实践为指向，立足中国国情、回应社会现实，发挥君子文化引领当代社会文明进步的积极作用。

二、夯实君子文化研究基础，开拓君子文化发展新方向

当今学界对中华君子文化的研究，已取得了一系列显著成果，但在应用层面和学术层面上，仍有进一步开拓空间。就研究主题而言，君子文化的当代海外传播、君子文化与新时代家风家训建设、君子文化与传统美育精神、君子文化与中华文明的连续性、君子文化与文明

互鉴交流、君子文化与中华民族共同体意识建构等等，都值得进一步挖掘与丰富。就研究方法而言，增强问题研究意识，创新运用多学科交叉融合方法，是丰富和发展君子文化不可或缺的前提条件。君子文化本身具有的社会性、包容性与亲和力，决定了社会大众广泛参与的积极性，充分调动社会资源参与君子文化建设发展，是提高君子文化社会影响力、加速君子文化发展的有效措施。

　　具体而言，君子文化研究在以下几个方面仍有待推进。第一，君子文化的内涵、时代意蕴与实践路径研究需进一步深化。中华君子文化发源于儒家文化，而道家、佛教文化对君子观念的发展演变具有举足轻重的影响和意义，充分挖掘不同文化类型对君子观念生成演变的不同作用，是夯实君子文化研究基础的重点也是难点。第二，君子文化具有丰富的实践维度，呼应时代发展、表达时代之问，既是对其实践特性的彰显，也是增强君子文化生命力、影响力、感召力的着力点。第三，学理诠释和生命诠释相结合。君子文化不是抽象的、空洞的、呆板的，而是关乎生命实践、充满人生智慧、蕴含哲思意蕴的有机整体。这就意味着我们要去除现代性的思维定式，摆脱现代学科视野带来的视域遮蔽。这是君子文化也是传统文化研究通常存在的大问题，需要几代学者齐心协力共同完成方能重启君子文化或传统文化的丰富向度。

三、加快中华君子文化体系建设，合力推进文化创新发展

　　文化的传承发展离不开科学的谋划与布局。中华君子文化是中华优秀传统文化的重要组成部分，也是文化强国战略的重要内容，在推进学术研究的同时，也应注重社会层面的传播普及，实现文化生命的落地生根，使君子文化成为赓续历史文脉、共振家国命运、助推社会发展的代表性文化形态。我们可以从以下几个方面进行思考：首先，丰富君子文化的传播途径，鼓励社会大众的广泛参与。将最能代表君子文化的优秀

作品，通过网络媒体进行宣传，扩大社会受众覆盖面。与此同时，君子文化的海外传播也有待进一步开拓，作为检验文化影响力的重要指标，海外传播不仅对树立文化自信、推进文化强国建设有着重要意义，更是实现文化生命延续、扩张的有效之举。对于君子文化的传播而言，这尤为重要。其次，打造君子文化的精品系列工程。精品化是文化、经济、政治、科技、教育等不同社会领域发展的共同目标。君子文化的精品系列工程是指打造思想深邃与艺术精湛的传世之作，这需要科学的顶层设计和长期的人力物力投入，是一项浩大而深远的巨大工程。再次，制定中华君子文化发展的短期目标和长期计划。短期目标的设立是为了明确君子文化的阶段性发展内容，长期目标的设立是为了明确君子文化的发展方向。短期目标如当年的会议活动、普及项目、宣讲活动等，长期计划比如学术研究机制与普及传播机制的建立等。短期目标和长期计划的相互调配是君子文化在未来一段时间内得到科学发展建设的保证，这需要集众人之智、合众人之心。最后，社会资源的合理配置是推动中华君子文化发展的有效举措。中华君子文化具有深厚的人文精神与价值关怀，近年来全国各地纷纷开展了不少与君子文化相关的社会实践，如山东威海打造"君子之风·美德威海"，彰显君子文化的独特魅力与价值。社会资源的合理调配是推进君子文化创新发展的有力途径，有助于激发社会共建君子文化活力。

君子文化是中华民族人文精神的重要象征。君子文化蕴含忧国忧民的家国理想、内省慎独的道德理念、和合包容的人文精神，是中华民族砥砺前行、行稳致远的精神源泉。新时代新征程，君子文化必将在当代社会发展过程中贡献其独特力量，我们也必将感受其独特魅力与价值。君子之风，山高水长。在君子文化的感召下，让我们共同推动中华历史文脉的传承发展，推动祖国实现第二个百年奋斗目标和中华民族的伟大复兴。

何善蒙

目 录

君子文化的历史内涵

君子教育的当代价值

特　稿

《儒家理想人格与中国传统文化·序》（手稿）

冯 契[*]

---

* 冯契（1915—1995），中国现当代著名哲学家与哲学史家。他的中国哲学、西方哲学与马克思主义哲学的底蕴与造诣极深，创造性地建构了中西马融合的"智慧说"哲学思想体系。

我说他们书稿有"新意和特色"，主要是指：第一，他对儒家典籍中常见的君子、圣贤、成人、而儒、豪杰、大人、大丈夫等理想人格称谓，作了较为细致的剖析，揭示出其中所包含的多层面的意蕴，并进而指出，儒家的理想人格学说的理论基础是"人贵在于'有义'"的价值观，从得儒家在人类固有理想意向（求真、向善、爱美）中特别突出了道德精神，因而有所见"洞幽烛微"。第二，作者着重论述了中国历代士大夫信奉的"兼济"与"独善"相结一的人生哲学，乃是对儒家理想人格模式化认同的结果；而圣人崇拜作为儒家对理想人格憧憬的衍生物，则集中体现在"道统"与"治统"合一的历史嬗变中。此外，作者还从思维方式、生死观、法和礼、对科学和艺术的态度等，多方面、多层次地考察了儒家理想人格学说的社会文化效应，因而显得羽毛丰满，内容充实。第三，在写作方法上，作者对儒家的理想人格及其表现持采引具体分析的态度，既指出其对民族传统文化的积极影响，也考察了它的消极作用；并运用宏观把握与微观研究相结合的方式，从个例来说明一般（如第五章从对陶渊明、白居易、王勃传三人所作的个案研究来论述过士大夫的立身处世之道）从而增加了生动性、可读性。所以，本书作为一术学术性

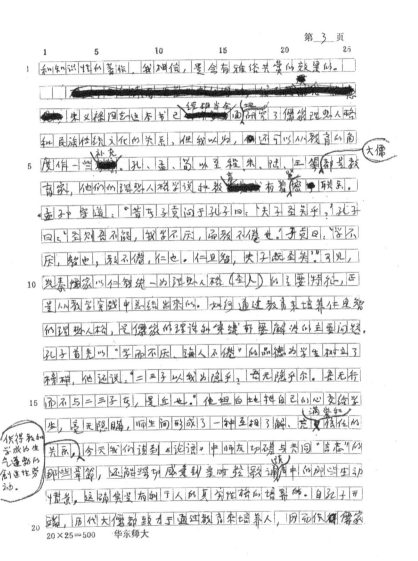

和知识性的著作，我相信，是会有雅俗共赏的效果的。

朱义禄同志这本书已经研究了儒家理想人格（理想）和民族传统文化的关系，但我以为，他还可以从教育的角度作一些补充。孔、孟、荀以至程、朱、陆、王等都是教育家（大儒），他们的理想人格学说和教育有着密切的联系。《孟子》里说："昔者子贡问于孔子曰：'夫子圣矣乎？'孔子曰：'圣则吾不能，我学不厌，而教不倦也。'子贡曰：'学不厌，智也，教不倦，仁也。仁且智，夫子既圣矣。'"可见先秦儒家以什么统一的理想人格（圣人）的主要特征，正是从教育实践中总结出来的。如何通过教育来培养作具智的理想人格，是儒家作理论和实践都要解决的主要问题。孔子首先以"学而不厌，诲人不倦"的品德为学生树立了榜样，他还说："二三子以我为隐乎？吾无隐乎尔。吾无行而不与二三子者，是丘也。"他坦白地把自己的心交给学生，毫无隐瞒，师生间形成了一种互相了解、充满信任的关系（使得教和学成为生气蓬勃的创造性劳动）。今天我们读到《论语》中师友切磋与共同"言志"的那些章节，还能够体会到当时教育中的那些生动情景，这确实是有利于人的良好性格的培养的。自孔子开端，历代大儒都致力于通过教育来培养人，历而代代儒家

20×25＝500　　华东师大

第 4 页

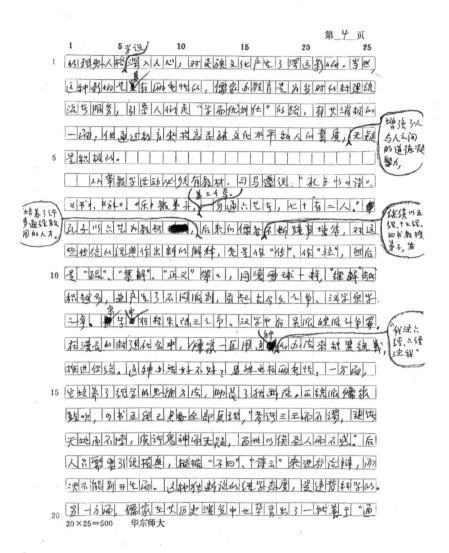

1　的理想人格渗入人心，对民族文化产生了深远的影响。当然
　这种影响也具有两重性。儒家的教育是为当时的封建统
　治秩序服务，引导人们走"学而优则仕"的路，有其消极的
　一面，但通过教育提高民族文化水平和人们素质，无疑
5　是积极的。

（旁注：增强了人与人之间的道德凝聚力）

　　从事教学活动必须有教材。司马迁说："孔子以《诗》、
　《书》、《礼》、《乐》教弟子，身通六艺者，七十有二人。"（盖三千焉）

（旁注：培养了许多通经致用的人才）

　孔子以六艺为教材，后来的儒者不断践习增华，对这
　些传统的经典作出新的解释，先是仅作"传"、作"注"，到后
10　是"疏"、"集解"、"正义"等，同演绎球十样，"理解"越
　积越多，进产生了不同派别，引起古今文之争、汉学宋学
　之争，宋学有程朱陆王之台，汉学也有吴派皖派斗争等。

（旁注：宋学）

（旁注：继续以五经、十三经、四书教授弟子，并……注述六经、六经注我）

　在漫长的封建社会中，儒家一直用这种办法来承继继，
　推进传统。这种办法好不好？显然也有两重性。一方面
15　它培养了经学的思维方式，助长了独断性。正统派儒家
　鼓吹，四书五经已具备全部真理，"考诸三王而不谬，建诸
　天地而不悖，质诸鬼神而无疑，百世以俟圣人而不惑。"后
　人只需要引经据典，根据"子曰"、"诗云"来进行论辩，而
　决不能别开生面。这种独断的经学态度，是违背科学的。
20　另一方面，儒家在其历史演变中也孕育出了一批善于"道

第_5_页

古今之变"，具有"兼容并包"精神的大师。他们博览古今，因而益不泥古，而能够"以今持古"(朱子语)，站定"自己"的立场来回顾历史，从前人所遗产中吸取智慧，以求通变、创新。他们有宽广的胸怀，认为道非一家之私，"万物并育而不相害，道并行而不相悖"，不仅儒家内部容许不同学派存在，而且有些学者(如杨慎、黄宗羲等)认为诸子及佛、道等均有可取之处。这种……辩证的宽容的精神的确立，是反对独断论的。

与其各学派和佛教、道教等相比，儒家对民族传统文化的影响确实是得更大一些。史所以能如此的两方面的原因，一方面，自汉代儒术独尊以来，儒术和专制主义的政治权力相结合，得到了统治者的提倡，另一方面，儒家长期从事教育事业，既培养了接班人，又做了整理典籍的工作，促进了民族文化的持续发展。由于前者，便使正统派儒学成为帝王御用之学，在学术上助长了……独断论的绝对态度，产生了许多依附权势等的阻碍。由于后者，儒家对提高民族素质和增强民族的凝聚力起了积极作用，……了一批……具有宽广胸怀的"通儒"、"鸿儒"，前面已说，朱义禄同志在本书对儒家的这些人物……

（旁注）的宽容

（旁注）除了儒家教义特别适合建宗法制度的需要之外，还有……

（旁注）与民族传统文化的关系采取了具体分析的态度……

（旁注）为真理和正义献身的志士……

中华君子文化（第五辑）

第_6_页

指出其积极影响的，也考察了它消极作用，我这里从教育的角度作了一点补充，也正是说明儒家理想人格学说具有两重性。因此，我们补充这引这是对朱义禄同志的论点的一个证明。

一九九〇年六月

20×25＝500　华东师大

008

论"自强不息"

——君子品性的实践及其现代意义

朱义禄**

摘要： 在君子文化中，"自强不息"的品性是一个非常重要的内容，其源头在六经之首的《易传》"天行健，君子以自强不息"中。这一品性的确定，在道德修养、政治活动与治学之道的领域中，影响甚为深远，自古代一直到当代绵延不绝，不但对中华民族人格的模塑有着积极的意义，而且是中华文明持续数千年不断的重要因素之一。

关键词： 自强不息；道德修养；法天不息；学问之道

一

"天行健，君子以自强不息"①，这是《易传》提出的著名的命题。《易传》认为，万物之所以生长、发展和进步，根本原因在于"天行健"。"天"永不疲倦地在运动着，"君子"应效法天道，刚健地向前行进。"健"即运行不止。自强不息强调的是，君子应该具有主动努力向上，勤奋地、不懈地从事某一事业的精神。这是从天人合一论出发的，

---

* 朱义禄，同济大学马克思主义学院教授，研究方向为明清哲学与儒学。

* 编者按：朱义禄教授早年创作的《儒家理想人格与中国文化》（系1987年国家社会科学基金项目成果）是学界研究儒家理想人格及其当代价值最早著作之一，对学术界产生了很大影响。

①《象传·乾卦》。

但归宿却落实在君子的品性上，是两千多年来激励正直人士前进的动力，也成为奋发有为的人们立身处世的重要原则。

自强不息的精神较早可追溯到《尚书》里。《尚书》中的《无逸》篇，记载了周公诫教成王的事，周公对成王的要求是做到"君子所其无逸"。他列举了殷代的中宗、高宗、祖甲三个国王的事迹作为正面典型，指出他们"不敢荒宁"，不贪图安逸而勤于政务，享国日久。以后的国王，"不知稼穑之艰难，不闻小人之劳，惟耽乐之从"。这些"后王"执政时间就短得多了，生来就贪图安逸是不对的，应当以周文王等人作为榜样，"文王卑服，即康功田功，徽柔懿恭，怀保小民，惠鲜鳏寡。自朝至于日中昃，不遑暇食，用咸和万民"。这是说，文王从事过卑贱的劳作，如修路种田。他心地仁慈，态度和蔼，使百姓安居乐业，并施恩惠于鳏寡孤独的人。他从早晨到下午，忙碌得无暇吃饭，用这种辛勤劳苦的精神治理国家，使万民安乐地生活。全篇强调的是"无逸"为帝王必备的品质之一。"无逸"侧重于国家政治的治理，但其精神实质是与自强不息一脉相通的。由于儒家影响的扩展，《尚书》在中国古代社会里，成为依据历史资料对人们进行政治与伦理规范教育的重要教材，为士人的必读教科书。文天祥中了状元之后，上疏期望宋理宗以"无逸"作为人生的座右铭，就是一个明证。

《论语》中与自强不息相关的材料不少。《述而》篇中"发愤忘食，乐以忘忧，不知老之将至"与"学之不厌，诲人不倦"等话，与"君子以自强不息"语意相近。孔子倡导"刚毅"的原委，因为"刚、毅、木、讷，近仁"[①]。孔子认为，人有刚毅进取、积极有为的品性。孔子弟子有不同的发挥，说得最好且深入后世士人心灵的是曾子的主张："士不可以不弘毅，任重而道远。仁以为己任，不亦重乎？死而后已，不亦远乎？"[②]"仁"是刚性的，"士"得具备刚毅的意志，因为他的责

①《论语·子路》。
②《论语·泰伯》。

任重大而道路遥远，以弘扬"仁学"为自己的使命。这对士君子来说，是重大的责任，至死方能停下来。这与自强不息的意思一般无二。孔子自述其一生积极有为的历程已为炎黄子孙所耳熟："吾十有五而志于学，三十而立，四十而不惑，五十而知天命，六十而耳顺，七十从心所欲，不逾矩。"①子路在石门过夜，守城门的人对子路说孔子是一个"知其不可而为之者"②。一个平民的评价，要比出自孔子之口更有说服力。明明知道自己的主张，在礼崩乐坏的时代里难以实现，还要尽一己的力量为之，真是自找烦恼。守城门的人的话，原意是讥讽孔子为不识时务的人，但后人读来，体会到的却是孔子一往无前的"刚毅"之心，始终充塞着为实现自己主张的自强不息的精神。欧阳修著《易童子问》，怀疑《易传》中《系辞》《文言》之下，都非孔子所作。北宋有一股疑经的思潮，欧阳修的怀疑是属于经学史上研究范围里的事情③。欧阳修的疑问，没有打消士人视《易传》为孔子撰写的传统观点。自强不息作为君子的品性，一直是以孔子的名义在历史上起作用的。无论从思想渊源还是历史实际去看，《易传》和孔子之间均存在一定的关联。

君子自强不息的品性，作为理想人格境界是儒家一贯提倡的。为说明问题，有必要对人格做一界定。人格是人们日常生活中经常使用的概念，是一个充满着歧义而为多学科使用的术语。学术界关于人格的定义有一百多种。笔者认为，人格是指人在一定社会制度与文化下形成的，旨在调节人与社会、人与人（包括自身）关系的行为准则，以及在实际行为中显现出来的精神。君子是儒家理想人格体系中的一个范型，自强不息是君子必备的品性之一。理想人格简单地说就是榜

①《论语·为政》。

②《论语·宪问》。

③《易传》的成书当在孔子之后，大抵系战国或秦汉之际的作品。参见张岱年：《中国哲学史大辞典》，上海辞书出版社，2010年版，第469页。

样。在一定的制度与文化中，人们的要求、期望集中于某一个楷模上，即为理想人格。"天行健，君子以自强不息"，《易传》以最简明的词语，概括了《尚书》《论语》的见解。它强调人道应效法天道，从天人合一这一角度，给"君子"的积极进取的精神增添了一重天道上的保证。《象传·大有卦》提出"刚健"的观念，"刚健而文明"。唐李鼎祚《周易集解》引晋人干宝的话说："凡勉强以进德，不必须在位也，故舜一日万机，文王日昃不暇食，仲尼终夜不寝，颜子欲罢不能，自此以下莫敢淫心舍力，故曰自强不息矣。"对统治者来说，李鼎祚强调的是在治国方略上，君主要有"无逸"的素质，即"莫敢淫心舍力，自强不息"的精神，但对儒家学者或受儒学影响较深的炎黄子孙来说，自强不息的人格境界主要体现在三个方面。

二

首先是道德修养的自觉性方面。《中庸》中有"戒慎恐惧"一语，历来儒者多从消极防范的意义上加以疏解。王阳明认为，这是要人们时刻提防邪恶人欲的萌生，"防于未萌之先而克方萌之际，此正《中庸》戒慎恐惧、《大学》致知格物之功"[1]。其学生邹守益之解说，既有承师说之一面，又赋予"自强不息"以新意：

> 自强不息，学者之所以希矣也……息则与天不相似矣。故曰：君子不动而敬，不言而信，戒慎乎其所不睹，恐惧乎其所不闻，则无须臾之息而天德纯矣，天德纯而王道出矣。此千圣相传之心法也……国朝以道鸣者，文清、康斋、敬斋、白沙诸君子，其尤也。[2]

---

① 王阳明：《王阳明全集》，吴光、钱明、董平等编校，浙江古籍出版社，2010年版，第72页。

② 邹守益：《邹守益集》，董平编校，凤凰出版社，2007年版，第24—25页。

"文清、康斋、敬斋、白沙诸君子"，指明初的薛瑄、胡居仁、吴与弼、陈献章等哲学家，邹守益认为他们是道德修养方面坚持自强不息的典范，"至老而不懈"。邹守益（1491—1562），阳明后学的重要代表人物。先宗程朱，后师事王阳明。他强调"戒慎恐惧"为"致良知"的主要修养方法。他以"无须臾之息"来解释"戒慎恐惧"，自强不息之意甚明，为王阳明原来消极防范之意的"戒慎恐惧"，赋予了积极进取的新意。"戒慎恐惧"是宋明儒者经常讲的道德修养论，就是"慎独"。《中庸》有"莫见乎隐，莫显乎微，故君子慎其独也"的话，认为在隐蔽的地方、微小的事情上最能看出一个人的品质。君子在独处无人注意时，坚持不干坏事。对它的理解，有消极防范和积极进取之不同，前者导致了禁欲主义。如明代中叶的黄绾，他曾整天把自己关在书室里，"终日不食，罚跪自击，无所不至。又以册刻'天理''人欲'四字，分两行。发一念由天理，以红笔点之；发一念由人欲，以黑笔点之。至十日一数之，以视红黑多寡为工程。又以绳系手臂；又为木牌，书当戒之言，藏袖中，常检之以自警"[①]。这种闭门观过、以红黑点"自警"的修养方法，是消极防范的必然结果。黄绾后觉察到这一办法并无效验，再也不做这种"存理灭欲"的克己功夫了。

后者就是邹守益的积极进取之义。他主张，时刻开发自身所具有的本质力量之一的德性，即"无须臾之息而天德纯"。人格的培养，是由不甚完备走向理想状态的过程，是人的天性向德性发展的过程。社会是由无数个体的人组成的，个体的人之禀赋是由遗传得来的。遗传性是亿万年生物进化的结果。从生物进化与社会实践那里，人所继承得来的天性是基础，它只是提供了一个发展的可能性。在这一基础上，在实践、教育与修养中，天性可以升华为德性，有崇高道德品质的人，

---

① 黄绾：《明道编》卷二，中华书局，1959年版，第23页。黄绾（1477—1551），字叔贤，号石龙。初宗程朱，后师事王阳明，晚年再变。反对"存理灭欲"，认为情与欲皆不能去。著作有《明道编》《石龙集》。

是人的德性主体开发的重要方面。如果除去邹守益的"千圣相传之心法"先验论的观点，那么"无须臾之息"进行道德修养上的砥砺以成就"君子"的见解，是有它正确与合理之处的。因为道德修养能否顺利进展，取决于个人主体是否有高度的自觉性。

　　道德修养是指个人在道德上所达到的水平和境界，是个人自觉地将社会道德要求转变为个人道德品质的事。道德品质的变化，是随着社会实践的发展而变化的，但处于同一社会实践中的人，有的人格境界很高，有的人格境界低下。造成这种差别的原因是：是否严格要求自己。自觉与坚持，是道德修养达到一定境界的前提条件之一，是文化名人在成长过程中的重要因素之一，古今中外概莫能外。道德修养的内容虽是客观的，但其行进的过程却是主观的。正因这一特点，道德修养的成功与否，取决于个人主体的自觉性，即"无须臾之息"，也就是自强不息。坚持不懈地进行道德素质提高上的努力，局囿于个人范围内，即使对周围人群有影响，影响范围毕竟也是有限的。当自强不息精神为志士仁人所接受，身体力行于政治活动领域时，影响就不是一时一地，而是千古如斯地发生着的。

三

　　从出使匈奴"啮雪咽毛"而气节不变的汉代苏武，到近代"苟利国家生死以"的林则徐，在政治活动领域中坚持自强不息的正人君子，代有其人。本文以文天祥为个案做些剖解。在我看来，文天祥是古代中国受自强不息影响最深的一位。自强不息精神，贯穿他一生的行动与思想中。"正气未亡人未息"[①]，是他自己的自况；"文天祥以法天不息为对"，是他人记载的实录。[②]"不息"是自强不息的简称，"法天不

---

　　①《文天祥全集》卷十四《指南后录》。
　　②《宋史·文天祥传》。

息"是了解文天祥一生的思想与行动的关键所在：

> 乾称进德者三，而象曰：天行健，君子以自强不息。圣人复申之曰：终日乾乾，行事也，君子之所以进者，无他，法天行而已矣。①

对"君子"来说，重要的是其行为对运行不息的"天"作效法和模仿。"臣闻天地，与道同不一息，圣人之心，与天地同不一息……然则道不一息，天地亦不一息。天地之不息，固道之不息者为之……臣之所望于陛下者，法天地之不息而已。"②宝祐四年（1256），文天祥携弟文璧在临安参加礼部考试，兄弟二人同被奏名，得以参加廷对。文璧殿试落选，文天祥以《御试策一道》的万言书对策，被宋理宗亲点为状元。对策以"不息"为宗旨，阐述了他对处于内患外扰下南宋政局的看法，提出了改革时政的建议。他企望宋理宗能像商代中宗、高宗、周代文王那样，以《尚书·无逸》中的"无逸"为治国的座右铭。"一无逸而效如此，然则不息者，非所以久欤？"③这自然是一厢情愿。就文天祥本人而言，"不息"精神贯穿于他的哲学观点之中，"臣闻天久而不坠也以运，地久而不陨也以转，水久而不腐也以流，日月、星辰而常新也以行。天下之凡不息者，皆以久也"④。天地、水、日月、星辰等自然界万事万物的总法则是运转与流行，这种运转与流行是永恒的，是天地万物持久、常新，具有活力的依据。"君子法天行"，就是效法自然的客观规律，把握天地万物"不息"的奥秘，并应用在自身的行为上。在文天祥看来，这是宇宙、社会、治国、人生的总法则，只有坚持"不息"，自然、社会、人事才能常新而不腐。

文天祥一生是坚持了自强不息的人格境界的。他说："盖不幸而固

---

① 《文天祥全集》卷十《题戴行可进学斋》。
② 《文天祥全集》卷三《御试策一道》。
③ 《文天祥全集》卷三《御试策一道》。
④ 《文天祥全集》卷三《御试策一道》。

有大灾大患，不容不出身捍御，天实驱之，而非夫人之所欲为也……
十一曜之行于天，无日不有，无时不然，人物之生，亦无一日可
息。"①文天祥所处的时代，是国家有大灾大患的"不幸"之时，社会
危机与民族灾难交织在一起。他诞生的那一年（1236），正是蒙军深入
川、汉、两淮一带之际；他被御点状元的时候，正是内侍董宋臣与权
相丁大全相互勾结，浊乱朝政之时。他想通过自己的作为，来挽救南
宋王朝，"某少也驱驰，尝有意于事功，鸡鸣奋发，壮怀固在"②"愿
觌宏济学，四海放一舟"③。一个卓然不群、奋发有为的少年，他不是
把学问小用于自身，而是大用于四海，这就是文天祥的恢宏胸襟和人
格境界。他从哲理的高度，提炼出"不息"的对立面"壅阏"④。"壅
阏"的政治含义，就是腐败的现实与有弊端的祖宗之法。以"不息"
去"壅阏"，在文天祥看来可作三个方面努力。一是希望宋理宗以"自
强不息"精神去治国，二是革除祖宗之法的流弊，三是揭示南宋王朝
的政治黑暗。他在《御试策一道》中，列举了许多无可辩驳的事实，
把民政、吏政、兵政、财政以及对外方面的腐朽丑恶，都摆到宋理宗
面前，政治之黑暗主要是由于官吏视万民为草芥，"操斧斤，淬锋锷，
日夜思所以斩伐"人民"命脉"的"贪官污吏"，"滔滔皆是"。这是青
年时代文天祥为实践"不息"精神所做的努力。

文天祥对死亡的沉思以及临死前的许多事迹，是很能说明他"不
息"精神的。自德祐元年（1275）奉诏起兵勤王时起，到至元十九年
（1282）慷慨就义时止，与文天祥相伴的是一部死亡进行曲。德祐二年
（1276）正月，文天祥被元军拘留。后在杜浒等人的策划和帮助下，从
镇江出逃才抵达通州，时间不到一个月，但死亡之神时时笼罩在文天

---

①《文天祥全集》卷十《跋彭叔英谈命录》。
②《文山先生全集》卷六《回汪安抚立信书》。
③《文天祥全集》卷一《送卓大著知漳州》。
④《文天祥全集》卷三《御试策一道》。

祥一行人身上。在《指南录·后序》中，文天祥用简练而悲壮的语言总结这段经历，一连用了十九个死字。"当死""几自刎死""从鱼腹死""无不死""例送死""几落贼手死"……一波接着一波，他"固付之度外""死生昼夜事也"来应对。当死亡之神频频招手时，文天祥坚持了下来，这固然与他执意复兴宋朝的忠心有关，"臣心一片磁针石，不指南方不肯休"①，也与他力行"不肯休"的"不息"精神相关。

面对蒙古国军队铁骑蹂躏时，文天祥说自己要践履孔孟的教诲，临死时他在衣带上写着："孔曰成仁，孟曰取义。唯其义尽，所以仁至。"表明他是孔子"刚毅"精神的践履者。在《正气歌》中他把孟子的"浩然之气"改为"浩然正气"，认为"浩然正气"是战胜邪恶的人格力量。据作于至元十八年（1281）的《正气歌序》知，他被囚禁在阴暗而潮湿的土室里达两年之久。臭腐湿蒸，污恶之气，积萃其间。水气、土气、日气、火气、米气、人气、秽气，交叉相叠，"当之者鲜不为厉"。文天祥均与众不同，"予以孱弱，俯仰其间，于兹二年矣，幸而无恙"。不同的原因在于他"善养浩然之气""是殆有养致然。然尔亦安知所养何哉？孟子曰：'吾善养吾浩然之气。'彼气有七，吾气有一，以一敌七，吾何患焉。况浩然者，乃天地之正气也，作正气歌一首"。"殆有养致然"，是说"浩然正气"是靠平日正义的行为长期积聚而成的，不能掉以轻心，也不能急于求成。生时积极有为，为国家和民族建功立业，不到个体生命结束之时，永不休止。"以一敌七"的"吾气"，是博大宏伟的凛然正气，也就是能使山河增色、永垂史册的浩然正气。这是文天祥"不息"精神在生死观上的具体体现。

从宝祐四年（1256）中状元起，到宋度宗咸淳十年（1274）知赣州府止，是他人生的第二阶段。先是董宋臣与丁大全互相勾结擅政的时期。董宋臣为宋理宗所宠爱，不仅是由于他能聚敛财富、奉承拍马，

---

①《文天祥全集》卷十三《扬子江》。

而且"作芙蓉阁、香兰亭宫中，进倡优傀儡，以奉帝为游燕"①。取得宋理宗信任后，董宋臣大兴土木，专权纳贿，豪夺民田，无恶不作，"京国闾巷，无小无大，辄以董阎罗呼之"②。丁大全就是巴结董宋臣而上去的。开庆元年（1259）文天祥上书宋理宗，认为蒙古国军队不是主要的威胁，奸臣董宋臣的专权才是，要求斩董宋臣以谢宗庙神灵，化解人们的怨怒。董宋臣以后，又进入了贾似道专权的时期。宋度宗为贾似道所立，宋度宗最相信的是贾似道，而南宋很多事情都坏在他手上。咸淳六年（1270），文天祥任崇政殿说书兼学士院权直。学士院权直这个官职，是替皇帝起草诏书的。文天祥利用这一官职，裁之以正义，他所起草的《拟进御笔》与《又拟》，对贾似道无一句褒辞又内含质问之实，这引起贾似道的不满。贾似道以去职要挟宋度宗，而宋度宗的天平不倾向于文天祥。于是文天祥援引北宋杨亿例，罢官归家。守正不阿，犯颜直谏，以忠贞自勉，以公心为重，唯求"大义所存"③。在与邪恶势力斗争中，自觉培养主体的浩然正气，是文天祥对自己的要求。

当国家遭受外族入侵时，文天祥不计个人安危，挺身而出，主动挑起拯救民族危亡的重担。从恭帝德祐元年（1275）文天祥奉诏勤王起，到端宗景炎三年（1278）抗敌失败止，是他人生的第三阶段。朝廷下诏勤王没给文天祥一兵一卒与任何钱财，他毁家纾难，尽以家产充军费，纠募吉赣等地兵民五万人，抵抗南下的元军。有人劝他，以这样的乌合之众去抗元军，何异驱群羊而搏猛虎？文天祥"亦知其然"，但国家有急难而无人响应，"吾深恨于此！故不自量力，而以身殉之，庶天下忠臣义士，将有闻风而起者，义胜者谋立，人众者功济。

①《宋史·贾似道传》。
②《文天祥全集》卷三上《癸亥皇帝书》。
③《文天祥全集》卷三《又拟》。

如此，则社稷犹可保也"①。他迎难而上挺身而出的目的，是想用自己的模范行为去激励国人，振奋人民的抗敌精神。"英雄未肯死前休"②，文天祥就是自觉地养浩然正气的民族英雄。

在国家倾覆的危急关头，由平日积累起来的浩然正气，鼓舞着文天祥不屈不挠地进行外交与军事的斗争，在兵败五坡岭被俘以后，他以历代忠节之士的事迹来激励自己，保持了崇高的民族气节。这是他人生的第四阶段，是他以往所蓄积的浩然正气，汇成的巨大精神力量，集中释放出来的时候。这一时期，从景炎三年（1278）被俘起到至元十九年（1282）就义止。"人生自古谁无死，留取丹心照汗青"③"正气扫地山河羞，身为大臣义当死"④……从身陷囹圄到以死殉国长达五年的岁月中，是浩然正气支撑着他，使他先后拒绝了张弘范、留梦炎、赵显、博罗直到元世祖等南宋的降帝降相与元帝元相的一系列劝降活动。同一个原因，使他能以"一气"敌污秽的"七气"而不生任何疾病。文天祥的浩然正气，就是中华民族的正气，是促进一个民族繁衍昌盛的精神力量。在正常时期，文天祥对邪恶势力决不妥协地斗争；在非常时期即民族危难之际，文天祥毁家纾难。这是文天祥坚持"法天不息"的人格境界的必然结果。他对董宋臣、贾似道等奸臣所做的种种指责，元军南下后他起兵勤王的义举，在狱中对投降主义者、元朝的诱降活动所做的斗争，都是他"人物之生，亦无一日可息"精神的写照。

---

①《宋史·文天祥传》。
②《文天祥全集》卷十三《纪事》。
③《文天祥全集》卷十《过零丁洋》。
④《文天祥全集》卷十四《二月六日海上大战》。

四

遍观世界上各个民族的文明史，中华文明是世界上唯一持续数千年而没有中断过的文明，这样的独特性是由多种因素综合作用而成的，其中一个重要因素就是数千年来有志于治学的君子，是以自强不息作为治学之道精神支柱的。司马迁在给友人任安的信中说自己"所以隐忍苟活，函粪土之中而不辞者"，是出自"鄙没世而文采不表于后"的心态，以期"通古今之变，成一家之言"的《史记》留给后世的人们①。自强不息的品性，在司马迁的治学道路上得到了淋漓尽致的体现。儒家经典《中庸》讲及博学、审问、慎思、明辨、笃行时，朱熹注道："君子之学，不为则已。为则必要其成，故常百倍其功。"②这一点朱熹是身体力行的。清人梁绍壬在《两般秋雨庵随笔》中说，有人见到朱熹的《四书集注》的原稿，前后改写了七次。是否真的七易其稿，今已难确证，但朱熹用四十余年时间反复修改该书是千真万确的。朱熹说："某于《论》《孟》，四十余年理会。中间逐字称等，不教偏些子，学者将注处宜子细看。"③临死前一天，还在改《大学章句》。治学精神上的"无须臾之息"，是身体力行"自强不息"经历的真实写照，"言山成而但少一篑，其止者，吾自止耳，平地而方覆一篑，其进者，吾自往耳。盖学者自强不息，则积少成多，中道而止，则前功尽弃。其止其往，皆在我而不在人也"④。以自强不息为学者人格境界的理想状态，是朱熹开创闽学、成为理学集大成者的主观原因吧！朱熹以"进止皆在我而不在人"，去诠解治学之道中的自强不息精神，已涉及

---

① 《汉书·司马迁传》。
② 《四书章句集注·中庸章句》。
③ 黎德靖：《朱子语类》卷十九，中华书局，1988年版，第437页。
④ 《四书章句集注·论语集注·子罕章》。

人的主体能动性。

人的主体能动性，指人在同客体的相互作用中所表现出来的能动性、创造性和自主性。客观物质或客观实在是客体，但客体不限于此，精神产品一经产生，作为主体认识对象后，也是客体。任何学说、思潮、著作一旦成为人类精神产品后，它的客观性不仅表现在它的物化形态上，而且表现在它的精神形态上。《大学》《中庸》《论语》《孟子》这四部著作对朱熹来说，是琢磨了多年的精神客体。所谓"其止吾自止""其进吾自往"，主要是人的主体性中的自主性。自主性是主体的人的本质力量的表现，是主体发挥其能动性、创造性的前提，"自强不息，则积少成多，中道而止，则前功尽弃"，而这一切皆取于"我"，自身必须具备自强不息的品性。"积少成多"是说由知之不多到知之甚多，由知之不深到知之甚深。如果不是在坚持不懈地探索学问的真谛，那么以往的努力就是白费的。朱熹没有使用主体能动性这一概念，但他一生的治学经历，是把自强不息精神化为行动了。

在中国文化史上有志学术研究的，终成一代大家的，都是他们自觉地发挥主体能动性的结果，而背后支撑的则是以"自强不息"为治学之道的宗旨。南宋李焘（1115—1184）为编撰《续资治通鉴长编》一书，"网罗收拾，垂四十年""精力几尽此书"。他在隆兴元年（1163）第一次进书状中说："臣尝尽力史学，于本朝故事尤切欣慕。每恨学士大夫，各信所传，不考诸实录、正史、纷错难信……臣辄发愤讨论，使众说咸会于一。"[1]正是李焘"发愤"般的旁征博引、考诸实录与正史，使《续资治通鉴长编》被后来史学者视为信史。谈迁（1593—1657）痛感各家编年史书的伪陋肤冗，不足征信，为存信史，他艰辛地寻访各种资料、遍访前朝旧吏遗民，又遍考群籍，并据邸报、档案、方志等来撰史事，撰成《国榷》一书。不料两年后书稿为小偷所盗，谈迁乃发愤重新编辑修订。今存世的一百零八卷、四百二十八

---

[1]《续资治通鉴长编》卷首。

万字的《国榷》，是谈迁重撰的结果。这是现存价值较高的一部完整的编年史，尤以明代建州史和崇祯一朝历史的记载见长。谈迁是个穷人，有时以教书糊口，有时以幕僚为生，缺乏撰书必要的物力和财力，但他以坚毅的精神战胜了这一切。此非仅史学史上的美谈，实为"莫敢淫心舍力，故曰自强不息"的人格境界的升华。

清初的陈鼎，因敬佩东林党人的坚贞不屈，立志写一部著作，把东林党人的事迹弘扬光大。为此他到各地采访，前后达二十年。一共搜集到四千多人的材料，写成《忠烈传》六十卷。孰料遭遇与谈迁一样的命运，在北京崇文门寓所，写成的书稿被小偷盗走，仅留目录五卷。没有气馁的他又到无锡，在门人与亲友帮助下，重新撰写，成书后取名《东林列传》，于康熙五十年（1711）刊刻成书。陈鼎为让东林党人名垂青史，花了大半辈子心血。再如《宋元学案》，是了解和研究宋元学术思想史的必读参考书。该书在编纂和刊刻过程中遭到的磨难极多，是一部名副其实九死一生的书。黄宗羲为全书定下了基调，但只写了三分之一。亏得全祖望、黄百家、王梓材、冯云濠等人世代相续的努力，直到道光十八年（1838）才正式付梓成书①。这距黄宗羲与全祖望之死已分别过了143与83年。就当代而言，陈寅恪在双目失明、身体残缺的晚年，依然著书不辍，感动了无数学子的心灵②。以上仅举史学家中的实例。

在当代许多哲学家身上，同样洋溢着自强不息的精神。冯友兰不满于20世纪60年代出版的《中国哲学史新编》二册（试稿），毅然决然于84岁那年（1979）从头写起。到1990年，他95岁时完成了《中国哲学史新编》七册（定本）。这十多年间，"行动不便，生活不能自理，

---

① 《宋元学案·前言》。

② 1963年，当代史学家陈寅恪以"左丘失明，孙子膑足，日暮西山"十二个字自况。自知来日无多的他，以口述后由助手记录的形式，完成了80万字的《柳如是别传》。参见陆键东：《陈寅恪的最后20年》，生活·读书·新知三联书店，1995年版，第401—403页。

双目几近失明""1989年8月至1990年7月，一年之内就曾五次住院治疗"，这一切都未能打消他重著《中国哲学史新编》的决心。他认为，"写作是'拼命的事'""凡是任何方面有成就的人，都需要有拼命的精神"。冯友兰可以称得上学术界"自强不息"的楷模。

最后要说一下自身经历的事，即先师冯契先生治学之道的情况。知道此事详情的人不多，我得多花些笔墨。1978年，时年63岁的冯师，招了六名研究生，我是年龄最大的一个。冯师有个挥之不去的情结，想把数十年研究成果写成著作：

> 《中国古代哲学的逻辑发展》是我早就计划要写的书。在50年代，我已勾画了它的轮廓；到60年代初，我在大量资料工作的基础上系统地作了笔记，写成了若干草稿……有一个时期，我确实感到困惑和心情默然：数十年的心血毁于一旦，原来计划写的几部书，就这样被扼杀了吗？司马迁发愤著书，可以"藏之名山，副在京师"；我没有他幸运，稿子无处可藏。但我认识到，脑袋毕竟是一个可以藏思想的仓库；而不管处境如何，始终保持心灵自由思考，则是"爱智"者的本色。在"四人帮"被粉碎后，迎来了党的十一届三中全会。我同许多知识分子一样，从劫灰中复活过来，获得了新的生命力。于是我决心使我的书也复活过来，便结合研究生的教学，对过去已粗具规模的著作进行系统的回忆，先写出比较粗糙的书稿，课后整理出讲课记录稿，然后加工琢磨，修改成书。《中国古代哲学的逻辑发展》就是这样一部从劫灰中复活过来的著作。[①]

这门课是对我们六个研究生开设的。讲课是两周一次，每次一个上午。冯契先生拿了本硬封面的练习簿，带了几本资料书。他用粉笔

---

① 冯契：《中国古代哲学的逻辑发展》一书的《后记》（1985年1月），《冯契文集》增订版，华东师范大学出版社，2016年版，第375页。

在黑板上写提要，有时也抄录一些资料。讲课台旁边放着录音机，录下讲课内容。我与陈敦伟、施炎平、陈卫平、李志林、谷野六人，分成三组，轮流整理讲课的内容。整理很费力，先是把课堂记录与录音相对照，然后把资料完整地引出来并注明出处。尤其是后者，冯师讲课时于资料上有时就写些要点，我们核对原书并补齐，再用手工誊写在500字的纸质稿上①。在电脑尚未进入神州大地的时代里，500字的大稿子是高级的了。整理时我们总是向系里多领一些，大家"沾些光"。冯师讲了一年半，我们整理了一年半。这就是"课后整理出讲课记录稿"的经过。记录稿交由学校先打印成油印本，然后广泛征求意见。此后经数次修改后，1985年4月，这部从"劫灰"中"复活"的书稿，由上海人民出版社出版了，就是《中国古代哲学的逻辑发展》上中下三册。从计划写书到出版，经历了三十多个春秋。冯师断言，物质的东西可以毁灭，但精神世界是外力泯灭不了的，"不管处境如何，始终保持心灵自由思考"，这正是自强不息品性的体现。他于1980年开始着手《中国近代哲学的革命进程》一书的写作准备，邀请学术界同行，不定期举办中国近代哲学的研讨会。

1979年招了逻辑学专业的研究生，开设"逻辑思维的辩证法"这门课程。成书过程与《中国古代哲学的逻辑发展》一样。我离开华东师范大学以后，冯师1988—1989、1992—1994，为博士生开设的两门课的记录稿，打印成了《人的自由与真善美》《认识世界与认识自己》。这三本书主要是理论的探索，形成了以"智慧说"为核心的一套完整学说标志着20世纪下半叶唯一构筑了原创性哲学体系的哲学家的出现。冯师从63岁招研究生始到81岁逝世，这18年间，冯师给硕士研究生和

----

① 稿纸是一个字一个方格，写文章称为"爬格子"，就是从这里来的。"你还在爬格子"这类的话，今天无人说了，这在当时学者中是常用语。稿纸分不同规格的，有300字的，有400字的，顶级是500字的大稿子。大稿纸四周留置出较多的空白，以备修改、补充时使用。规模大的单位，稿纸是专门托厂家印制的，上印单位的名称。

博士研究生开设了7门新课程，发表52篇高质量的论文，完成7部著作，主编《哲学大辞典》。冯师的动力，是来自"始终保持心灵自由思考"，是完美继承了自强不息为治学宗旨的。

五

当《易传》把自强不息作为君子的人格境界的规定时，呈现在我们面前的是君子文化留给中华民族的一份精神财富。就个人德性造就而言，自强不息涉及了道德修养的核心——贵在自觉。对道德修养自觉性重视，不但造就了为后世称赞的无数德行卓著的正人君子，而且有助于提高人们的德性与净化人们的心灵。朱德有《赞文山》之诗，颂扬文天祥的高风亮节，"罗岗山下罗岗祠，留有文山四首诗。忠心为国声名在，仪表堪称后世师"。叶剑英在《远望集》里同样有诗称赞文天祥："血染东南半壁红，忍将奇迹作奇功。文山去后南朝月，又照秦淮一叶枫。"老一辈无产阶级革命家都对文天祥抱着敬仰钦佩的心情，文天祥的浩然正气已成为中华民族堪称宝贵的文化遗产。在中华民族的历史上，自强不息精神作为学者人格的精神支柱，既非一人一事的偶尔流露，也非一时一地的倏忽闪烁，而是造就了众多学者，产生了相当数量的熠熠生辉的鸿篇巨制，体现了世代赓续的民族精神。史学家陈寅恪，哲学家冯友兰、冯契，均在晚年潜心著述而有鸿宝留存于世间，正是自强不息精神的现代意义所在。

时至今日，自强不息还在中华儿女中有它旺盛的生命力。20世纪90年代宝钢副总工程师、生前被誉为"焊神"的曾乐，他在向上海市大学生介绍自己事迹时，报告的题目就是"自强不息，奉献不已"。稍后些，全国残疾人报告团在复旦大学作事迹报告，媒体报道时也打出"自强不息"标题。自强不息作为君子文化的基因，不断地以各种形式复制着，它要求人们持之以恒，对某一事业保持永远进取的精神。这

在当今的科学技术领域与诸多企业中，也是屡见不鲜的。现今流行的
"一辈子只做一件事""工匠精神"，都是自强不息精神的现代版。提倡
自强不息这一奋发进取的君子人格境界，对克服当今人们的浮躁心态
与急功近利的思想，是极为有效的清醒剂。正如黑格尔所言："在哲学
里，我们必须感谢过去的传统，这种传统有如赫德尔所说，通过一切
变化的因而过去了的东西，结成一条神圣的链子，把前代的创作给我
们保存下来，并传给我们。"自强不息作为君子文化的重要内核，犹如
生物中的遗传基因，一直保留在中华儿女的心坎里，它不因时光的流
逝而失去它的价值。诚如黑格尔所说："传统并不是一尊不动的石像，
而是生命洋溢的，有如一道洪流，离开它的源头愈远，它就膨胀得
愈大。"①

---

① 黑格尔:《哲学史讲演录》第一卷《导言》,贺麟、王太庆译,商务印书馆,1983年
版,第8页。

美好生活与君子文化

从君子人格到君子文化

——中华民族的人格坐标和文化标识

钱念孙*

摘要：君子人格是中国人立身处世普遍比照和看齐的人格坐标，堪称中华民族的集体人格。与君子人格相伴而生的君子文化，是中华民族千锤百炼的文化基因，突出彰显中华文化的思想精华和鲜明特色。本文吸收已有君子文化研究成果并针对其薄弱环节，进一步梳理和厘定君子概念的由来及内涵，考察和描述从商周起步的君子以位而名、孕德而生，孔子精心塑造的君子以德而立、为民树标，以及君子人格如何衍化为君子文化，丰富多彩、意蕴丰厚的君子文化如何成为民族文化心理结构的重要部分，浸润中国人的人生追求、情感取向、生活态度乃至经验习惯等，探讨君子文化作为中华民族人格坐标和文化标识的历史价值与现实意义。

关键词：君子人格；君子文化；化成天下

君子人格和君子文化，作为中华民族历久弥新的人格基因和文化精髓，既在高雅文化中居于中心地位，又在大众文化里占据重要位置；既是上层社会构造主流价值观的核心内容和鲜明标识，又是下层民众共识度较高的信仰原则和为人处世之道。本文在已有君子文化研究成果的基础上，进一步梳理君子概念的由来和内涵，考察它如何衍生出君子人格，进而演化为君子文化，以及文化与人格双向互动的历史进

---

* 钱念孙，安徽省社会科学院研究员。

程，探讨君子文化作为中华文化老树新枝的历史价值和现实意义。

一、从商周起步的君子：以位而名，孕德而生

"君子"一词在中国出现相当早。在中华文明旭日初升的商周时期，在已知最早成体系的殷墟出土文字甲骨文里，已分别有"君"和"子"的单字[①]。现存早期先秦传世文献尽管文辞古奥简约，但"君子"概念已频繁使用。"君子"在《尚书》中8见、《周易》中20见、《诗经》中183见、《左传》中185见、《国语》中47见、《论语》中107见、《孟子》中82见、《易传》中107见、《荀子》中304见。这些先秦典籍里出现的"君子"概念，内涵和外延虽然远非一致，彼此互有差异及衍化变迁，但并非互不关涉，杂乱无章，大体亦有轨迹可循。

学界多认为，君子一词的内涵经历了从"位"到"德"的拓展和转变。它最初主要指君王和贵族等"有位者"，是孔子在《论语》中反复论述和重新界定，赋予君子更多"有德者"的内涵，才使该词成为一个具有褒扬人品道德意蕴的词。俞樾的《群经平议》谈论孔子名言"君子喻于义，小人喻于利"时说："古书言君子、小人大都以位言，汉世说如此。后儒专以人品言君子、小人，非古义也。"[②]钱穆《论语要略》云："君子、小人，古人皆以有位与在野为解，至后世而浸失本义，遂以为有德、无德之辨矣。"余英时的《儒家"君子"的理想》也提出，"'君子'在最初既非'道德之称'，更不是'天子至民'的'通称'，而是贵族在位者的专称""孔子以来的儒家是把'君子'尽量从古代专指'位'的旧义中解放了出来，而强调其'德'的新义……这是古代儒家，特别是孔子对中国文化的伟大贡献之一"。在近年兴起

---

① 刘钊：《甲骨文新编》增订本，福建人民出版社，2014年版。
② 俞樾：《群经平议》卷三十，同治十年刊本；又见《春在堂全书》(影印本)第一册，凤凰出版社，2010年版，第491页。

的君子文化研究热中，众多学者均基本沿袭或阐发此看法①，笔者此前撰写的有关君子文化的论文，也多持此观点②。

大体来说，这看法有根有据，并无明显错失。许慎《说文》云："君，尊也。从尹，发号，故从口。"在金文中，"尹"为手执笔或权杖，字形与"父"相近，有父辈掌权治理事务之意；"口"表示发布号令③。郑玄注《仪礼·丧服》"君"云："天子、诸侯及卿大夫有地者，皆曰君。"④春秋时期，"子"是对男子的美称，也包括列国卿大夫等地位较低者。汪中《述学·释夫子》云："古者孤卿大夫皆称'子'，子者，五等之爵也……《春秋传》：'列国之卿当小国之君。'小国之君则子男也。子、男同等，不可以并称，故著'子'去'男'，从其尊者。"由此可知，"君子"在西周和春秋时期，基本是对统治者和贵族男子的通称。《周易·遁卦》象辞，"天下有山，遁。君子以远小人，不恶而严"；《尚书·周官·周书》，"凡我有官君子，钦乃攸司，慎乃出令"；《诗经·谷风之什·大东》，"君子所履，小人所视"；《国语·鲁语上》的"君子务治，小人务力"等，也都是在王侯及卿大夫等贵族的意义上使用"君子"概念。

不过，如深入细究，以上见解又显得有些粗放而不够精当。其偏

---

① 参见洪修平、孙亦平：《君子、理想人格及儒道君子文化的相异互补》，《哲学研究》2018年第4期；傅道彬：《中国文学的君子形象与"君子曰"的思想话语》，《文学评论》2018年第4期；郭萍、黄玉顺：《"君子"人格的政治哲学意涵及其时代转换》，《社会科学战线》2021年第8期。

② 参见拙文：《君子文化与社会主义核心价值观》，《光明日报》2014年6月13日，又见《新华文摘》2014年第19期；《君子：中华民族千锤百炼的人格基因》，《群言》2016年第2期；《君子文化在传统文化中的地位和影响》，《学术界》2017年第1期；《君子文化的传统魅力和当代张力》，《光明日报》2018年4月3日；《家国情怀的萌生与君子人格的确立》，《江淮论坛》2020年第2期；《从中国传统树人体系看君子人格的普遍价值》，《学术界》2020年第12期；等等。

③ 徐中舒：《甲骨文词典》，四川辞书出版社，1990年版，第286页。

④《仪礼注疏》卷二十九，见《十三经注疏》上册，阮元校刻，中华书局，1980年版，第1100页。

颇之处在于，从西周到春秋时期有关君子的描述，或者说孔子之前典籍有关君子的记载，如《周易》《尚书》《诗经》《春秋》等等，"君子"一词虽然常常主要指"有位者"，但并非只具有"位"的意义，而是在许多情况下同时关注并蕴有"德"的内涵。如上引《周易·遁卦》象辞"天下有山"句即是说：天下有岿然不动的大山，象征退避隐逸。君子应效法此道，远离小人，虽未显憎恶之情，却自有威严。该卦还有"好遁，君子吉，小人否"的象辞，也是说喜好退让隐遁，对君子吉祥，而小人却难以做到。这里"遁"（退让）、"吉"（吉祥）、"远小人，不恶而严"等，显然都包含着价值评判，具有一定的道德意蕴。至于上引《尚书·周官·周书》所言"凡我有官君子，钦乃攸司，慎乃出令"等，更是饱含价值评判和道德规劝的意味。由此可以说，君子人格的胚胎含德而孕并带德而生，注重"位"与"德"的结合是君子概念与生俱来的特征，也是中华先民早期开疆拓土，从蛮荒走向文明本能孕育向上向善追求的客观反映。

　　古老的中国步入商周时代，已经形成比较稳固的氏族血缘宗法制度。这种以血亲关系为纽带确立嫡长子继承权和主事权的父系家长制，决定当时的邦、国及"八百里诸侯"等等，实际多半由血缘宗法遗风为基础的氏族—部落—部族国家构成。以氏族血缘关系为支撑的父系家长首领，作为家族或邦国的"共主"，要比一般人具备更多优良才干和德行，在立德、立功、立言上有所建树，才能在本家族、本部落及邦国中得到承认和拥护，其树立权威和声誉后，才能进一步联络和团结其他氏族和部落，逐步拓展邦国的疆域以"一统天下"①。所以《孟子·离娄上》云："天下之本在国，国之本在家，家之本在身。"殷周和春秋时期的"家"，并非指后代的个体家庭或家族，而是与"邦"

①李泽厚说："在远古，氏族首领必须以身作则，智勇谦让超出一般，才能被选，并且他还必须对氏族命运负责，遇有灾难，他必须首先'检讨'，或者下台。"见李泽厚：《中国古代思想史论》，人民出版社，1985年版，第26页。

"国"交叠的氏族和部落。如章太炎认为古代的家和后世的家大不相同，古代的家，并不只包含父子夫妻兄弟这等人，而是差不多和小国一样，即孟子说的"千乘之家百乘之家"①。故不齐家者不能治国。

值得注意的是，氏族宗法制讲究血亲关系的"亲亲尊尊"，也注重"大道之行，天下为公"，讲究"选贤与能"②。氏族宗法体制中早就有"举贤才"的历史传统，它与"亲亲尊尊"互补而行，是维护氏族宗法制度的有力保障。所以《论语·颜渊》篇称赞，"舜有天下，选于众，举皋陶，不仁者远矣。汤有天下，选于众，举伊尹，不仁者远矣"。《左传》襄公二十九年载，吴国公子季札对鲁国叔孙穆子说："子其不得死乎，好善而不能择人。吾闻'君子务在择人'。吾子为鲁宗卿，而任其大政，不慎举，何以堪之？祸必及子。"③此两例从一正一反两个方面证明，自上古至春秋时期，即便是在氏族血缘世袭制的体制下，重视为政者和贵族子弟的贤德与才干，乃是社会有识者的共同认知。因此，孔子以前的元典文献谈论"君子"时，常常在指称王侯臣僚等贵族身份的同时，也兼有对其德行贤能的确认和评价。

《尚书》作为一部汇集上古及夏商周三代政事公务和函札的文献，其中所言"君子"多指有职位的官员或君王，同时多半被赋予增强品德修养和个人约束的要求。《尚书·周书·无逸》："周公曰：'呜呼！君子所，其无逸。先知稼穑之艰难，乃逸，则知小人之依。'"这是周公告诫为官的君子，不能只顾贪图享乐，而要先体察和了解耕种及收割的艰辛，然后才享受安逸，这样才能知晓百姓的辛劳疾苦。《尚书·周书·周官》："王曰：'呜呼！凡我有官君子，钦乃攸司，慎乃出令。令出惟行，弗惟反。以公灭私，民其允怀。'"这是周成王教导各级君

---

① 章太炎讲演：《国学概论》，曹聚仁整理，上海古籍出版社，1997年版，第14页。

②《礼记·礼运》："大道之行也，天下为公，选贤与能，讲信修睦。故人不独亲其亲，不独子其子……"

③《春秋左传读本》，王伯祥选注，中华书局，1957年版，第476页。

子官员，要恪尽职守，慎重发号施令，号令一旦发出，必须贯彻执行，不得违反。用公心和公正消除私心和私欲，才能得到老百姓的信任和拥护。《尚书》其他篇章所涉"君子"，也常常与德行和修养相联系。如《尚书·虞书·大禹谟》说大禹讨伐三苗的原因就是"蠢兹有苗，昏迷不恭，侮慢自贤，反道败德。君子在野，小人在位，民弃不保，天降之咎"。《尚书·周书·酒诰》，"庶士有正，越庶伯、君子，其尔典听朕教"，也是强调各位官员君子不能随意饮酒，"越庶国，饮惟祀，德将无醉"，即便在祭祀时喝酒，也要以道德加以约束，不能醉酒误事。

《周易》作为上古时期的占筮之书，许多爻辞和象辞都提到"君子"，可说是为君子修身、明德、立教、解惑之作。如张载《正蒙·大易篇第十四》所言："易为君子谋，不为小人谋。故撰德于卦，虽爻有小大，及系辞其爻，必谕之以君子之义。"《周易》有关君子的论述，最著名的当然是乾卦和坤卦的象辞，"天行健，君子以自强不息""地势坤，君子以厚德载物"。这里的"君子"，如孔颖达注疏云："谓君临上位，子爱下民，通天子诸侯兼公卿大夫有地者。"[1]但值得注意的是，这两句名言并非着意君子的地位，而是突出强调其具有"自强不息，厚德载物"的品格。又《乾卦·九三》，"君子终日乾乾，夕惕若厉，无咎"，就是肯定君子白天勤奋努力，夜晚戒惧反省，才能没有悔恨。《谦卦》象辞，"地中有山，谦。君子以裒多益寡，称物平施"，这是说平地负载高山，象征谦逊；君子应效法此德，删减多余而增益不足，权衡事物而公平施予。孔颖达注疏《谦卦》"谦：亨。君子有终"，注卦辞云："'谦'者，屈躬下物，先人后己，以此待物，则所在皆通，

---

① 《周易正义》卷一，见阮元校刻：《十三经注疏》上册，中华书局，1980年版，第14页。

故曰'亨'也。小人行谦则不能长久，唯'君子有终'也。"①如此等等有关君子的描述和评议，在《周易》的经部和传部均俯拾即是，无不透显出"君子"虽主要指称"有位者"，但同时也寓含"有德者"的内蕴。

《诗经》作为中国历史上第一部诗歌总集，搜集西周初年至春秋中叶古诗三百余篇，其中"君子"一词使用频率较高，指称范围较广，既主要指君王、诸侯、士大夫等文官武将，也包括德行高尚之人及丈夫、男子等②。"君子"概念在指社会地位较高的王侯贵族时，同样常常带有道德判断和价值肯定。如《大雅·泂酌》之句，"岂弟君子，民之父母""岂弟君子，民之攸归""岂弟君子，民之攸塈"。清人方玉润《诗经原始》解读说："此等诗总是欲在上之人，当以父母斯民为心，盖必在上者有慈祥岂弟之念，而后在下者有亲附来归之诚。曰'攸归'者，为民所归往也；曰'攸塈'者，为民所安息也。"由此可见，此处君子虽代指君王，却颇有仁德之心和爱民之意。再如《小雅·湛露》之句，"显允君子，莫不令德""岂弟君子，莫不令仪"，这是直接赞赏诸侯贵族等接受周天子宴请时，所表现出来的庄重诚恳、和蔼谦恭的修养及态度，刻画出周代礼乐文化塑造的君子礼仪风范。至于《卫风·淇奥》吟唱，"有匪君子，如切如磋，如琢如磨""有匪君子，如金如锡，如圭如璧"，歌咏贵族男子积学进修、砥砺修养，才学精如金锡、品德洁如圭璧的形象，无不映射出当时社会对君子内在品格的褒扬和期许。

以上种种表明，君子作为中华民族代表性的人格种苗，其在悠远的商周及春秋莽原上破土而出之时，虽然主要身份是基于血缘世袭和

---

①《周易正义》卷二，见阮元校刻：《十三经注疏》上册，中华书局，1980年版，第30页。

②过常宝：《原史文化及文献研究》修订本，中国社会科学出版社，2016年版，第201页。

处于社会上层的"有位者"及"尊贵者"，但也注入和携带了"有德者"和"贤明者"的基因。当然，有位者之"德"之"贤"，更多出于维护其江山永固的考量，更多涉及恪尽职守、身先士卒、公而忘私、体恤民瘼等治国理政之官德，这些不但与普遍伦理要求并不矛盾，而且在许多情况下其本身就是普遍道德规范的重要内容。这就是说，西周至春秋时期的"君子"，既多半是对"劳心者"社会政治经济地位的身份定位，又常常作为一种德行修养和文化品格而被认定，包含着某种人生理想和社会价值的寄托与倡扬。中国早期君子所呈露的这种倾向和品质，为后世君子形象的成长和丰满奠定了基本格调，也深刻影响了孔子对君子形象的重塑和改造。

二、孔子精心改造的君子：以德而立，为民树标

"君子"一词在《论语》中出现百次以上，意义宽泛而视角多变，每次谈论的对象不同，内涵颇有差异并难以简单归纳统一。这既给后人从不同方面解读提供广阔阐释空间，又给人们清晰把握其蕴涵设置了难度和障碍。突出"君子无所争"与突出"其争也君子"①，侧重"君子质而已矣，何以文为"②与侧重"文质彬彬，然后君子"③，便可以做出互不相同甚至彼此对立的解说。因此，观察和理解孔子在《论语》中塑造的君子形象，与其斤斤于诠释某些论述而覆盖其余推出结论，不如从根本上透视孔子究竟为什么不厌其烦地反复修改和完善君子形象及其所包蕴的丰富蕴涵。也许，从孔子殚精竭虑构造儒家思想体系及其改造和重塑君子人格的目的出发，更易看清和掌握君子人格的实质内容。

---

①《论语·八佾》。
②《论语·颜渊》。
③《论语·雍也》。

孔子生活于高山为渊，深谷为陵，邦无定交，士无定主的春秋末期，面对"礼崩乐坏"的社会现实，深感拨乱反正，恢复和建构以"周礼"为核心的礼义秩序，乃迫在眉睫的要务。他一再申说自己"述而不作"①"吾从周"②"梦见周公"③等等，就是要维护和重构周公的一套礼义制度。如章学诚所指出："孔子虽大，不过天地，独不可以一言尽乎？或问何以一言尽之，则曰：学周公而已矣……斯一言也，足以蔽孔子之全体矣。"④所谓"周礼"，一般认为是在周初确定的一整套的典章规制、规矩仪节等，其基本特征是以血缘氏族宗法制为基础，在整个氏族或邦国成员之间保持和构筑一种人道关系，即既有上下左右、尊卑长幼之间的严明等级秩序，又有彼此关心、团结协调的良好"仁爱"氛围⑤。孔子所以强调"爱人"⑥"其养民也惠"⑦"百姓足，君孰与不足？百姓不足，君孰与足？"⑧"老者安之，朋友信之，少者怀之"⑨等等，都清楚表明他一方面要竭力维护社会治理系统上下尊卑的等级秩序，另一方面又要保留以至提升"仁民爱物"原始人道传统。

如何实现这个目标？孔子反对运用强制残酷的刑罚措施，推崇和依靠礼仪规范，如《礼记·祭统》所言："凡治人之道，莫急于礼。"⑩孔子对"刑""政"与"礼""德"的关系如此解答，"礼乐不兴，则刑罚不中；刑罚不中，则民无所错手足"⑪"道之以政，齐之以刑，民免

---

①《论语·述而》。

②《论语·八佾》。

③《论语·述而》。

④ 章学诚：《文史通义校注》，叶瑛校注，中华书局，1985年版，第122页。

⑤ 李泽厚：《中国古代思想史论》，人民出版社，1985年版，第7—33页。

⑥《论语·颜渊》。

⑦《论语·公冶长》。

⑧《论语·颜渊》。

⑨《论语·公冶长》。

⑩《礼记正义》卷四十九。

⑪《论语·子路》。

而无耻；道之以德，齐之以礼，有耻且格"①。在孔子看来，过于仰仗刑罚维持社会秩序，容易伤害民众的人格尊严而使之失去羞耻感，最终会导致刑罚本身的效能降低以至失效。因此，他对晋国铸刑鼎给予猛烈抨击，说其"乱制"；对于鲁国季氏"乱礼"，怒曰"八佾舞于庭，是可忍也，孰不可忍也"②，这都表明他对"礼治"的维护和推崇。

不过，孔子的贡献不只在于阐发"礼"对社会治理的作用，更在于他并非将"礼"仅仅看作一种外在的条款束缚，而是把"礼"由外在形式化的约束转化成内在自觉性的要求。《论语·阳货》云："礼云礼云，玉帛云乎哉？乐云乐云，钟鼓云乎哉？"这是孔子批评礼乐不应只是外表形式，而应有更重要的内在情感。《论语·八佾》云："林放问'礼之本'。子曰：'大哉问！礼，与其奢也，宁俭；丧，与其易也，宁戚。'"这是孔子强调礼仪与其铺陈奢华，不如朴实节俭；丧事与其仪式隆重，不如内心真正悲伤。在孔子看来，缺乏真情实感和主体自觉的礼仪规范及活动，是没有内在动力和生机的，只有"诚于中而形于外"，礼乐文化才能兴盛，礼治才能真正实现。

由此，孔子发掘和提出其思想体系的另一重要概念"仁"，并将"仁"作为"礼"的心理动因和内在依据。"人而不仁，如何礼？人而不仁，如何乐？"③朱熹《四书章句集注》解释曰："人而不仁，则人心亡矣，其如礼乐何哉？"这是说，"仁"是"礼"之本，失去"仁"便如釜底抽薪，"礼"就失去存在和实施的基础。所以，《论语·学而》云："其为人也孝弟，而好犯上者，鲜矣；不好犯上，而好作乱者，未之有也。君子务本，本立而道生。孝弟也者，其为仁之本与！"④这里

---

①《论语·为政》。

②《论语·八佾》。

③《论语·八佾》。

④ 这段话为孔子弟子有子所言。在《论语》里，孔子的弟子一般都称其字，只有曾参、有若称"子"。《礼记·檀弓》便有"有子之言似夫子"之说，一般多将有子此话引作孔子的观点。

突出"仁之本"在孝悌，强调求"仁"应从孝悌做起，将孝悌之心推而广之，则能达到"礼治"的目的（好犯上者"鲜矣"、好作乱者"未之有也"）。同时还强调，君子要在治理世道人心的根本上下功夫，人人把孝敬父母、尊爱兄长这件"仁之本"的大事做好，天下自会正道而行。

于是，我们触摸到孔子思想理路的根脉：他用扎根于每个人内心的心理动因"仁"来解说"礼"，实际就把复兴"周礼"或者说推行"礼治"的重担与任务，直接交给了社会生活中的个体成员，尤其是处于社会中上层地位的君子。孔子再三强调，"为仁由己，而由人乎哉？"①"仁远乎哉？我欲仁，斯仁至矣"②"夫仁者，己欲立而立人，己欲达而达人。能近取譬，可谓仁之方也已"③"君子求诸己，小人求诸人"④"当仁，不让于师"⑤等等，无不表明"仁"既崇高美好又切实可行，既有利于推进礼治又属于主体自觉责任。

同时，孔子又着重指出，"君子笃于亲，则民兴于仁"⑥"君子之德风，小人之德草。草上之风，必偃"⑦"君子三年不为礼，礼必坏；三年不为乐，乐必崩"⑧等等，这就进一步把"求仁兴礼"的职责和使命，更多赋予并交到处于社会管理地位的君子身上。在孔子的思想体系中，很大程度上可说，伦理即政治。"政者，正也。子帅以正，孰敢不正？"⑨"其身正，不令而行；其身不正，虽令不从"⑩，将政治的治

---

① 《论语·颜渊》。
② 《论语·述而》。
③ 《论语·雍也》。
④ 《论语·卫灵公》。
⑤ 《论语·卫灵公》。
⑥ 《论语·泰伯》。
⑦ 《论语·颜渊》。
⑧ 《论语·阳货》。
⑨ 《论语·颜渊》。
⑩ 《论语·子路》。

理之要看作为政者自身端正，并断定为政者率先端正自己品行则会带动社会正气蔚然成风，这是孔子伦理哲学或曰伦理政治学的重要支点。因此，由孔子精心塑造并寄予厚望的君子，理应自觉、主动、积极地高扬个体主观能动性而率先垂范，担负起"求仁兴礼"的历史责任和至上义务。

孔子自己在这方面可谓以身作则，"子路曰：'愿闻子之志。'子曰：'老者安之，朋友信之，少者怀之。'"① "天生德于予，桓魋其如予何"② "天将降夫子为木铎"③ "文王既殁，文不在兹乎"④ "鸟兽不可与同群，吾非斯人之徒与而谁与？天下有道，丘不与易也"⑤。凡此种种，加上孔子政治上得位则行，不得位则退而编诗书、正礼乐、修春秋等，都充分表明他对勇于担当历史责任、热心济世的君子人格，不仅热情阐发和推崇，而且自觉践行和追求。

"君子"一词在《论语》里，确乎有相当一部分只是泛指品德优良之人，主要是"有德者"的代称。如 "君子坦荡荡，小人长戚戚"⑥ "君子和而不同，小人同而不和"⑦ "君子周而不比，小人比而不周"⑧ "君子不以言举人，不以人废言"⑨ "君子成人之美，不成人之恶，小人反是"⑩ "君子道者三，我无能焉：仁者不忧，知者不惑，勇者不惧"⑪等等，其"君子"形象灌注的主要是道德养分，并不掺杂多少身

①《论语·公冶长》。
②《论语·述而》。
③《论语·八佾》。
④《论语·子罕》。
⑤《论语·微子》。
⑥《论语·述而》。
⑦《论语·子路》。
⑧《论语·为政》。
⑨《论语·卫灵公》。
⑩《论语·颜渊》。
⑪《论语·子罕》。

份地位的成分。

不过，《论语》中也有不少"君子"概念明显是"有位者"与"有德者"的融合，寓含孔子继承西周礼乐传统，对"有位须有德"道统的强调和期盼。"君子笃于亲，则民兴于仁"①"君子谋道不谋食。耕也，馁在其中矣；学也，禄在其中矣。君子忧道不忧贫"②"君子三年不为礼，礼必坏；三年不为乐，乐必崩"③，如此等等所谈论的"君子"，虽然饱蕴道德含量，却又呈露出社会管理者的身影，是具有一定身份地位和道德修养的贵族官员。

为了更加清晰地勾勒君子形象，或者说为了让世人更好认识和理解君子人格的特征，孔子睿智地运用比较排除法，同时论述了比君子矮小的"小人"和比君子高大的"圣人"。一方面，他通过"君子喻于义，小人喻于利"④"君子泰而不骄，小人骄而不泰"⑤"君子固穷，小人穷斯滥矣"⑥等大量君子与小人的对举和比照，在对小人形象的贬责和否定中凸显君子人格的形貌与品格；另一方面，他又在"君子"与"圣人"之间划出界线，对弟子将其奉为圣人的做法表示反对。他说："若圣与仁，则吾岂敢？"并明确强调，"圣人，吾不得而见之矣；得见君子者，斯可矣"⑦。这就告诉我们，君子既不是难以见到、难以企及、仰之弥高、至高不可攀的圣人，也与目光短浅、心胸狭隘、见利忘义、斤斤计较的小人判然有别。君子作为孔子心目中崇德向善之形象，理想而现实、高尚而平凡，是可学、可做，并应学、应做的人格范式。

---

①《论语·泰伯》。

②《论语·卫灵公》。

③《论语·阳货》。

④《论语·里仁》。

⑤《论语·子路》。

⑥《论语·卫灵公》。

⑦《论语·述而》。

孔子赋予君子形象更多道德内涵，一方面将君子人格普泛化，使君子成为华夏儿女见贤思齐普遍追寻的人格标杆；另一方面又特别强调和鼓励有位者身先士卒，争当君子人格的崇尚者和践行者，推动君子人格成为社会广泛尊崇的价值目标。因此，孔子对君子的论述虽繁复多变，却可以下面一段话为枢纽，贯通和抵达各主要意脉：

子路问君子，子曰："修己以敬。"曰："如斯而已乎？"曰："修己以安人。"曰："如斯而已乎？"曰："修己以安百姓。修己以安百姓，尧、舜其犹病诸！"①

面对子路不断追问"如何成为君子"的问题，孔子层层递进，以"修己以敬""修己以安人""修己以安百姓"来回答，勾勒和铸就了儒家"修身齐家治国平天下"信条的雏形。这里的关键词是两个："修己"与"安人"②。

"修己"即修身，是每个人对自己个体人格完善的期望和追求，是孔子思想也是儒家学术的"内圣"之道。从认识论上看，修身首先要重视学习和教育，以获取历史和现实的知识。孔子在这方面贡献许多有价值的观点，"君子食无求饱，居无求安，敏于事而慎于言，就有道而正焉，可谓好学也已"③"君子博学于文，约之以礼，亦可以弗畔矣夫"④"学而不思则罔，思而不学则殆"⑤"毋意、毋必、毋固、毋

---

① 《论语·宪问》。

② 朱熹《四书章句集注》注"修己以安人"与"修己以安百姓"的区别说："人者，对己而言；百姓，则尽乎人矣。"这就是说，修己以安人的"人"是狭义，主要指君子周围的家人、亲友、乡党等，而"百姓"则泛指社会各类人。此处的"人"取广义，指包括家族亲友在内的社会各类人。

③ 《论语·学而》。

④ 《论语·雍也》。

⑤ 《论语·为政》。

我"①等，不仅强调学习的重要和作用，还挖掘发现了可贵的学习心理规律。从品德意志上看，孔子认识到君子仅有学习的愿望和丰富的知识尚不够，还需要严格约束和历练自己，使自己具备坚强意志和高风亮节。"克己复礼为仁。一日克己复礼，天下归仁焉"②"刚、毅、木、讷，近仁"③，以及"可以托六尺之孤，可以寄百里之命，临大节而不可夺也，君子人与？君子人也"④等等，既将维护社会礼仪、倡行仁道，具有刚毅气概和朴实作风看作君子修身不可或缺的要点，又将可以托孤受命、堪当大任作为君子理应担当的责任。这就涉及"安人"的内容了。

所谓"安人"，简单说就是让百姓安居乐业，即《大学》所言"治国平天下"。如果说，"修己"多半指君子个人学道、闻道、悟道、修道的"内圣"的功夫，那么，"安人"则主要指君子将自己所掌握的内圣之道推而广之，察人观物、以仁释礼、匡救时弊，以成天下大治。孔子尽管对管仲在礼仪上的"僭越"行为颇为不满，多次斥责他不知"礼"，但对"管仲相桓公，霸诸侯，一匡天下"的功业却充分肯定，称赞他"如其仁，如其仁"⑤！这种忽略和超越管仲个人品德瑕疵，而主要从治国平天下大局出发予以褒扬的做法⑥，突出说明孔子心目中的君子，绝不只是"修己"以独善其身，而更要"安人"以兼济天下。所以，孔子鼓励弟子从政，并提出从政要"尊五美"，"君子惠而不费，劳而不怨，欲而不贪，泰而不骄，威而不猛"⑦。他还对郑国贤相子产

①《论语·子罕》。

②《论语·颜渊》。

③《论语·子路》。

④《论语·泰伯》。

⑤《论语·宪问》。

⑥拙文《家国情怀的萌生与君子人格的确立》对此有论述，请参见《江淮论坛》2020年第2期。

⑦《论语·尧曰》。

赞赏有加，说其"有君子之道四焉：其行己也恭，其事上也敬，其养民也惠，其使民也义"①。这些都表明在孔子看来，君子"修己"与"安人"或曰"修身"与"治国"，虽分为两事，又混融一体。恰如余英时所说，"儒学具有修己与治人两个方面，而这两方面又是无法截然分开的。但无论是修己还是治人，儒学都以'君子的理想'为其枢纽的观念：修己即所以成为'君子'；治人则必须先成为'君子'。从这一角度说，儒学事实上便是'君子之学'"②。

孔子在《论语》中反复打磨、精心镂刻的君子形象③，虽然在此后的历史长河中屡遭涂抹和修改，但从未撼动其基本骨架和精神气质。君子作为一种人格标杆受到历代中华儿女的广泛认同和推崇，成为中国人上至帝王将相、下至平民百姓效行相宜的集体人格，并由此伴生和滋养出绵延数千年长盛不衰的君子文化。

三、从君子人格到君子文化：观乎人文，化成天下

人与其他物种的最大区别，在于人有文化。其他物种只是按照它所属物种的尺度和需要来生存和繁衍，而人却懂得如何用超越物种的自然尺度和需求来进行生产和建设，如马克思所说，"人也按照美的规律来塑造物体"④。这种"按照美的规律"来建构自己生活和未来的努力，实际上就是人类不断演化发展、开拓前行的奋斗史——是人创造文化，同时又以文化塑造人的螺旋式循环渐进，是一种饱含精神价值和生活方式不断积累、更新和攀升的历史进程。君子文化是一种以君

①《论语·公冶长》。

② 余英时：《现代儒学的回顾与展望》，生活、读书、新知三联书店，2013年版，第271页。

③ 钱穆认为，"君子者，盖孔子理想中一个圆满人格之表现也"。参见钱穆：《论语要略》，商务印书馆，1925年版，第126页。

④ 马克思：《1844年经济学哲学手稿》，人民出版社，1979年版，第50—51页。

子人格精神为核心内涵，通过大量传统文字典籍和图案形象的阐发与演绎，形成浸润中国人思维定式、价值取向、生活态度乃至经验习惯的文化。千百年来，君子文化一直指引和激励中华儿女"做人做君子"，对中国人的思想情感、行为方式和中华民族不畏困难、砥砺奋进等品格起着难以估量的引导和推动作用。

如果说，作为凸显中华民族心理面貌和精神品格的君子人格，早在春秋末期就已经基本定型而巍然屹立①，那么，君子文化作为随影而行的伴生物，则几乎同时在先秦百家争鸣的思想沃土中发芽出苗并绽放蓓蕾。孔子作为儒家学派的开创者，不仅对君子形象及其人格特征做出许多直接的论述和阐发，而且运用"托物言志"的比兴手法，通过对器物、植物、自然山水等客观物象固有特色的发掘和提炼，从多方面形象化地比拟君子人格的内蕴和特质。这不仅使人们在观物会意、格物致知中更好地领悟君子人格的丰赡蕴涵，而且有力扩大和提升了君子形象的感召力和影响力，对于君子人格衍化和扩展为君子文化发挥了重大作用。

中国自西周时代起有着悠久的爱玉、佩玉、赏玉的传统，至今仍然兴盛不衰。为什么？从《礼记·聘义》载录的孔子与其学生子贡的一段对话中，可以窥见端倪。子贡问孔子："敢问君子贵玉而贱珉者何也？为玉之寡而珉之多与？"孔子答道："非为珉之多故贱之也，玉之寡故贵之也。夫昔者，君子比德于玉焉，温润而泽，仁也；缜密以栗，知也；廉而不刿，义也；垂之如队，礼也；叩之其声清越以长，其终诎然，乐也；瑕不掩瑜，瑜不掩瑕，忠也；孚尹旁达，信也；气如白虹，天也；精神见于山川，地也；圭璋特达，德也；天下莫不贵者，道也。诗云：'言念君子，温其如玉'，故君子贵之也。"②孔子解答

---

① 何向阳的《人格论》对人格定义及中国人格类型有较多探讨，该书由中华书局2011年9月出版，可参见。

② 《礼记正义》卷六十三。

"君子贵玉而贱珉"的原因，并非玉少珉（像玉的石头）多，而是玉的诸多品质是君子仁、智、义、礼、乐、忠、信、天、地、德、道等德行的象征。《礼记·玉藻》云："古之君子必佩玉""君子无故，玉不离身。君子于玉比德焉。"①古人以玉为饰，并非只为了炫耀财富，也是借玉来显示自己崇尚美德。玉不仅被寄寓诸多君子品格，其雕琢成器的过程也被比作君子进德修业必做的功课。"玉不琢，不成器；人不学，不知道"，出自《礼记·学记》中的这句话，与其说是强调美玉待琢，只有经过细心雕琢打磨才能成为国之宝器，不如说这是通过比喻强调，学习对于人增长知识、提升境界的重要性。这里表面谈的是玉，实质在赋予玉诸多美好品德的同时，提醒君子时刻以美玉的品性要求自己，洋溢着一种崇高的道德情感和伦理精神。

孔子不仅在器物层面以玉比喻君子，还在植物层面以兰自况并以兰比喻君子之德。《孔子家语·在厄》记载，孔子周游列国而不见用，返回鲁国途中看到兰花独开山谷，发出感叹说："夫兰当为王者香，今乃独茂，与众草为伍，譬犹贤者不逢时，与鄙夫为伦也。"他强调不因"贤者不逢时"而改变自己的志向，"芝兰生于深林，不以无人而不芳；君子修道立德，不为穷困而改节"②。孔子还说："与善人居，如入芝兰之室，久而不闻其香，即与之化矣；与不善人居，如入鲍鱼之肆，久而不闻其臭，亦与之化矣。丹之所藏者赤，漆之所藏者黑。是以君子必慎其所与处者焉。"③这里以兰喻人，既表达君子"不因穷困而改节"的情操和气节，又说明君子要谨慎交友而决不沾染社会污浊势力。如此等等，加上孔子"岁寒，然后知松柏之后凋也"④之类的比喻，无不表明早在中华文化方兴未艾的春秋战国之时，就已形成以自然植物

①《礼记正义》卷三十。
②《孔子家语·在厄》。
③《孔子家语·六本》。
④《论语·子罕》。

比拟人品操守的"比德"传统。这一传统延续发展，从屈原、陶渊明咏菊，王微子、苏东坡爱竹，到王安石、梅尧臣赏梅等，直到明代将梅兰竹菊视作"四君子"①，以及宋代周敦颐在《爱莲说》中称誉"莲，花中君子者也"②，正是君子文化普及传扬、深入人心的突出表现。梅、兰、竹、菊以及松树、荷花等等，成为古今历代诗人、画家反复吟咏和描绘的对象，主要原因在于，其形象饱蕴和体现着君子人格及君子文化的高洁品性。

孔子还将人们生活中看似平常却无法离开的必需品水比拟君子，以水的诸多美好特性映照君子品格。《荀子·宥坐》云："孔子观于东流之水，子贡问于孔子曰：'君子之所以见大水必观焉者，是何？'孔子曰：'夫水，遍与诸生而无为也，似德。其流也埤下裾拘，必循其理，似义。其洸洸乎不淈尽，似道，若有决行之，其应佚若声响，其赴百仞之谷不惧，似勇。主量必平，似法。盈不求概，似正。淖约微达，似察。以出以入，以就鲜洁，似善化。其万折也必东，似志。是故君子见大水必观焉。'"这里列举水在不同情形下所呈现的似德、似义、似道、似勇、似法、似正、似察、似善化、似志等种种意象，回答"君子见大水必观"的缘由，实际是以水来比照君子之德，借以称赞君子拥有的嘉德懿行。老子对水有"上善若水。水善利万物而不争，处众人之所恶，故几于道。居善地，心善渊，与善仁，言善信，正善治，事善能，动善时。夫唯不争，故无尤"③的至高褒奖。孔子有"知

---

① 明代天启年间，黄凤池刊刻的《集雅斋·梅竹兰菊四谱》，陈继儒为其作序《题梅兰竹菊四谱小引》，其中说道："文房清供，独取梅、竹、兰、菊四君者无他，则以其幽芳逸致，偏能涤人之秽肠而澄莹其神骨。"受此处"梅、竹、兰、菊四君者"启发，后人多把梅兰竹菊称为"四君子"。

② 周敦颐《爱莲说》云："予独爱莲之出淤泥而不染，濯清涟而不妖，中通外直，不蔓不枝，香远益清，亭亭净植，可远观而不可亵玩焉。予谓菊，花之隐逸者也；牡丹，花之富贵者也；莲，花之君子者也。"

③《道德经》第八章。

者乐水，仁者乐山；知者动，仁者静；知者乐，仁者寿"①的至理名言。孟子也有"流水之为物也，不盈科不行；君子之志于道也，不成章不达"②的精彩论说。这些都提醒人们，大自然常常可以充当人类行为的楷范，可以从中获得"做人做君子"的启示和力量。正如《周易》乾卦和坤卦象辞所言，"天行健，君子以自强不息""地势坤，君子以厚德载物"。

与君子人格相伴而生的君子文化，不仅在器物、植物、山水及动物③等客观自然物上渗入和涵有斑斓色彩，更在人自身的主体活动中谱写和演奏出绕梁千年的优美旋律。这弥漫和显现于中国人的日常生活及民情风俗等诸多方面，略举书院陈设、家风家训、民谚俗语三端，以斑窥豹。

学习是人掌握知识，提高本领，成为君子的不二法门。有关君子勤学励志的论说和箴言汗牛充栋，无须罗列堆砌④。这里简述历代书院重视君子人格培育，并将其落实到书院的位置选择、设施命名、教学实践等方面，足见君子文化对中国古代教育之影响。从书院选址看，古人相信优美的自然山川能够陶冶性灵、涤除俗尘，涵养君子之风，因而书院选址如孟母择邻，多挑选环境优雅僻静，有益学习之处。明人胡俨在江西白鹿洞书院《重建书院记》中云："白鹿洞在南康庐山之阳、五老峰之下。山川环合，林谷幽邃，远人事而绝尘氛，足以怡情、

---

① 《论语·雍也》。

② 《孟子·尽心上》。

③ 在动物层面，鸡作为家禽的一种，被赋予"五德君子"的美名，此说源于汉代《韩诗外传》。拙文《君子文化浸润中国人的日常生活》已有论及，此不复述，请参见《光明日报》2018年11月20日16版整版，《学习活页文选》2018年第53期全文转载。

④ 参见笔者选编：《君子格言选释》"砺学修身"部分，黄山书社，2016年版，第195—246页；又见笔者主编"君子与时代新人丛书"《君子名言》一册（史哲文编注）"君子之智"部分，福建教育出版社，2019年版，第148—206页。

适兴、养性、读书，宜乎君子之所栖托，士大夫之所讲学焉。"①从设施命名看，一些书院如贵州的阳明书院就将院内一亭阁命名为"君子亭"。王守仁撰《君子亭记》说："夫子之居是亭也，持敬以直内，静虚而若愚，非君子之德乎？遇屯而不慑，处困而能亨，非君子之操乎？"②仰慕君子人格之意溢于言表。还有不少书院为表示对君子人格的崇尚，多在书院设立"君子祠"，如南宋江万里兴建的白鹭洲书院就专建"六君子祠"，以祭祀程颢、程颐、周敦颐、张载、邵雍、朱熹六位大儒。其他如湖南岳麓书院，明嘉靖年间设立"六君子堂"，万历年间扩增为"七君子堂"；江西友教书院前堂为书院，后堂立先贤祠名"君子堂"；等等。这些都是君子理念深入传统立德树人教育的反映。从教学实践看，培养君子人格，倡扬君子之风贯穿于历代书院的教学理念和实践之中。南宋淳熙八年（1181）朱熹邀请陆九渊围绕"君子喻于义，小人喻于利"主题，在白鹿洞书院作专场讲学并展开论辩，是中国思想史上的重要事件，也是君子人格和君子文化作为书院教学内容并对传统教育产生浃髓沦肌影响的有力明证③。

君子文化还潜入家训家谱等家族文化之中，润泽每个家庭成员的人生信仰和道德品性，使做人做君子成为家族共识和社会风尚。三国时期诸葛亮《诫子书》的"夫君子之行，静以修身，俭以养德，非淡泊无以明志，非宁静无以致远"，是我国历代家喻户晓的名言。南北朝教育家颜之推的《颜氏家训》"慕贤篇"，开篇就呼吁家族成员要学习和追慕明达君子，"倘遭不世明达君子，安可不攀附景仰之乎"？南宋爱国大臣叶梦得撰《石林家训》教谕儿孙："君子贫穷而志广，隆仁也；富贵而体恭，杀势也；安燕而气血不惰，循理也；劳倦而容貌不

---

① 参见盛元纂修：《南康府志》，查勇云、陈林森点校，江西高校出版社，2016年版，第198页。

②《王阳明全集》第2卷，上海古籍出版社，2012年版，第736页。

③ 史哲文：《书院教育中的君子之风》，《学习时报》2021年7月16日。

枯，好交也；怒不过夺、喜不过予，法胜私也。此数者，修身之切要也。汝曹以吾言书诸绅而铭之心，以修身焉，虽非至善，而亦不失于不善。汝曹其无怠诸！"清代宰相张廷玉作《王氏族谱序》也说："故君子之用心，必将使人知族人之咸本于一气，则孝弟亲睦之意，油然自生。而婚姻洽比之风，因之可以渐及由一家以推于一乡，由一乡以推于天下。风俗之美，教化之成，未尝不由于是。此谱牒之设所为深有功于世道，而君子详慎之不敢忽也。"这里不仅强调从"孝弟亲睦"做起的君子人格对家族成员成长的重要意义，而且指出"君子之用心"更在于"族人之咸本于一气"，使风俗之美，教化之成，"由一家以推于一乡，由一乡以推于天下"。考之历代著名家谱家训，其所秉持的励志勉学、入孝出悌、勤俭持家、精忠报国等优良家教家风，实际就是君子修身、齐家、治国、平天下理念的具体细化，不仅堪称个人和家族成长兴旺的座右铭与传家宝，也是君子文化深入千家万户的具体实践和生动展现。

　　君子文化繁盛的另一表现，是中文古汉语和现今日常用语中，均有大量关于君子及君子文化的俗语民谚，这既体现君子文化对中国人文化心理结构和价值追求的影响，也充分反映人民群众对君子文化的高度认同和由衷拥护。譬如，在义利气节方面，"君子爱财，取之有道"这句出自《增广贤文》里的俗语，向来被人们奉为人生警句而津津乐道。与此意义相近的俗语民谚较多，如"君子盼得天下富，小人发得一人财""君子争礼，小人争利""义动君子，利动小人""君子务本，小人逐末""知足称君子，贪婪是小人""君子谋道不谋食""君子忧道不忧贫"①"君子安贫，达人知命"②等等，如繁星闪烁，不胜枚举。在诚实守信方面，人

---

①"君子谋道不谋食""君子忧道不忧贫"两句，出自《论语·卫灵公》。

②"君子安贫，达人知命"出自王勃《滕王阁序》，"所赖君子安贫，达人知命"指君子以平和心态面对贫穷，达观的人服从命运的安排。上海辞书出版社出版的《谚语10000条》将其收入，见该书2012年版，第122页。

们常说的"君子一言，驷马难追"①"君子一言，快马一鞭"，意在强调说话算数，不能食言。此类俗语民谚同样俯拾即是，"君子之言，信而有征"②"明人不做暗事，君子不说假话""君子当面骂人，小人背地说话""有事但逢君子说，是非休听小人言""直率坦白真君子，笑里藏刀是歹人""君子用嘴说，牛马用脚踢""君子不欺暗室""君子无戏言""宁做真小人，不做伪君子""君子耻其言而过其行""君子讷于言而敏于行"③等等。君子诚信的俗语民谚如此之多，既表明诚信是社会有序运转须臾不能离开的基石，也说明君子文化重视诚信原则得到人们的充分拥戴和尊崇。有关君子的俗语民谚，除上面所谈义利气节、诚实守信以外，在仁义济世、砺学修身、处世交友、慎独操守、怡情养性等层面，相关俗语民谚同样百花争妍，让人目不暇接④。

语言是人类交流思想的工具，也是文化赓续发展的结晶。作为人们认识和改造客观世界与主观世界的一种记录，在特定语言系统内，某一种文化演绎越充分、积淀越丰厚，其相关词汇必然积累越多、用语及表达形式也必然丰富多彩并绚丽夺目。古往今来，有关君子文化的词汇不仅数量极多，遍及中国人的人生信仰、价值追求及社会生活的各个方面，而且词语形式多样，除一般词汇外，遍涉成语典故、俗语民谚及格言警句等多种语言形态。这种语言现象本身说明，君子文化早已融入中国人的文化血脉之中，以"习用而不察、日用而不觉"的方式，对人们的价值定位、情感取向、生活态度乃至民情风俗等，产生无法估量的导向和引领作用。

观乎此，面对当今一些人信仰缺失、价值迷失、道德失范等诸病

---

① 《论语·颜渊》："夫子之说君子也，驷不及舌。"

② "君子之言，信而有征"出自《左传·昭公八年》。

③ "君子耻其言而过其行""君子讷于言而敏于行"两句，分别出自《论语·宪问》《论语·里仁》。

④ 笔者曾搜集有关君子的民谚俗语百余条，请参见钱念孙等选编：《君子格言选释》，黄山书社，2016年版，第352—355页。

连发的状况，能不感慨君子文化曾经蔚成风尚，而今还应继续倡导传扬，在社会生活各方面大兴君子文化、大倡君子之风、大行君子之道，以化成天下乎！

君子生活观

——以孔子"匏瓜"论为中心

胡发贵*

摘要： 孔子对生活的理解既不同于老子的清心寡欲，也不同于墨子的苦行，他不仅承认物欲的合理，还主张人人应过上"足食""富之"的富裕生活。共享财富、共享生活资源的公平意识是孔子生活哲学与财富伦理的重要内容。孔子提倡的生活和财富理性原则包括：一戒奢，二反对厚葬，三重视资源的永续利用，四注重生活中的卫生。除此之外，孔子觉得人不能只求物质上的满足（"饱食"），还应有所"用心"，即追求生活的精神品味和境界：首先是强调生活中的情感因素，其次是重心灵的愉悦，最后是重视道德价值。

关键词： 理性生活；精神品味；生活观

孔子身值礼崩乐坏的春秋大变革时期。这场变革，强烈冲击了人们所依赖的安身立命的价值依据，人应该怎样活着，成为那个动荡时代亟待给出答案的紧迫问题。孔子周游列国，颠沛流离，更为真切地感受到了这一点。这促使孔子倾心致思生存问题，并发出了"富与贵是人之所欲也"的著名感慨。细绎孔子的相关论述，可以大致梳理出他所主张和倡导的君子生活态度。

———————————
＊胡发贵，江苏省社会科学院哲学所研究员。

一、人"焉能系而不食"

孔子出身寒微，又早年丧父，不得不"多能鄙事"，故对人间冷暖，生活艰辛，感受深切。可能也因此，他既认同物欲的满足，也支持对美好生活的追求。孔子"匏（páo）瓜"之喻，就生动体现了这一点。

有一年身为晋国中牟主官的佛肸造反，他邀请孔子前来议事。孔子闻讯后准备前往，子路不高兴，他认为佛肸是在为非作歹，孔子不应与其同流合污。孔子为自己辩解说：他不会受佛肸行为影响，他会出淤泥而不染地保持品节。值得注意的是，孔子还给出了另外一个自己欲成行的理由，即生存说："吾岂匏瓜也哉，焉能系而不食？"①言下之意人不是"匏瓜"，人要吃饭，要挣钱过日子，他不得不赴佛肸之约。这里孔子的"匏瓜"虽然说只为一种借喻，但所表白的"焉能不食"，则也非常清楚地表明，在孔子看来人的生存欲求，是不证自明的，也是天然合理的。所以孔子坦称，他虽然"有教无类"，但为了生活，他也要对学生收取一点资费，子曰："自行束脩以上，吾未尝无诲焉。"②所以当子贡问政，子曰："足食、足兵，民信之矣。"③"足食"被置于处理国家政务的首要位置，这充分显示出孔子对人民生存权的重视，也表明孔子对生活的肯定。

其实孔子不仅认为"足食"是天经地义的，他还强调"美食"也是符合人性要求的，子曰："富与贵是人之所欲也。"④所谓"富与贵"，显然是指比"足食"更好的、更为富裕的生活，而孔子承认这也是

---

①《论语·阳货》。
②《论语·述而》。
③《论语·颜渊》。
④《论语·里仁》。

"人之所欲",实即强调追求美好生活是人的当然要求,这也是不证自明的。下面冉有与孔子之间的一段对话,同样显示了孔子对富裕生活的肯定:"子适卫,冉有仆。子曰:庶矣哉。冉有曰:既庶矣,又何加焉?曰:富之。曰:既富矣,又何加焉?曰:教之。"①虽然我们不清楚孔子"富之"的具体标准,但可以推断它应该比"足食"的状态要好些。换句话说,在孔子看来,人的生存光吃饱是不够的,还应该吃好,过上丰衣足食的幸福生活。孔子自己的生活起居也表明,他是主张享受生活的。从《论语》一书的记载来看,孔子日常生活是颇为讲究的。他有自己的马车,在吃的问题上更是"食不厌精,脍不厌细"。食物做得不好,做得不美,不值时令,没有适当的佐料,他都不吃,而且孔子也不从市场上买酒喝,买腌肉吃。

总之,从孔子的所言所行来看,孔子对生活的理解既不同于老子的清心寡欲,也不同于墨子的苦行,他不仅承认物欲的合理性,而且主张人人应过上"足食""富之"的富裕生活。在孔子看来,这不仅是人生存的需要,更是合乎人性生活的需要。可以说孔子是欢迎财富、拥抱生活,并为之辩护的。大概可以说,在孔子那里,财富是好东西。

二、共享与公平

当孔子强调生存是第一位,人不能像匏瓜那样"系而不食"时,也在逻辑上包含了人人都应"有食",亦即共享财富、共享生活资源的公平意识,这也正是孔子生活哲学与财富伦理的又一项重要内容。

最能表现孔子共享观的有两点。其一是"周急不继富"。所谓"周急不继富",本意是说救济要分轻重缓急,但其间却深含了社会财富的均衡分配与生存资源的共享之意。一次孔子的弟子公西赤出使齐国,冉有担心公西赤的母亲在家饿着,就向孔子要一些粮食给她,"子曰:

---

① 《论语·子路》。

与之釜①。请益。曰：与之庾②。冉子与之粟五秉③。子曰：赤之适齐也，乘肥马，衣轻裘。吾闻之也，君子周急不继富"④。文意表明，孔子虽然答应支援公西赤母亲一些粮食，但不同意多给，这是因为"乘肥马，衣轻裘"上路的公西赤，显然家境不错。而孔子深信社会救助的基本原则是"周急不继富"，即强调雪中送炭而不是锦上添花，将社会资源投向那些最为需要的人，实则关注处境困难的人群，使他们能摆脱困境，分享生活的快乐与幸福。所以当弟子原思拒收孔子给他的报酬"粟九百"时，孔子说：不要拒绝，你可以拿回去"与尔邻里乡党"⑤，实则要他周济周围的穷乡亲⑥。孔子"与尔邻里乡党"之嘱，再次生动体现了孔子"周急"的扶危济困的仁爱精神以及共享生活的公平追求。孔子这一思想深深影响了他的学生，如子路说他的理想是将来做一个能与他人分享生活的人，"愿车马、衣轻裘，与朋友共。敝之而无憾"⑦。

其二是"不患寡而患不均"。这是孔子提出的治国安邦的重要理念。孔子曰："丘也闻有国有家者，不患寡而患不均，不患贫而患不安。盖均无贫，和无寡，安无倾。"⑧按其文意，"不患寡而患不均"是说治理国家不怕财富少，就怕财富占有不公而导致贫富严重两极分化⑨。我们固然不能就此认定孔子是在主张平均主义，要求统治者和普

---

① 一釜合六斗四升。

② 一庾合十六斗。

③ 一秉合十六斛。

④《论语·雍也》。

⑤《论语·雍也》。

⑥ 朱熹《四书章句集注》注解此句说："有余自可推之以周贫乏，盖邻里乡党有相周之义。"本文的理解采朱子"周贫乏"之意。

⑦《论语·公冶长》。

⑧《论语·季氏》。

⑨ 杨伯峻先生认为，"不患寡而患不均"中的"寡"，应作"贫"。若按"贫"来理解，则这句话的公平占有财富的意思更为突出。

通百姓都过一样的生活，但显然孔子是忧虑甚至担心"不均"的，他所希望的是"均无贫"，即更为公平和均衡地分配社会财富，不是少数人独占和独享，而是让人人各得其所，大家共享社会资源。正是怀着这种"均无贫"的理想，孔子猛烈抨击统治者的贪婪。如对于大肆聚敛财富的季氏，孔子甚为不满，而弟子冉求助纣为虐，帮季氏剥削人民，孔子愤怒地号召学生鸣鼓而攻之，"季氏富于周公，而求也为之聚敛而附益之。子曰：非吾徒也。小子鸣鼓而攻之，可也"①。孔子之所以如此痛恨"季氏富于周公"，正因为他"刻剥其民"②来大量聚敛财富，使老百姓失去生活资源而陷于贫困。孔子固然主张君君、臣臣的等级制度，也主张社会财富按等级占有，但孔子又认为这是有底线的，底线就是应保证人民的基本生活（如前述的"足食"），或者说统治者在占有、享受财富的同时，也应保证人民的生活权利，提升人民的生活水平（如前述的"富之"）。这里依然流露出很强的社会公平意识，胡寄窗先生从孔子主张等级，便认定孔子必然反公平，实有失公允③。

着意于"均无贫"的孔子，又大力疾呼为政者要关注民隐，重视民生。前面说过，孔子认为施政的关键是要做到使民"足食"和"富民"，其弟子有若则更进一步发挥说，如果人民不能分享社会财富，最终统治者也不能过上好日子，"百姓足，君孰与不足？百姓不足，君孰与足？"④为了让"百姓足"，孔子要求统治者"因民之所利而利之"⑤"节用而爱人，使民以时"⑥。孔子还呼吁统治者要向三代圣王学习，要像尧舜那样，"博施济众"；要像大禹那样，"菲饮食而致孝乎鬼神，

---

① 《论语·先进》。

② 《论语·先进》。

③ 胡奇窗：《中国经济思想史》（上），上海人民出版社，1960年版，第92页。

④ 《论语·颜渊》。

⑤ 《论语·尧曰》。

⑥ 《论语·学而》。

恶衣服而致美乎黻冕，卑宫室而尽力乎沟洫"①；要像周公那样轻徭薄赋，"施取其厚，事举其中，敛从其薄"②。总之，孔子希望统治者节制自己的欲望，控制自身的消费，而努力使人民过上丰衣足食的好日子。

不难看出，"不患寡而患不均"主要是针对统治者而言的，是意在警醒、敦促他们不能独占资源，独享生活，而其根本目的则是实现"百姓足"。很显然，孔子"患不均"的思想，不仅展现出其生活观中的共享价值取向，更流露出孔子对"百姓"的强烈关注，对贫困的弱势群体的关注，而这与他"周急不继富"的公平理念又是完全一致的。

三、理性生活观

在共享和公平之外，孔子还提出了如何看待生活和财富的理性原则。其间颇具代表性的思想有四个方面。其一是戒奢。孔子反对奢侈，主张节俭，子曰："奢则不孙，俭则固。与其不孙也，宁固。"③文中"宁固"一语就鲜明地表明了孔子取俭弃奢的态度。一次孔子在回答弟子林放问礼之本时，再次申明了这一观点，子曰："大哉问。礼，与其奢也，宁俭。"④所谓"宁俭"，无疑是对奢侈的唾弃。本着这种"宁固""宁俭"的态度，孔子劝告统治者要"欲而不贪"⑤，要像大禹一样"菲饮食""恶衣服""卑宫室"，过俭朴的生活。孔子大为赞赏卫国公子荆的朴素生活作风和态度，"子谓公子荆，'善居室。始有，曰：苟合矣。少有，曰：苟完矣。富有，曰：苟美矣'"⑥。对于当时越礼

①《论语·泰伯》。
②《左传·哀公十一年》。
③《论语·述而》。
④《论语·为政》。
⑤《论语·尧曰》。
⑥《论语·子路》。

犯分，追求过度享乐的风气，孔子提出了尖锐的批评。如对鲁国季氏僭用天子之乐的行为，孔子非常愤怒，"八佾舞于庭，是可忍也，孰不可忍也"①！再如对于管仲，孔子虽然认为他帮助齐桓公九合诸侯，一匡天下，在维护和发展华夏文明上大有功劳，但对管仲奢侈的生活，仍大为不满，子曰："管仲之器小哉。或曰：管仲俭乎？曰：管氏有三归，官事不摄，焉得俭？"②另外，像"树塞门"和"反坫"等，都是诸侯才享用的设施，而作为大夫的管仲竟然也使用，因此孔子斥他"管氏而知礼，孰不知礼"③。孔子这里实际上是在批评管仲生活上的超标准，既违礼，又失俭朴。在古代等级社会，统治阶级垄断权力与资源，奢侈挥霍可以说是常态，与此相对的是，老百姓常有不足之叹。因此，孔子反奢倡俭，不仅体现了对"善居室"理性生活态度的赞赏，更展现了一种人文精神，即意在损有余而补不足，尤其是意在"百姓足"，意在社会公平和社会资源的共享。

其二是反对厚葬。孔子心爱的弟子颜渊死，"门人欲厚葬之"。孔子断然反对，"子曰：不可"。而这时颜渊的父亲颜路，还跑过来请求孔子卖掉自己所乘的车子，以为颜渊再买个椁。椁为外棺，古代葬礼，平民有棺无椁，而贵族士大夫则有棺有椁。孔子反对两重棺木的这种厚葬做法，他的儿子孔鲤死，"有棺而无椁"，是从简安葬的。孔子说他将颜渊也视如自己的儿子，因此，他也准备从俭葬他，不想卖车买椁。后来，弟子们还是厚葬了颜渊，孔子颇感遗憾，子曰："回也视予犹父也，予不得视犹子也。非我也，夫二三子也。"④据后来孟子的追述，孔子还曾猛烈抨击过以人俑来陪葬的做法，有"始作俑者，其无后乎"⑤的痛斥。当然孔子如此愤怒，主要是人俑陪葬违背了他仁者爱

---

① 《论语·八佾》。
② 《论语·为政》。
③ 《论语·八佾》。
④ 《论语·先进》。
⑤ 《孟子·梁惠王上》。

人的理念，但其间也透现了孔子对厚葬久丧的不满。孔子之所以反厚葬，与其理性精神也是分不开的。《论语》说孔子"不语怪力乱神"，对现实世界之外的虚无缥缈的事情不感兴趣，即"六合之外，存而不论"。他关注现实人生，不在意死后的鬼神亡灵，"季路问事鬼神。子曰：'未能事人，焉能事鬼？'敢问死。曰：'未知生，焉知死？'"①孔子还认为，"敬鬼神而远之"②是智者应有的态度。孔子这类思想体现了殷周以来由敬神到敬人的历史变化大趋势，其中实蕴含有一种以人为中心，以人为根本的人文精神，因而孔子断然反对人俑陪葬，反对以大量的财物来陪侍亡灵，而倾向于重视现实生命，用他的话说即追求"百姓足"和"富百姓"，这正是孔子反厚葬的理性精髓之所在。

三是重视资源的永续利用。前面所提及的孔子要求统治者"节用而爱人"的主张，就已流露了珍惜资源之意。而据《论语》记载，孔子自己就十分重视资源的可持续使用，《乡党》篇中曾有这样的记载："君赐食，必正席先尝之……君赐生，必畜之。"这是说孔子在国君赐给他熟食时，必恭敬地尝一尝，如果国君送给他活的家畜，他并不马上杀掉，而是养起来，以备来日之需。看来孔子对生活是有长远考虑和打算的，并不是今朝有酒今朝醉。《述而》篇中所记录的"子钓而不网，弋不射宿"，则更为生动地体现了孔子对自然资源有序利用的思想。所谓"钓而不网"，是说孔子只钓鱼而不网鱼，这样既能取其所需，又不会一网打尽，从而有利鱼的生息繁衍。而"弋不射宿"亦蕴有此意。"弋"意为用生丝系箭而射，"宿"则指归巢的鸟，很可能巢中有一群嗷嗷待哺的幼雏要它喂养。不难想象，孔子不射宿，或许恰意在保全那些可爱的小鸟，难怪古人感叹此是"仁人之本心"③。不过在此"本心"之外，我们还可以看到，孔子对自然万物繁殖生长的关

---

①《论语·先进》。

②《论语·雍也》。

③参见朱熹引注洪氏语（《四书章句集注》）。

注。因为如果"射宿"，失去了父母，巢里的小鸟很可能就会夭折，这当然是自然资源的损失，由此也就难以实现资源永续地利用了。因此，"钓而不网，弋不射宿"，一方面展现了孔子珍惜生命的"护生"意识[①]；另一方面也表现出孔子不竭泽而渔的理性资源观。受孔子这种思想的影响，弟子高柴也秉持"足不履影，启蛰不杀，方长不折"[②]的态度。文中所谓"不杀"和"不折"，是强调在动物的生命活跃期与植物的生长期，不要人为地破坏或加以扼杀，而使万物得以生生不息地生长，从而使人类的资源永不匮乏。

四是注重生活中的卫生。讲究饮食卫生，也是孔子理性生活观中的一项重要内容，《论语·乡党》篇中于此多有论述。首先，孔子强调变质的食品不能吃，"食饐而餲，鱼馁而肉败，不食"。"饐"和"餲"均指谷类食物因放久而腐败变臭，而"馁"指腐烂的鱼，"败"泛指肉类坏臭。另外，孔子还对食物的颜色和气味很讲究，"色恶，不食。臭恶，不食"。即食物颜色难看，味道难闻，他都不吃。其次，孔子注重食物的合理搭配，主张"肉虽多，不使胜食气"。文中"食气"，意指主食。孔子那个时候，肉食很难得，只有贵族才能常常吃到肉，所谓"肉食者谋之"，就是这个意思。但即使这样，餐桌上肉再多，孔子也坚持不要多吃，而且尤其强调不要超过主食。另外，孔子还喜欢饭后吃姜，"不撤姜食，不多食"。孔子这里似乎表现出食物多样性和平衡性的观念，两千多年前就有这种见解，殊为难得。再次，孔子虽然爱喝酒，但从不主张酗酒，"唯酒无量，不及乱"。看来孔子的意志力和控制力都很强，富有理性精神。最后，孔子还有一些好的生活习惯，如"食不语，寝不言"。顾名思义，"食不语"即吃饭的时候不讲话，这既防噎，也使吃饭的时候很安静，而"寝不语"，即睡觉的时候不讲

---

① 这里借用丰子恺先生《护生画集》（海天出版社，1993年版）中所使用的概念，意指一种敬畏生命、珍惜生命的情感和价值意识。

②《孔子家语》。

话，这当然会有助于改善睡眠质量。孔子对生活的讲究，自然与其不错的生活有关，但孔子从中所体悟出的一些经验，却深切地体现出一个哲人的理性生活态度。

四、注重生活的精神品味

从上面的叙述可以感觉到，孔子的生活哲学不仅关心人活着，还关注人应怎样活着，后者也是孔子尤其倾心的，除了前述的共享和理性外，孔子还特别强调过有意义的生活，子曰："饱食终日，无所用心，难矣哉。不有博弈者乎，为之犹贤乎已。"①这句话就生动表明，孔子觉得人不能只求物质上的满足（"饱食"），还应有所"用心"，即追求生活的精神品味和境界。孔子有关这方面的论述也不少，颇具代表性的有以下三点。

首先是强调生活中的情感因素。在孔子看来，人生活如意，不仅在于物的丰足，更要有情感上的满足。孔子对孝的看法，就突出而充分地显示出这一旨趣。弟子子游问如何做才是孝，孔子强调"敬"，子曰："今之孝者，是谓能养。至于犬马，皆能有养，不敬，何以别乎？"②文中"养"为"饮食供奉"，即吃饱穿暖。但孔子认为仅此是远远不够的，因为其中若少了尊敬和亲切，就不能体现出人区别于动物而特有的、属人的生活，故孔子强调"敬"，用现代的语言来解读，则是呼吁应有人间的温情和人文关怀。孔子觉得，做到"敬"是很不容易的，故他又有"色难"之说。"子夏问孝。子曰：色难。有事弟子服其劳，有酒食先生馔，曾是以为孝乎？"③观其文义，显然是说在物质上奉养长者并不难，难的是物到心到的"色养"。所谓"色养"，即以

---

① 《论语·阳货》。
② 《论语·为政》。
③ 《论语·为政》。

"和气""愉色""婉容"的真心诚意来照顾长者①，而这种照顾在孔子看来比"酒食"还要重要，不难发现孔子所推崇的是情义至上，是现实生活中的情感滋润和心灵关怀。

其次是重心灵的愉悦。从《论语》可知，孔子钟情于音乐。他会制作，子曰："吾自卫反鲁，然后乐正，雅颂各得其所。"②他还会弹奏，鲁人"孺悲欲见孔子，孔子辞以疾。将命者出户，取瑟而歌，使之闻之"③。他更会欣赏，"师挚之始，《关雎》之乱，洋洋乎，盈耳哉"④。按朱熹的注解，文中"洋洋"，是为"美盛意"⑤。看来《关雎》旋律美妙，孔子是醉心于天籁之音的。其实，孔子"三月不知肉味"的故事则更为典型地显示了孔子对音乐的痴迷，"子在齐闻《韶》，三月不知肉味。曰：不图为乐之至于斯也"⑥。《韶》相传为舜所作音乐，达到了尽善尽美的程度，孔子听它，竟然如痴如狂，肉都不想吃了。前面说过，孔子那时候吃顿肉是不容易的，其实到了差不多三百年后的孟子时，吃顿肉也还是挺难得的，五十岁以上的人才有权利享用。孔子一闻《韶》乐，连美味的肉香都弃之不顾了，而且是三个月如此，可见孔子对此乐章的心醉神迷！孔子如此陶醉，说明了什么呢？说明孔子从乐曲中得到的快乐比从"肉味"中得到的更大，说明孔子更倾心于精神享受和心灵的愉悦。

孔子对徜徉自然山水的向往，也同样流露出对心灵愉悦的追求。有一次子路、曾皙、冉有、公西华陪坐在孔子身边，各自畅谈理想。子路说如果他治理千乘之国，三年之内，"可使有勇，且知方也"。冉

---

① 参见朱熹《四书章句集注·论语·为政》，朱熹认为，"事亲之际，惟色为难耳，服劳奉养未足为孝也"，可谓得孔子"色养"真髓。

②《论语·子罕》。

③《论语·述而》。

④《论语·泰伯》。

⑤ 参见朱熹《四书章句集注·论语·泰伯》。

⑥《论语·述而》。

求说如果他有机会治理"方六七十"大小的国家，三年"可使足民"。公西华则说自己有志于礼乐之事。曾皙（点）的理想与他们迥然不同，他说自己的愿望是，"莫春者，春服既成。冠者五六人，童子六七人，浴乎沂，风乎舞雩，咏而归"，逍遥于天地间，悠游于大自然，实有点超凡脱俗的意味。他一说完，"夫子喟然叹曰：吾与点也"①。孔子对子路等的事功打算毫不介意，而深许曾皙的愿望，实流露出一种依恋山水、憧憬悠然自得的"山农心境"，是留恋大自然的逍遥自由，而不是世俗的功名利禄，深深拨动了孔子的心弦，这里依然显现出孔子对心灵快乐的执着和向往。

最后是重视道德价值。与重视心灵满足相对应，孔子也非常重视人生的精神意义。对一个人来说，财富和地位固然是重要的，但孔子认为它们的意义是有限的，而人的道德成就和精神境界，却有着穿越时空的永恒价值，所以孔子断定"朝闻道，夕死可矣"，又说"君子喻于义，小人喻于利"，还盛夸伯夷叔齐，"齐景公有马千驷，死之日，民无德而称焉。伯夷叔齐饿于首阳之下，民到于今称之。其斯之谓与？"②又盛赞泰伯，"泰伯，其可谓至德也已矣。三以天下让，民无得而称焉"③。出于对此精神意义的寻求，孔子特别强调对物的超越，对形而上的追索，他"朝闻道，夕死可矣"的名言，就突出地显示了这一价值取向。于此，孔子可谓是再三致意，如"君子谋道不谋食……君子忧道不忧贫"④，又如"君子怀德，小人怀土"⑤。不论是"谋道"，还是"怀德"，它们均表明，在孔子看来，生活的意义和人生价值，远不应止于对物的占有，对物的享用。齐景公当年那样富有，但他并没有在人民的心中留下记忆，而伯夷叔齐当时是那样穷困，但人

①《论语·先进》。
②《论语·季氏》。
③《论语·泰伯》。
④《论语·卫灵公》。
⑤《论语·里仁》。

民却永远地纪念他！孔子如此对比的用意，无疑透现出了他对生活精神意义的推崇。所以他倡导"闻道"，呼吁从有形向无形升华，并在此过程中着意提升自己的精神境界，向"至德"看齐。

论君子人生理想与雅健休闲生活

吕锡琛*

摘要：君子人生理想集中地体现了中华优秀传统文化的人生智慧和精神追求，千百年来，它不仅引导着中华民族激浊扬清，积极向善，而且有助于促进国人的身心健康。这种从精神文化角度切入的健心养生方式可称为"文化康养"，这是与躯体康养、医学养生相异又相连的传统修身养性调心的理论和方法。孔子追求的"志道据德依仁游艺"人生理想蕴含了文化康养的功能，在这些理念的基础上形成了以经、诗、游、唱、琴、棋、书、画为主要内容的中式雅健休闲生活，对其进行创新性发展，有助于推动新君子文化融入现代生活实践，创建造福于民的美好生活，提升人生境界和审美品味，增强免疫能力和身心健康，为培养新时代的新君子探索可操作的方案，对于建设社会主义精神文明和健康中国具有积极的意义。

关键词：君子人生理想；志道据德依仁游艺；文化康养；雅健休闲

君子人生理想集中地体现了中华优秀传统文化的人生智慧和精神追求，千百年来，它不仅引导着中华民族激浊扬清，积极向善，提升道德人格，而且渗入百姓生活，雅俗共赏、历久弥新，对于促进国人的身心健康，构建高雅健康的美好休闲生活亦具有积极意义。学术界

---

* 吕锡琛，中南大学哲学系教授，主要研究方向为道家道教文化、中国传统伦理思想及养生。

对于前一方面的内容多有研究和深入论述，而对其健心养生功能似较少论及。愚意以为，这正是可望推动君子文化创新的一个具有现实意义的课题，有助于推动君子文化的创新并融入现代生活，创建造福于民的美好休闲生活，提升人生境界和审美品味，增强免疫能力和身心健康，为培养新时代的新君子探索可操作的方案。本文以孔子"志道据德依仁游艺"的人生理想为核心，阐发其文化康养的功能，求教于方家。

一、君子人生理想的文化康养蕴涵

君子人生理想具有丰富的道德内涵。《周易》倡言"君子以自强不息""君子以厚德载物"，孔子追求"志道据德依仁游艺""兴于诗，立于礼，成于乐""仁民爱物"，张载立志"为天地立心，为生民立命，为万世开太平"，王船山力行"匡维世教""六经责我开生面"……无不展现出作为君子的远大抱负、崇高道德、责任担当和广阔胸怀。这些人生理想既包含形而上的哲学理念、人生理想和道德培育目标，又有为人求学、德行修养的践行路径，还具有直契生命的健心养生功能。愚意以为，这种健心养生功能是君子文化特别是君子人生理想所独具的重要文化资源。本文将这种从精神文化角度切入的健心养生方式称为"文化康养"，它是与躯体康养、医学养生相异又相连的中华传统修身养性调心的理论和方法。在这里，修德与养生相辅相成，培育君子与个体身心健康紧密相连。

文化康养的功效在中国历史上多有例证。在生活艰难、医疗缺乏、瘟疫流行、战乱频繁的中国古代，人平均寿命只有30岁，但一些具有君子人格的先贤却成为少有的寿星。孔子73岁、孟子84岁、墨子92岁、欧阳询85岁、柳公权88岁、陆游85岁、黄宗羲85岁……南宋英烈文天祥被捕之后，在潮湿肮脏、瘟疫流行的囚室中居然能够"百沴自辟易""阴阳不能贼"，直至两年后慷慨就义，正是因为他胸怀浩然正气，保持英勇顽强的斗志，才能够战胜各种病魔。这些例子都充分证明了人的精神境界、情绪心态与免疫能力和身心健康的密切联系。

现代心身医学和社会医学家的诸多研究成果也证明，人的精神心理状态对人的健康具有重要影响。据专家统计，在所有患病人群中，90%以上的疾病与情绪相关，中医更是很早就发现了精神心理的养护对疾病预防的重要作用。中医的一个养生原则就是"正气存内，邪不可干"[1]。一般将这句话解释为，人体脏腑功能正常，气血充盈流畅，则免疫力强，风、寒、暑、湿、燥、火和致病邪气就难以侵袭，疾病便无从发生。这当然不错，但还不够，"正气存内"不仅指生物学意义上的脏腑功能正常，气血充盈，同时也包括良好的道德和心理平和等精神心理因素，也包括孟子所说的浩然正气。因为人是身心灵相互影响，躯体健康、心理健康和精神健康相互联系、相互影响，行为主体的免疫力、调节能力与他的道德水平和心理状态密切相连。

以下围绕孔子"志道据德依仁游艺"这一人生理想的具体内容进一步阐发其文化康养价值。

二、志道据德依仁的文化康养功能

孔子曾阐发自己的人生理想和教育模式："志于道，据于德，依于仁，游于艺。"这句话将道德理想与内心的道德修养和外在道德实践紧密结合起来，以道为方向，以德为立脚点，以仁为根本，以六艺为涵养之境，使学生能够得到全面的发展。在这里，"道"是总的纲领，"德"和"仁"则是纽带和内核，再通过"游于艺"将崇高的理想信念和德性修养落实为日常的操作践行，提纲挈领地展现出孔子"学以成人"的培育模式。"志于道，据于德，依于仁"是孔子从理想信念和道

_____
[1]《黄帝内经·素问》。

德修养层面提出的要求。这里所说的"道"，包括形而上的天道和形而下的人道，天道是最高存在和理想境界，"天道远、人道迩"，天道难以企及且不可说，而人道则是人世间为政治国的先王之道和修身养性的君子之道。"志于道"是说为人求学要立志高远，以"道"为志趣，一心向往和不断实践人道、接近天道；"据于德"是要以符合"道"的德行作为立身处世的根据；"依于仁"则是要保持内心的善良，言行举止依从于仁爱宽容之德。"德"是"道"体现在个体身上的行为原则，是"道"落实于日用伦常中的操行和习惯，它的内心情感依归则是"仁"。"依于仁"是要以仁为旨归，仁是孔子思想体系的核心，是一个具有深刻内涵，包括个体与群体生活在内的思想和行为各方面的理想人格修养体系，也是"君子"的本质。它体现为个体内心的修养和品性，是君子人格的积淀。"仁"的内容虽然很丰富，但它的根本意义是"爱人"，要通过自身的道德修养由己及人地推展开来。"仁"彰显于外用则是"推己及人""己欲立而立人，己欲达而达人"①，令其浑然如初，日生新意。"修己以安人""修己以安百姓"②。

　　仁爱之心发自于行为主体的内在情感，而仁爱之行则是行为主体道德修养的外在体现，但从客观效果来看，"修己"不仅能够"安人""安百姓"，同时也有益于行为主体自身；仁爱利他不仅造福于社会，同时也以另一种方式滋养着行为主体的身心健康。因为人生活于社会之中，不是孤单的个体，人与人之间相互影响、相互支持，爱的言行在传递温暖的同时，也会激起行为对象的能量，反馈回响并放大。人在与他人、社会和自然的积极关系中，可引发更大的共振，在这种爱心的传递和扩展的活动过程中，行为主体将体会到精神的充实和愉悦，感受到人生的崇高价值与意义。这也是君子人格的集中展现。儒家强调要将这种仁心蓄之、养之、壮之，培植成一股"浩然之气"。这种

---

　　①《论语·雍也》。
　　②《论语·宪问》。

"浩然之气"不但具有道德价值，而且也是提升免疫能力和身心健康的良方。

不少心理治疗家都认识到，仁爱之心和相关的行为对缓解某些类型的焦虑症、保持身心健康具有积极的作用。心理治疗的案例证明，对自己的病症或消极情感过度关注和畏惧，会陷入神经性焦虑或虚无。很多研究成果证明，心怀仁爱、与人为善的人，心中常会产生难以言喻的愉快感和自豪感，进而降低了压力激素水平，促进了"有益激素"的分泌。精神病流行病学专家甚至说养成助人为乐的习惯，是预防和治疗忧郁症的良方。以马斯洛为代表的人本主义心理治疗的方法之一，同样也是帮助来访者超越以自我为中心，淡化小我，将关注的重心从自我转而引向他人。他强调，"爱对于精神健康十分重要"，应该"以感情和慈爱来医治患者"。他甚至认为，"心理治疗获得的成功，不过是帮助人们发现更好的行为、思想及与人交往的方式……使他们变得更加坚强、善良、慈爱、无私和平静"[1]。这也正印证了孔子所说的"仁者无忧"这一论断。另外，美国的一项调查显示，担任义工的人罹患心脏病、忧郁症及传染病的概率，是没有做义工的人的五分之一。而全球最大的健康组织凯色的主持人大卫·索柏也曾提出，增加免疫力的一个秘诀是多帮助人。这些案例都从更广泛的范围证明了仁爱善行的文化康养意义。

以上这些例证表明，以孔子为代表的君子文化强调的仁爱精神、与人为善这些传统美德与自己的生命养护是不可分割的，修心养德不仅是社会的要求，更是内在生命的呼唤，是保持生命健康的需要。这些生命智慧经过了千百年时间的考验并符合现代免疫学原理，在今天，孔子倡导的志道据德依仁的人生理想和教育理念，不仅是培养君子的必由之路，也是我们增强免疫力、进行文化康养、最终战胜病痛的精神良方。

---

① 秦龙：《马斯洛与健康心理学》，内蒙古人民出版社，1998年版，第214页。

三、礼乐的文化康养功能

孔子"志道据德依仁游艺"的理想不是枯燥的理论和死板僵化的教条，而是贯穿于活泼的、生动的生活世界，落实于丰富、具体的操作和技艺活动，这就是"游于艺"。意思是说，要熟练地掌握礼、乐、射、御、书、数六艺，以丰富的知识、做事的本领和高超的技艺，使学生得到全面均衡的发展，达到人生的理想境界，正所谓"文之以礼乐，亦可以为成人矣"①。

孔子自己就是"游于艺"的典范。他善于射箭、驾车、吟诗、弹琴、歌咏等，闻韶乐而"三月不知肉味"，被围于陈、蔡，绝粮多日，仍然"讲诵弦歌不衰"。"游于艺"的"游"是一种悠游、优游、舒畅自在的状态；"艺"在古代是指礼、乐、射、御、书、数六艺，包括礼法、举行仪式时的乐舞、射箭、驾车、书法和算数，泛指丰富的知识、做事的本领等技术层面的内容。"游于艺"，也就是通过熟练地掌握技艺而能够自由自在和愉快舒畅，游刃有余，优游于其中，如同鱼儿自在地游于水中一般。所以，这是从容自在，通过涵养和陶冶情操，在不知不觉中进入圣贤境域，而不是苦行自虐，枯燥强迫。

六艺中的"乐"指举行仪式时的乐舞，其内涵比现代人所说的"音乐"更为广泛，不仅包含了音乐，也包含关于道德、礼仪甚至政治的内容。儒家的礼乐理论崇尚"中和之美"，很早就认识到"乐"在养生、保健、医疗方面具备宣导气机、疏通气血的作用，认为天地阴阳五行之道本然自在、和乐有序，人性、人情、政治、伦理都应当以此为准则，音乐如果能够顺应天地阴阳五行之道，自然就会有助于养心、养性，此所谓"乐者天地之命，中和之纪，人情之所不能免也"②。早

---

① 《论语·宪问》。
② 《礼记·乐记》。

在两千年前的《荀子·乐论》中就阐发了音乐与情绪的关系，提出《雅》《颂》之声可使人意志宽广，音乐可使人"耳目聪明，血气和平"，血脉流通，而达到成就道德人格与移风易俗的目的，还指出不同的声音或乐舞会对人的情绪产生直接的影响。

在中国的"乐教"传统中，琴乐是其中的重要内容，钱念孙先生曾指出，"琴在古代被视为修身养性的君子之器，有'君子之座，左琴右书''君子无故不撤琴瑟'等说法"①。在古人眼中，古琴具有"御邪僻，防心淫""通神明之德，合天地之和"的功能。在古代的文人雅士中，孔子在古琴方面的造诣是很高的。据《史记·孔子世家》《韩诗外传》等史籍所载，他曾向师襄子学琴，在弹奏《文王操》时，不仅能够深刻领会乐曲的意境，居然还能够感悟到文王的形象，甚至"持文王之声而知文王之为人"。《庄子·渔父》中有"弟子读书，孔子弦歌鼓琴"的记载，甚至在匡地被围三日却依然弦歌不辍。《史记·孔子世家》中说："三百五篇孔子皆弦歌之。"意思是说，孔子对于《诗经》的三百多篇皆能配上古琴乐曲进行歌唱，可见，孔子不仅能鼓琴而且能为诗歌编配琴曲，即具有打谱的能力，可见其在这方面造诣之深。

古琴为历代的文人雅士所喜爱，"君子之座必左琴而右书""君子无故不撤琴瑟"。钟子期、俞伯牙关于高山流水的佳话至今家喻户晓；嵇康、陶渊明、白居易、欧阳修、苏轼、王夫之、谭嗣同等诸多君子都能操琴并撰写善于鼓琴的诗词或琴谱；苏轼、王夫之、谭嗣同等先贤收藏、弹奏过的古琴流传至今成为国宝。

先贤认为，古琴"含至德之和平"，通过它可养成君子"中和"的品德，达成"乐教"的目的。琴音松沉旷远，能让人雪燥静心，感到和平泰然的气象，体验内心的祥和喜乐；琴乐洁净精微，能让人感发心志、泻泄幽情、化导不平之气、升华心灵意境；琴音悠扬，又衬出

① 钱念孙：《君子文化浸润中国人的日常生活》，《光明日报》，2018年11月20日第16版。

环境的静谧。弹琴时必须心无杂念，从而达到舒缓情绪、疗愈心理、修身养性的目的。酷爱古琴的白居易的《好听琴》一诗就体现出古琴的心理治疗功能。其诗云："本性好丝桐，尘机闻即空。一声来耳里，万事离心中。清畅堪销疾，恬和好养蒙。尤宜听三乐，安慰白头翁。"

欧阳修也特别推崇通过和谐、适宜的音乐平心疗疾，达到心理上的平和。他在《国学试策三道》一文中说，"盖七情不能自节，待乐而节之；至性不能自和，待乐而和之"；在《书梅圣俞稿后》写，"凡乐，达天地之和，而与人之气相接""然至乎动荡血脉，流通精神"，说明音乐能使人体气血流通。在音乐养生实践中，他体会到要用心去领会音乐之意，达到乐意与心意相通，才能修心养正。他《初寒》一诗云："篱菊催佳节，山泉响夜琴。自能知此乐，何必恋腰金。"金秋时节，在寂静夜晚，空山之中，有流泉和着古琴的妙音，抑或是山泉叮咚如琴声奏响，在欣赏或弹奏这种美妙音乐时，心境平和，人琴交融，情景合一，自可达到妙不可言的胜境，何必贪恋世俗的荣华富贵呢？这首诗既体现出欧阳修的音乐修养，更说明音乐所具有的道德修养和心理调适功能。

欧阳修不仅认识到音乐可以治疗心理疾病，而且对身体疾病也有一定的治疗作用。他在《琴枕说》一文中说："昨因患两手中指拘挛，医者言唯数运动，以导其气之滞者，谓唯弹琴为可。"以自己的亲身经历说明古琴导引淤滞的疗疾功能。

在现代社会，中国古代"乐"的内涵和功能虽然已经随着岁月的流逝而大大窄化，但音乐治疗仍日益成为一种养生康复的方法。在中国传统文化复兴的过程中，《黄帝内经》中音乐疗疾的理论日益为人们所注目，学习和欣赏古琴也为越来越多的人士所喜爱，发挥音乐和古琴的文化康养功能有助于提高民众的身心健康，创造高雅美好的生活。

四、书法的文化康养功能

"游于艺"的"艺"还包括书法，"六艺"中的书法包括书写、识字、作文。书写不同于秦朝以后以毛笔为工具的书法，但从发展的眼光和表现形式来看，毛笔书法也属于"游于艺"的范畴，以下我们拟讨论毛笔书法的康养功能。书法是中国古代社会传承文化的重要载体，把情感、理念、思想融入墨韵中，具有感化人、净化人、教育人的功能，被称为思想感情的"心画"和"养生妙方"。

习练书法是一种高雅的健身活动，在20种长寿方法中，书法位居榜首。它通过入静调身、调息、调心，达到高妙境界，其疗疾养生功效早已在中西医界得到确认。

长期练习书法的人都有这样的体会：心中狂喜时，写字可以使人冷静下来，避免喜过伤心；心中郁闷之际，写字可以使人忘却忧虑，避免忧甚伤脾；心中有怒时，写字可以使人恢复宁静，避免怒气伤肝。可见，书法就像镇静剂一样及时抑制不良心境，调摄情绪，使人的整个心理状态得以稳定和平衡，有助于防治疾病。

练习书法是一种持之以恒、柔中有刚的锻炼，书写之前，要求凝神静气、心志平和、排除杂念、舒散怀抱，做到目不斜视、耳不旁听、注意力高度集中，然后任情恣性、随意挥洒，方能达到心手双畅。书写之时，还要求松肩振臂，自然灵便，做到头正、身正、手平、挺胸收腹、腰直硬朗，半身蹲成"骑马式"，肘关节屈伸自然，五指各尽其力而又密切配合，运笔运腕，坚守稳定。整个手臂、腕、指的肌腱以及肩关节处于张弛有度的运动之中。因此，在全身心进入书写状态时，不仅周身各部的肌肉得到有效的锻炼，脊柱和关节达到了最佳的平衡状态，而且血气通融、舒筋活络，并能激活大脑高级神经细胞，使书写者心神高度统一、肌体内外和谐，和气血平阴阳，通经络调内脏，促进新陈代谢，形神共养，心身统一，提高免疫力，从而延年益寿。

另外，练习书法需要临帖，而名帖或名家的墨宝不仅具有艺术美，其中的文句更是充满了道德的光辉。其内容或为利国为民，或为励志修德，或为歌颂壮丽山川，这些美文都有很好的教育意义。而书法创作时，所书写的内容亦多为为人处世的箴言警句、先贤名言、诗词妙联，这也都是积极健康向上的内容。所以，无论是习帖还是书法创作，都不失为一种修养道德、磨砺心性、提升精神境界的重要途径。王羲之《兰亭集序》，"天朗气清，惠风和畅。仰观宇宙之大，俯察品类之盛，所以游目骋怀，足以极视听之娱"；苏轼《前赤壁赋》，"白露横江，水光接天。纵一苇之所如，凌万顷之茫然……夫天地之间，物各有主，苟非吾之所有，虽一毫而莫取。惟江上之清风，与山间之明月，耳得之而为声，目遇之而成色，取之无禁，用之不竭，是造物者之无尽藏也，而吾与子之所共适"。反复练习、书写这些作品，欣赏、临读这些作品，不仅可以提高书法艺术素养，亦可以陶冶情操，净化心志，激发热情，开阔心胸，不矜不卑，返璞归真，无挂无碍，洗涤心灵，提升境界，是一种潜移默化地学习中国传统思想精华的过程。而文中所展现的山涧流泉、松涛云海、清风明月、崇山峻岭、茂林修竹等诸多胜景，又自然而然地给书写者带来各种美妙的审美意境和艺术想象，感觉器官经常接受美好的信息，足不出户亦能心旷神怡，有助于人们健康而快乐地面对生活。这一切，对于优化性格、陶冶情操、修养道德的积极作用是不言而喻的。

五、结语

君子的人生理想是君子文化的重要内容，孔子"志道据德依仁游艺"的人生理想和教育理念可以为现代人类实现身心灵整体健康、提升生命质量、"学以成人"提供可操作的启示。如何将这些宝贵的文化遗产赋予生命活力，落实到日常生活之中呢？

为此，湖南省君子文化研究会设立了文化康养专业委员会，倡导"中式雅健休闲生活方式"，愚意以为，其大致可包括经、诗、茶、拳、唱、琴、棋、书、画、游十个方面。笔者虽然只是这些生活智慧的浅尝者，但几滴甘泉已是十分受用！很多文化寿星的生活实践更是证明，谦谦君子很多都是中式高雅健康生活方式的践行者。因此，深入地研究君子文化中蕴含的雅健休闲生活方式，并适应现代社会的需要，将这些人生智慧激活并融入普罗大众的生活之中，对于践行新君子文化，推进中华优秀传统文化的创造性转化和创新性发展，建设健康中国特色社会主义精神文明，发展大健康产业，都具有积极的意义。

君子情怀及生活样态

郭继民*

摘要： 儒家君子人格，历来为世人称许。须言明的是，君子人格或君子品格之追求，并非凝固不变，而是时时处于精进的动态过程之中。具体而言，君子始终处于"贤希圣"的不懈追求与践行中，君子的"希圣"之追求始终遵循知行合一的原则，此势必使得其理想情怀同生活密切联系，甚至可以说，君子的理想情怀与君子的生活是一而二、二而一的。即是说，从君子理想情怀中亦可窥见其生活。就儒学发展史言，儒家经典文献相继呈现出的君子情怀与生活的密切关系，可概括为，"'三不朽'：君子的事功追求——务实、精进、有担当的生活""'四于'：君子的道德理想之实践——活泼的德性生活""'五足'：君子所追求的圣者气象——张弛有度的生活""'六谓'：君子追求的美学人格——美感的生活"及"'四与'：君子追求的至高精神境界——通达的平淡生活"等内容。君子的生活样态将予以今人重要的启迪意义。

关键词： 君子；情怀；理想；生活

牟宗三先生曾如是评判儒家："开辟价值之源，挺立道德主体，莫过于儒。"①此言甚确，当谓准确地表达了儒者，尤其是儒之君子的现实关怀与价值取向。数千年的华夏文明史表明，儒之士子，尤其儒之君子，极富道德情感、人文情怀、责任当担与天下意识。

---

* 郭继民，四川思想家研究中心副教授，哲学博士，研究方向为中西哲学之会通。

① 牟宗三：《中国哲学十九讲》，上海古籍出版社，1997年版，第59—60页。

观两千五百多年君子之追求，既晓君子之理想情怀，亦能知晓其生活样态：概君子之情怀或曰君子理想同其生活紧密相连之故也。君子讲"诚"，"诚于中，形于外"；君子贵在践行其理想，其理想之追求势必化为"外在之生活"，此所谓表里如一、知行合一。

诚如周敦颐所言，"圣希天，贤希圣，士希贤"，君子亦大略谓之贤人，君子以"自强不息"的精神追求"圣"之境界，塑造完美的道德人格，践行"和而不同"的"中庸之道"，亦必然在道德实践中展示出君子的生活样态。

践圣的路径颇多，君子的生活样态亦颇多，且不同的气质对"仁"的表现亦不同①，故而，从不同角度考察两千五百多年来的君子理想之追求与实践，亦能知晓其生活样态之丰富。

三不朽：君子的事功追求
——务实、精进、有担当的生活

"三不朽"语出《左传·襄公二十四年》，"太上有立德，其次有立功，其次有立言，虽久不废，此之谓不朽"。此命题为春秋时鲁国大夫叔孙豹首倡，"立德、立功、立言"虽短短六字，但将君子的追求概括殆尽。以排序言，德性第一，志业第二，文章（著述）第三。此论一出，即带有奠基性，后世儒者莫不以此为箴！譬如，《大学》所云"大学之道，在明明德，在亲民，在止于至善"②之三纲，根底上以德为先、为本。"明德"为德之教化，"至善"为德之境界，所谓"亲民"不过是德之显现，根底上亦是德。事实上，后人亦尝以此（道德优先）评价先哲。至于"立功"与"立言"，亦是君子的追求，主要表现为事

---

① 同样是"仁"，在孔子与孟子那里表现出来的就不一样。

② 钱穆：《四书释义》，九州出版社，2010年版，第243页。说明：本文所引《四书》，皆出自本书，不再一一标注。

功，但君子之事功，非为个人名利。故而，立功（所谓"功利"）与立言（所谓"名"）根底上是在于发挥"仁"之要义，非为己也。宋儒张载所谓"四为"，即"为天地立心，为生民立命，为往圣继绝学，为万世开太平"之抱负，可解释为"三不朽"的另类表达，通体是责任与担当，当然，担当也是事功，超越了功利性的事功！

君子对"三不朽"的理想追求，折射出君子的生活是有责任与担当的，因而是充实、丰沛的。无疑这种生活同时也是精进的，是一直"在"的。因为无论立德还是立功、立言，无论立心、立命还是继绝学、开太平，皆须终其一生脚踏实地追求之，故而它自动删除了所谓"空虚与无聊"，删除了"胡闹与刺激"的感官追求，即使在极端生活状态之中，亦复如是。譬如晚年的张载，即便处于疾病之中，仍"终日危坐一室，左右简编，俯而读，仰而思，有得则识之。或中夜起坐，取烛以书。其志道精思，未始须臾息，亦未尝须臾忘也"[1]。可见，有理想、有担当的生活是饱满的，有力量的，是"在"的，是终生"为学"的精进生活，而非"虚无"乃至堕落的。顺便提及，君子的"精进"与"自律"，在极端情况下，则表现为"杀身成仁""慷慨赴死"的悲壮行为，譬如文天祥、颜真卿，但此种行为乃绝境之势下的悲壮选择，并非常态。

就君子精进层面而言，大抵表现出向上、律己之行为，此为其严谨生活之一面。

"四于"：君子的道德理想之实践
——活泼的德性生活

"不朽"之德的实践途径，在于"四于"。"四于"语出孔子，《论语·述而》："志于道，据于德，依于仁，游于艺。"孔子之言，虽短短

---

① 《宋史·张载传》。

十二字，亦粗略地勾勒出儒者道德理想的实现途径。孔子所志之"道"，在于通过"仁"之教化以实现修、齐、治、平之大同理想，宋儒张载提出的"四为"当谓孔子所志之"道"的时代表达。孔子所求之德大略可视为"爱的同心圆"，由父母子女之爱渐推至天下之爱，《中庸》所谓"能尽人之性，则能尽物之性。能尽物之性，则可以赞天地之化育。可以赞天地之化育，则可以与天地参矣"；《孟子》所谓"亲亲而仁民，仁民而爱物"，皆是"同心圆"式的爱之扩大。孔子所依之"仁"乃是"己欲立而立人，己欲达而达人"的推己及人之爱与"己所不欲勿施于人"的"换位思考"之恕的统一。孔子的游之"艺"（原指六艺）则是有助于民风淳厚的"尽善尽美"之艺，是艺术化、礼乐化的人生。"道、德、仁、艺"四字体现了儒者理想的道德生活与终极追求。通过寓教于乐的教化、熏陶，使民众仁心常驻，民风淳厚、社会和谐，其所期盼的大同社会亦不远矣！如是社会，其心存"老者安之，朋友信之，少者怀之"①之祈愿方能实现。以此观之，"四于"貌似夫子闲谈，实有精义在焉，既可视为完整的思想体系，亦可视为实现儒者理性的方法途径，后学者不可不察！

　　"四于"透射出君子的生活是有目标的生活（"志于道"），是德性的生活，正如苏格拉底言"不经考察的生活是不值得过的"②，君子的德性生活乃是经过审慎考察的，与西方现代的道德理论（如康德）不同，君子的德性（道德）并非过滤掉情感后的纯粹理性，君子的德性乃集理性与情感于一炉。故而，此德性生活并非拘谨、压抑和刻板的，相反，君子的道德生活根植于"艺术"（"游于艺"），在艺术的陶冶中完成道德教化的同时，也获得一种活泼泼的诗意生活，所谓"鸢飞戾天，鱼跃于渊"，是"活泼泼地"。明代心学大师王阳明，更是将"良知之流行"引入生活，将天理之流行与生活打成一片，"天地间

　　①《论语·公冶长》。
　　② 柏拉图:《柏拉图对话集》，王太庆译，商务印书馆，2005年版，第7页。

活泼泼地，无非此理，便是吾良知的流行不息，'致良知'便是'必有事'的工夫。此理非惟不可离，实亦不得而离也。无往而非道，无往而非工夫"①。阳明弟子王心斋（王艮）进一步将良知之德性生活转化为"快乐生活"，其作《乐学歌》云："人心本自乐，自将私欲缚。私欲一萌时，良知还自觉。一觉便消除，人心依旧乐。乐是乐此学，学是学此乐……"②王艮之子王襞继承乃父平常、洒脱、自然、乐之宗旨，提出了一种德性与生活相互交融的心学理念，"鸟啼花落，山峙川流，饥食渴饮，夏葛冬裘，至道无余蕴矣。充拓得开，则天地变化草木蕃，充拓不去，则天地闭贤人隐"③。可见，君子之道与其生活亦可以是活泼的、生动的。

更准确地说，这种"活泼泼地生活"同其道德生活是一体的，此为君子活泼生活之展现。

"五足"：君子所追求的圣者气象
——张弛有度的生活

道德之所现，变现为气象。宋儒喜谈"圣者"气象，但大多为人物评点。譬如《朱子近思录》言，"仲尼，元气也；颜子，春生也；孟子，并秋杀尽见""周茂叔胸中洒落，如光风霁月"……系统给出宏论者，莫过于《中庸》之"五足"。《中庸》文曰："唯天下至圣，为能聪明睿知，足以有临也；宽裕温柔，足以有容也；发强刚毅，足以有执也；齐庄中正，足以有敬也；文理密察，足以有别也。"如果说"四于"是大儒所追求的境界，那么"五足"描述的"临、容、执、敬、别"乃是圣人所具备的气象，此气象亦大略可用"仁义礼智信"之五

① 王阳明：《传习录新版》，叶圣陶点校，九州出版社，2018年版，第290页。
② 《明儒学案》卷三十二。
③ 《泰州学案·东崖学案》。

德诠释之。其中，"能聪明睿知，足以有临也"言圣人之智，其聪明睿智足以明辨是非，是谓临；"宽裕温柔，足以有容"言圣人之仁，其宅心仁厚、宽裕足以囊括天下，是谓容；"发强刚毅，足以有执"言圣人之义，正义在手，则坚决果敢、不屈不挠，勇于坚持自己的主张，是谓执；"齐庄中正，足以有敬"言圣人之礼，圣人之礼重在"敬"，非但圣人"敬"礼，且其在斋戒中表现出来的庄严威仪亦"使人敬"，敬从本心出焉，是谓敬；"文理密察，足以有别"言圣人之信，圣人于天地万物仰观俯察、谨严慎思，能辨其细微之别，故其言足以服人，是谓别。总之，若言仁、义、礼、智、信乃君子之质量，那么"临、容、执、敬、别"则是君子践行"五德"潜移默化中所养成的圣者气象。

　　君子追求的圣人"五足"之气象，投射到现实生活中，则是一种张弛有度的生活样态。君子固然固守严谨之道德，甚至表现出刚毅的一面，但此并不排斥其同时具备宽容之品格；君子固然聪明睿智，但却不以"想当然"的"盛气凌人"态度对待万物，相反，他以"齐庄中正"的敬畏感、以明察秋毫之严谨精神去对待人和事；君子出世固然严谨，然其生活是有分际的。以孔子为例，闲居则"申申如也，夭夭如也"，社交则"入太庙，每事问"，处世则"出门如见大宾，使民如承大祭"……故而，"临、容、执、敬、别"亦从一个侧面体现出君子张弛有度的生活样态，或曰，乃是有节奏、有分际的生活。另，孔子所言的"毋意、毋必、毋故、毋我"之修身、处世之准则，实则亦暗含"张弛有度"的生活节奏，人不可固执己见，不可顽冥不化。钱穆先生言，"孔子日常之生活，盖为一极富情感而又极守规范之生活也"[①]，情感与规范的调适，无过于张弛有度，无过于调和内外，孟子言"孔子，圣之时者也"[②]，以"张弛有度"之维度解读，亦无不可。

　　这种张弛有度、有节奏的生活，何尝不是孔子所推许的"中庸"

---

① 钱穆：《四书释义》，九州出版社，2010年版，第46页。

② 《孟子·万章下》。

之道在生活中的具体展现？

"六谓"：君子追求的美学人格
——美感的生活

"气象"之外化，则构成儒者的美学人格。儒者求德，亦求美；只是儒者之美，美在人格，美在道德。一句话，儒者之美乃是德性之美。言君子之美者，莫若孟子给出的"六谓"。"六谓"语出《孟子·尽心下》："可欲之谓善，有诸己之谓信，充实之谓美，充实而有光辉之谓大，大而化之之谓圣，圣而不可知之之谓神。"此论从孟子针对浩生不害（人名）之问谈起[①]，进而触及"何谓善""何谓信"。孟子通过对此问题的解答与发挥，勾勒出儒者的美学人格。在孟子看来，儒者之善，并非狭义之爱，而是从普遍性上着手，它应为人人都喜爱的东西（可欲之谓善）。此"善"若真实地存在并显现于个体中，即是信（诚），诚信之美德充满自身则是美，此充实之美德在实践中发出光辉即是"大"。当此大美之德若春风化雨影响、感化他人之时即是圣，有此圣德且到达深不可测的境界即是神。孟子"六谓"实则从善之德目（信）入手，通过道德实践、层层推进，直至大而化之、不可言说的美学境界，此即笔者所谓"君子的美学人格"。"六谓"将勾画出儒者尽善尽美的君子人格，同时也昭示出中国古典美学的特色：德之至即美之极，德与美是统一的。

其实，孟子的"由德而化"、渐入"化"境的君子人格在先秦经典文本亦有共鸣。一为《坤·文言》中"君子黄中通理，正位居体，美在其中，而畅于四支，发于事业，美之至也"之言；一为《中庸》"诚则形，形则著，著则明，明则动，动则变，变则化，惟天下之至诚为能化"之论。《坤·文言》由君子之德到君子之美终至天下事业之大

---

① 浩生不害的问题是"乐正子何人也？"

美，堪称化境；《中庸》由诚出发，经由己而人"乃至天下"的道德实践，终达"大化流行"之理想，亦是化境。同时，此化境固为君子之大德，亦为圣人之大美。若洞悉其义理，则知此"二论"与孟子的"六谓"有异曲同工之妙！

"六谓"作为君子理想的美学人格追求，落实到具体的生活实践中，则为一种"美感的生活"。无疑，君子的美感生活始终与"美德"密切相关。"君子以成德为行，日可见之行也"①，其美德洋溢之处，其"由内在之诚散发出的良知之行动"既有教化之功，又是快乐之源、美感之源，且此美德不仅使君子所处之地充满祥和与美感，而且君子自身亦能获得"黄中通理、正位具体，美在其中"之美学质量，虽然这种功效对君子而言不过是一种副产品。

此美感的生活之典型表现，莫过于为孔子所认同的曾点气象，"莫春者，春服既成，冠者五六人、童子六七人，浴乎沂，风乎舞雩，咏而归"②。此种自然、率真、淳朴之美，非关任何美学理论，所谓"美不自美"，其况味乃从祥和、活泼的具有烟火气的具体生活中散发出来……

"四与"：君子追求的至高精神境界
——通达的平淡生活

"四与"语出《周易》之《乾·文言》③，"夫大人者，与天地合其德，与日月合其明，与四时合其序，与鬼神合其吉凶；先天而天弗违，后天而奉天时"。"大人"即后儒所谓的圣人。在儒家看来，所谓真儒、淳儒的最高极致或境界，莫过于《文言》之"四与"，后儒莫不推崇之！

---

①《周易·乾卦》。
②《论语·先进》。
③ 当为孔子或孔子后学所为，成书大抵在战国。

关于"四与"的理解，统而言之，乃将圣人之德与天地宇宙关联，凸显了儒家"以德配天"的哲学理念。以德配天的内在根据则是将宇宙秩序与道德秩序统一起来。分而言之"与天地合其德"，圣人之德配天地"与日月合其明"，言君子坦荡荡，无隐曲，无遮蔽。此可从两个方面言及：以消极层面言，可按《论语·子张》篇子贡的说法，即"君子之过也，如日月之食焉；过也，人皆见之；更也，人皆仰之"；以积极层面言，则大人道德如日月普照人间，诚如孟子所云"所过者化，所存者神，上下与天地同流"，此言君子德性之如阳光普照、若春风化雨，凡经行处，皆为所化；"与四时合其序"，言圣人深得《周易》"者"之精髓，后人赞孔子尝有"孔子圣之时也"语。至若汉儒又将仁义礼智与四时匹配，春仁（生）、夏礼（长）、秋义（收）、冬智（藏），土居中央，主信。与此，四时与五德匹配，合于四时之序，"与鬼神合其吉凶"，言圣人顺行天道、张弛有度，自然与鬼神合其吉凶了。宋人颇推崇"四与"，且有一语道破的本领：张横渠所言"天地之塞吾其体、天地之帅吾其性"、程明道所谓"仁者浑然与物同体"、陆九渊"吾心即是宇宙，宇宙即是吾心"皆从特定角度较好地诠释了"四与"之内涵。

"四与"当然为君子的至高精神追求，因为它属于"大人"（圣人）的境界，是"通"的境界，是圆融的境界。一如孔子所言"从心所欲，不逾矩"；又如《中庸》所谓"君子素其位而行，不愿乎其外。素富贵，行乎富贵；素贫贱，行乎贫贱；素夷狄，行乎夷狄；素患难，行乎患难"，此言君子最好的生活应是"通"的。因为是"通"的，故圣者可做到《庄子·田子方》所言"喜怒哀乐不入于胸次"，做到孟子意义上的"贫贱不入于胸次"。其中，被孔子盛赞"一箪食，一瓢饮，居陋巷，人不堪其忧，而不改其乐"的颜回，可谓"通"之典范。荀子在《修身》篇，对君子之修养亦有如是描述："君子贫穷而志广，富贵而体恭，安燕而血气不惰，劳倦而容貌不枯，怒不过夺，喜不过予。"

此固为君子之德操，然又何尝不是君子通达、平淡生活之写照呢？

君子何以能通达、平淡？概君子所乐者，道也；在古哲看来，精神上的丰沛足以安慰平生，外在之物当然有其价值，然外在之物非我所能掌控，属"求之在外者也"。故所谓圣人的境界无非是"绚烂至极复归于平淡"的日常生活，其能在平淡中体验大道之本真。大道本来就是平淡至极的，在日常的饮食间"饭疏食，饮水，曲肱而枕之，乐亦在其中矣"。大道之本真乃是"通"、是"简"，君子乃至圣人的生活亦无非是"平淡与日常"，唯其通达，所以能平淡，能日常。同样是日常，君子与众人的不同在于，君子尚能于"平淡、日常"的生活中，体悟"参赞天地之化育"的真谛，从而使得日常生活具备丰富的内涵。

结语

我们谈论儒者的情怀、君子的生活样态，在于了解圣人之道、君子之美、真儒之气象与精神境界，在于践行"圣希天，贤希圣，士希贤"（周敦颐）的不断精进的实践精神与超越质量，亦在于在个体自我完善、超越中过一种踏实、祥和、有味的烟火生活。正如君子的追求是唯一的，即成圣，所谓"虽不能至，心向往之"。然而，君子在践行"成圣"的道路上所展现出来的生活却是多维的，君子的喜怒哀乐亦须在此"多维"的生活中得以展现。即是说，上述种种生活样态皆从某一层面涉及，君子全幅生活之场景，当为上述日常生活之统括、之集合。

儒学本质上是实践的，是"生活的哲学"，亦是"哲学的生活"；故而，今人唯有把儒家的君子之道（德性之实践）与其生活密切地结合起来，要在平淡无奇的生活中悉心体认"良知"，体认"君子之道"，而非仅仅将君子之学作为"学说"、作为知识（当然，笔者不否认作为学问的儒学之价值），如此儒学精义方能落到实处。亦唯其如此，今天的人们方能于"仁"本体之体认中，于此"平淡、率真、仁爱、艺术"的君子生活中有所受益，进而再去追求"我们"当下的美好、幸福生活。须知，幸福生活绝非局限于物质之富足，它更需要精神的谐和与德性的完善。祈愿古代君子情怀及其生活样态对今人有所启迪，此乃本文写作主旨之所在！

力行君子之道　共创美好生活

——浅谈君子的为人之道与美好生活

蔡章田　许光灿*

摘要：最早完整定义君子的是至圣先师、儒家学说创始人孔子，其理想化、人格化君子并赋予君子诸多道德含义。本文着重探讨君子定义、君子文化、君子之道与新时代人民日益增长的美好生活需要的相互关系、相互作用，研究君子文化的当代价值，君子之行对社会美好生活的促进和引领。新君子内外兼修，知行合一；利己利人、达人达己、修身化人，是独善和兼济的完美统一。

关键词：新时代；新君子；新形象；新作为

我国在全面建成小康社会后，开启了全面建设社会主义现代化的新征程。随着经济的飞速发展和社会的文明进步，人们对美好生活的需求日益增长，不仅对生活条件、工作环境有了新追求、新要求，而且对文化生活、人际交往、社会和谐也有了新期待、高标准。人民群众普遍期望生活更有品位，社会更加文明，素质持续提高。男士人人成为谦谦君子，女士个个成为窈窕淑女，举止优雅，谈吐文明，社会和谐，新风蔚然。群众对美好生活的追求与期盼，就是上下共同努力的方向。君子的为人之道与人们的美好生活息息相关，高度统一。

＊蔡章田,湖北省社会科学院特约研究员;许光灿,湖北省社会科学院钟祥研究所所长。

一、新时代呼唤新君子

君子一词最早见于先秦典籍，而给君子赋予道德含义，完整定义君子的是至圣先师、儒家学说创始人孔子。在《论语》中孔子提到最多的是君子，要求弟子们成君子，远小人。

孔子开坛讲学，传授弟子，其目的是让弟子修身、齐家、治国、平天下。他主张学而优则仕，不可能人人都去当官。虽不能人人为王、为圣，但可以人人做君子。孔子赋予贵贤之间读书人以理想人格，"君子谦谦，温和有礼。有才而不骄，得志而不傲，居于谷而不自卑"。

孔子心目中的君子，据说最早以左丘明为典范。因左丘明知识渊博、品德高尚，"乘如周，观书于周史"后，孔子常对弟子说："巧言、令色、足恭，左丘明耻之，丘亦耻之。匿怨而友其人，左丘明耻之，丘亦耻之。"这里说明孔子是以左丘明看人的尺度作为自己评判君子与小人和做人荣与耻的标准的。

孔子教导弟子时，多次言及君子。从君子的内心修养，到君子的交友，甚至君子言行举止、礼仪规范都有明确的教导。如君子怀德，君子坦荡荡，君子泰而不骄，君子和而不同；君子学道而爱人，君子以同道为朋，君子之交淡若水；君子喻于义，君子不忧不惧，君子敬而无失，与人恭而有礼，四海之内皆兄弟也；君子三畏九思；等等。孔子在《论语》中浓墨重彩地给君子画了像，极大地丰富了君子的人文内涵，成为国人认同君子、力行君子的范式。

自从孔子定义和道德人格化君子，君子在漫长的历史长河中，就成为教化、引导、评价和规范人们人生理想追求和约束人们言行的典范和标杆。君子文化在人们的养成教育中发挥了巨大的社会作用。

进入新时代，人们工作生活节奏加快，现代社会交往的深度和广度也有了较大的拓展，特别是互联网、融媒体、自媒体的繁荣和普及，作为一切社会关系总和的人，交流交往的形式更加多样，交流的平台空间更加广阔，打破了地域限制，也突破了时间限制。无论线上线下，不论白天黑夜，人们互动交流更加频繁便捷。社会生活更加丰富多彩，文化更加多样多元，价值观也呈现出差异。这就更加迫切需要我们无论是在虚拟的线上，还是立足现实、站在面前，都应成为君子，彬彬有礼，崇德守礼。

二、社会转型更需要当代君子

放眼世界，我们正处于百年未有之大变局。世界多极化、经济全球化进程加速推进。立足中国，防疫和脱贫攻坚取得足以彪炳史册、令世界刮目相看的历史性成就。改革开放全面深入推进，"十四五"规划实施，中国特色社会主义现代化建设开局良好。

新发展理念深入人心，立足新发展阶段、贯彻新发展理念、构建新发展格局，实现对内对外双循环、高质量发展的新格局。新旧动能转换，社会全面转型。在新的历史起点上，中华民族要实现伟大复兴，在世界展现新作为、树立新形象、创造美好新生活，坚定"四个自信"，比任何时候都需要君子文化，塑造有使命担当、有奉献作为的时代君子，肩负历史使命，担当复兴大任。新时代君子也是我们生产、生活中的君子、身边的君子、活生生的君子。

君子文化也要守正出新。这就是人民所需、国家所需和时代所需。坚持以马克思主义为指导，以习近平新时代中国特色社会主义思想为统领，以社会主义核心价值观为主要内容。赋予君子时代特征，充分体现出君子文化的当代价值。让君子文化与时俱进，并做到时代化、大众化，融入人民群众的美好生活之中，让人民群众普遍接受、共同认同。既汲取传统君子文化的丰富营养，又融入时代元素和时代要求，使君子形象更加鲜活，君子文化更加可亲可爱可及。

现代君子应坚定理想信念。君子谋道，不忧不惧。道即规律、客观真理。建设中国特色社会主义现代化事业，要坚定马克思主义的真理信仰，坚定中国特色社会主义的共同理想，用习近平新时代中国特色社会主义思想统一全党和全国人民的思想，武装头脑，指导实践，推动工作。坚定文化自信，增强文化自觉，从中华优秀传统文化中汲取营养，为认识和改造世界提供精神支撑，为治国理政提供有益借鉴。

孔子常要求弟子做君子，君子应"志于道，据于德，依于仁，游于艺"，把"志于道"摆在首位，这些都说明了"道"的重要性。孔子教导弟子说："君子谋道不谋食，君子忧道不忧贫。"君子常关注和考虑的是上至君王下至百姓言行是否合乎道合公宜。为他人计，为社会谋，用今天的话说，凡是为他人服务、为百姓的福祉思谋就是合乎人们共同利益的，就是正当合理、符合道德的。上天造人，天道使然。如果人人都为他人着想，为社会造福，上合天道，下合地道，中合人道。君子善谋其道，不违农时，天道酬勤，民则不能贫。如是，君子夙夜在公，自强不息，也就没有什么可担心和害怕的了。当代君子当涵养家国情怀，坚定理想信念。

现代君子应立鸿鹄之志。所谓志向远大，格局必大；猛志常在，基业必兴；志存高远，君子重德。孔子一生安贫乐道、克己复礼。孔子说："士不可以不弘毅，任重而道远。"君子弘毅，道远砺人。君子爱人，推己及人。爱自己更爱他人，爱社会，爱国家，以天下为己任，施行仁德于天下。君子怀德，仁爱众人，君王仁政，仁爱天下，"居庙堂之高则忧其民"。现代君子更应忧民爱民为民，权为民所用，利为民所谋。如全面开启农村现代化建设的新征程，为人民群众创造更加幸福美好的生活，各级领导、广大党员干部任重道远。仁爱他人及天下就是义，就是要全心全意为人民服务，把人民放在心中最高位置，时时想着人民，处处为了人民，急群众之所急，忧群众之所忧，帮人民群众排忧解难，让人民群众有更多的获得感、幸福感和安全感。

现代君子志于道，首先要处理好义利关系，进而引导群众正确处理好国家、集体和个人三者之间的关系。明大德、行大义。君子追求的就是公义、大义，让人民群众共同富裕，共享改革开放成果和盛世中国的美好生活。

"不义富贵，于我如浮云"，不义之财，君子不取更不屑取。"君子喻于义，小人喻于利"，孔子重义轻利，并不是不要利，只是强调"君子爱财，取之有道"。有道即为义，合公道合公义、公平正义。而今为君子，树立正确的义利观。最高境界是公而忘私，无私奉献，全心全意为人民服务。群众性的义利要求，每个人正确摆正和处理好国家、集体、个人三者之间的关系，自觉做到不损公肥私，不损人利己。大家都为国争光，为社会多做贡献，我们的社会、我们的生活将变得更加美好。

现代君子应大爱无疆。贯穿《论语》最精髓的一个字是仁。有学生问孔子："什么是仁？"孔子答："爱人。"仁者爱人。爱人延伸开来，就是爱你身边的人，爱你的朋友，爱你的同事，爱普天之下所有的人。倘若人人都有"仁者爱人"的境界，世界就会充满美好与阳光。

仁者爱人，兼济天下。仁者，爱人。爱人者，人恒爱之。敬人者，人恒敬之。君子固穷，穷则独善其身，达则兼济天下。穷不失志，富不癫狂。穷不失义，穷不忘道，努力奋斗，改变命运，进而为社会做出君子贡献，为天下人谋福祉。在广大农村，有一个能人，一门手艺，一个产业带富一方百姓，实现先富带后富，共创共享美好生活，他们就是人民群众身边活生生的当代君子。在城镇，有些企业家不仅为困难群体捐款捐物，还把帮扶车间开到社区，开到乡村，大量吸纳城乡青年和下岗人员就近上岗、在家门口上班挣钱。

君子达则兼济天下。中华儿女要构建人类命运共同体，为人类做出较大贡献，实现天下大同，就要有君子担当，君子作为。协和万邦，友邻、安邻、富邻。有君子大格局，济世大担当，既脚踏实地办好自己的事，又以仁爱天下之襟怀，以共商共建共享之精神，建设"一带一路"，进而建设一个"持久和平、普遍安全、共同繁荣、开放包容、清洁美丽"的世界。美美与共、和而不同，实现君子治国平天下的抱负。

现代君子必勤奋好学。君子善学，经天纬地。君子好学，"学而时习之，不亦乐乎""三人行，必有我师""知者不惑"。孔子十五志于学，一生向学，且不知老之将至。朝闻道，夕死可矣。

孔子把学习态度、学习方法、学习成效作为衡量评价人的标准和依据，将芸芸众生划分为三六九等。他认为，"生而知之，上也；学而知之，次也；困而学之又其次也；困而不学，民斯为下矣"。天资聪明者，当然是最好的。勤奋学习，勤能补拙，从无知到有知，且学识过人为社会的栋梁之材。人生困惑，遇到不能解决的问题，带着问题去学习也是了不起的人。愚钝、无知而又不学，那就无可救药如稀泥扶不上墙了。

孔子一生学而不倦，诲人不厌。孔子亲修春秋，兴私学，招弟子，传诗书，留下《论语》，用其半部即可治天下。要求弟子修身齐家、治国、平天下。强调君子要自强不息的老子，常以万物为师，向自然学习，道法自然。

新时代新君子，处于知识和信息爆炸的年代，更要以海纳百川、兼收并蓄的姿态，努力学习先进理论、科学知识、先进经验，自觉丰富自己、提升自己、完善自己，既有为人民服务的好思想，又有为人民服务的过硬本领，做到学用结合，知行合一。

现代君子要践诺守信。厚德载物，重诺守信。君子德高如日月，宽厚广博如大地。君子静如高山，巍巍而立；动如流水，川流不息。君子立身立世，一言九鼎，言出必行，行必有果。君子一诺千金，千难万险也要践诺守信。君子诚实守信佳话绵延不绝，对全面深化改革，推动社会转型，发展中国特色社会主义市场经济有现实意义和当代价值。

重诺守信是君子文化的重要内容，也是中华优秀传统道德的重要组成部分，更是中国特色社会主义核心价值观的凝练表达。诚信是中华优秀传统文化和传统道德的一条主线。"诚者物之终始，不诚无物。是故君子诚之为贵"，诚，贯穿了万事万物的始终，君子以诚为贵，是君子就应"本于诚，用于中，致于和"。

《孔子家语》要求"言必先信，行必中正"。诚信这个词因而涵盖着内外两个方面的含义：诚于中，信于外。"本于诚"是出自内心，诚信之道要"诚于中"诚之为贵。诚是人之内心本源，是为人为事的出发源点，信是践诺的表现即行。孔子认为"自古皆有死，民无信不立"。因此，《中庸》强调："唯天下至诚，为能经纶天下之大经，立天下之大本，知天地之化育。"这是从天下宏观的角度强调诚信的重要性，也是治国平天下应有的诚信观：国之诚信，在固邦，在安民；人之诚信，在立世，在明道。只有天下最为真诚的圣人，才能掌握治理天下的根本法则，树立天下的根本德性，了解天地万物化育的道理。政府诚信、社会诚信、民众诚信，三位一体，高度统一。人人诚信，处处诚信，社会就会更加和谐美好。

全面深化改革，建立和完善社会主义市场经济体制，全方位优化我们的营商环境，更需要每个人践行社会主义核心价值观，自觉做到诚实守信，打造诚信社会。各级政府要进一步做好"放管服"，首先就要带头建设诚信政府，全心全意为人民服务，不折不扣地贯彻执行党和国家的各项政策，提高政府的执行力和公信力，以上率下，上下同心，践诺守信，共建共创共享美好生活。

三、美好生活需要人人成为君子

君子是理想人格，又是现实生活中的楷模、道德标兵和协调与处理人际关系的规范和准则。

生活之美在于理想信念、社会风尚、道德水准、物质条件、生活环境等，也在人际关系。社会和谐的重点和难点都在于如何协调和处理好人与社会的关系。人们判断一个人能否称得上君子，是不是名副其实的君子，大多看的是他在与人相处时的举止、作为和态度。如果符合文明社会的礼仪规范和行为准则，则会被认为文明有礼，是个君子。反之，举止粗俗、态度蛮横，人们就无法接受。

我们弘扬和传承君子文化，呼唤和需要人人成为君子，做一个文明有礼的时代新人，既是人们的期盼，又是时代发展的迫切要求。

君子文化首先是修身养性成为君子。新时代新风尚更要每个社会成员崇尚君子、认同君子、力行君子、成为君子。成为思想道德高尚、科学文化知识丰富的高素质者，就是要坚定"四个自信"，用马克思主义中国化的最新成果、党的创新理论武装头脑，自觉践行社会主义核心价值观，牢记初心使命、肩扛责任担当，兢兢业业，恪尽职守，服务人民、奉献社会，成为一个受人尊敬、躬身律己、言行一致、品行高尚的人。

人人都向往君子，成为时代君子，责己严，待人宽。努力成人之美，尊重他人之美，美美与共，和而不同，我们的社会就会更和谐，生活就会更美好。如果每个人都像各级党委、政府表彰的道德模范那样，济危帮困，见义勇为，乐于助人，无私奉献；都像雷锋那样把有限的生命投入无限的为人民服务中去，社会就会多一分爱，生活就会多一分好。君子在我们的时代起着巨大的示范作用、引领作用、教育作用和激励作用。

今天的君子如何成为示范和标杆，成为人们可敬、可亲、可学、可及的当代君子，促进社会和谐和文明进步？这就要求我们从点滴做起，从自身做起，"千里之行，始于足下""道虽迩，不行不至。事虽小，不为不成"。

一是利己利人的统一。社会进步既有明确分工，又有高度的配合与协作。无论是生产劳动，还是工作创造，或是从事商务活动，都要有利共享，合作共赢。从道德层面上，先进性的要求是先公后私、公而忘私。在社会主义初级阶段，劳动是谋生的手段，大家都是靠劳动吃饭，道德层面还有群众性要求。因而，个人正当利益要兼顾，组织还应充分考虑、适当照顾个人利益。只有确保个人正当劳动利益，人民的劳动积极性、创造性才会被充分调动起来。人民群众工作、劳动的积极性空前高涨，中华民族的伟大复兴才得以早日实现。

个人利益第一是处理不好人际关系的。生活要幸福美好，就要照顾好他人，任何时候都不能伤害他人的利益。确保利益分配上的公平正义，利人又利己，和则两利，其乐无比，且能致远。现代社会，经济社会高速发展，生活节奏加快，人们压力增大。社会焦虑情绪蔓延，遇到些许小事小问题，有的人易冲动，使问题复杂化。新君子文化在我们的美好生活中能正确协调人际关系，促进社会和谐。

生活压力增大，我们更要合理区分和处理人际矛盾。见利让三分，遇事担责任。做到己所不欲，勿施于人。自己不想要的不要强加于人，遇到问题，能够像君子那样从自身找原因，不轻易指责和埋怨别人。问题在我，责任在我，在别人眼里可谓君子。君子主动担责，敢于负责，并将责任负责到底，别人就会高看我们。

二是达人达己的统一。孔子多次提醒，"己欲立而立人，己欲达而达人"，现代社会讲人人为我，我为人人。自己要成就一番事业，必须与别人共同奋斗才行，个人单打独斗可能一事无成。一个篱笆三个桩，一个好汉三个帮。现代社会高度融合，互联网把人们紧紧连在一起，众创共享是时代的潮流。达人达己，高度统一。

创造幸福美好生活，还需有君子的高姿态，协调和处理人际关系、社会关系都要高风亮节。谦谦君子，处处有礼，时时守礼，克己行礼。君子对人以恭、以敬、以礼，对人彬彬有礼。君子为人诚实、谦虚，对人恭敬、真诚、友善、和气。对人礼让三分，帮人难处，尊重关怀他人，帮助和服务身边的人。帮助别人就是帮助自己，服务别人就是服务自己，礼让他人也是在礼让我们自己。如果人人都能发自内心地尊重别人，关心别人，体贴别人，悉心照顾别人，那还有人际关系不和谐的吗？

三是内修与化行的统一。君子要内修于心，外化于行，内强素质，外塑形象，做到表里如一，言行一致。现代社会一花独放不是春，万紫千红春满园。君子不是一个人发热发光，而是点燃自己，照亮别人，更是影响和感染身边的人、同时代的人，使全体同胞的素质得到提高，进而提高整个社会的文明程度。

做好表率。要求别人做的，自己首先做好，要求别人不做的，自己带头不为。以上率下。《论语·颜渊》载有孔子"君子之德风，小人之德草。草上之风，必偃"，这就要求君王以身作则，统治者首先要端正自己的德行，这样百姓效仿才会有好的榜样，有清正廉明的县官，县里的百姓就会洁身自好。"上行下效"说的就是这个道理。现在无论处于哪级哪个岗位的领导，既要带领群众干事创业，又要教育群众、提高群众，把干事与化人有机统一起来。就生产抓生产，就工作抓工作，就经济抓经济是做不好领导的，要把管事与育人结合起来，抓班子，带队伍，领导班子才能更有凝聚力和战斗力。

人生皆有光芒，君子更加闪耀。君子慎独慎微，要为公众树立标杆，成为示范，还要教化、感化和影响众人。君子的言传身教可以影响、感化更多的人，君子言行如春风化雨，润物无声。只有全民的素质都提高了，社会才会变得更加和谐美好。

四是独善和兼济的统一。"得志，泽加于民；不得志，修身见于世。穷则独善其身，达则兼济天下"，位高权重，泽加于民，多多为民造福，"达不离道"方是正道。失意时，更要修身律己，严格要求，做到"穷不失义"。孔子称的君子除了君王权贵外，更多的是读书人。对读书人来说，"修身、齐家、治国、平天下"既是个人修为要求，又是学而优则仕的上升通道、上升路径。其基本要求是管住自己，做到修身养性，一朝入仕达于朝廷，就应充分发挥个人的聪明才智，好好治国平天下。

独善不仅是在穷时，更是在平时，无论何时何地，处于怎样的地位，都应慎独慎微，心有所敬，心有所畏，永不逾矩。以君子之品德要求和约束自己。领导干部，位居高位，更应慎独，坚守初心，牢记使命，增强"四个意识"，做到"三严三实"，慎用权力，慎终如始。任何时候都自觉做到提高政治站位、政治觉悟、政治能力，严守政治纪律和政治规矩，信念过硬、政治过硬、责任过硬、能力过硬、作风过硬。

君子的人格特征与美好生活

彭龙富*

摘要： 君子文化作为中华优秀传统文化，内涵丰富，对指导人们树立正确的人生观、价值观和世界观有着重要的意义，特别是其中所蕴含的君子人格特征与现实美好生活的密切联系：其修身立德的人格特征，有助于人们树立正确的是非观、得失观、利益观，从而树立正确的价值观，以正确的价值观认识美好生活；其自强不息的人格特征，有助于树立积极的学习观、正向的人才观、全面的发展观，从而践行积极的人生观，创造美好生活；其兼济天下的人格特征，则能将个人与国家相统一、将现实与理想相统一，树立宏伟的世界观，以享受美好生活。正确认识君子人格特征与美好生活之间的密切联系，不仅是加快培育和践行社会主义核心价值观的内在要求，也是不断满足人民群众对美好生活向往的现实需要。

关键词： 君子；人格特征；美好生活；传承；品德

习近平总书记提出，"人民对美好生活的向往，就是我们的奋斗目标"。"我们的人民热爱生活，期盼有更好的教育、更稳定的工作、更满意的收入、更可靠的社会保障、更高水平的医疗卫生服务、更舒适的居住条件、更优美的环境，期盼孩子们能成长得更好、工作得更好、

＊彭龙富，中共娄底市委党校（娄底市行政学院）决策咨询部副主任、副教授，主要研究方向为党建、马克思主义中国化。

生活得更好"①。这是国家宏观层面上的美好生活，是对人民的庄严承诺。但对于人民群众自身追求美好生活而言，则需要把握几个基本问题，即什么是美好生活，怎样过上美好生活，如何享受美好生活，这三个问题的核心点在于：作为个体，如何理解或者怎样认识美好生活。这一系列问题的回答可以从中华优秀传统文化中找到答案，即君子文化。君子作为中华优秀传统文化的一个重要象征，其人格特征能为文明追寻美好生活提供深厚的文化土壤和鲜明的精神指引。

一、树立正确的价值观：君子修身养德

君子在中国传统文化中，起初有两层含义：或是身份高贵者，多指有贵族身份的人；或是德行高者，多数是指有道德学问的人。而自孔子后，更多地将君子特指为德行高的人。整体来说，对君子并没有具体的定义，而是散见于各种论述和比较之中，常见的表达是君子怎么样、君子如何做。但纵观中华优秀传统文化中关于君子的阐述，无论对君子的人格定义有多么丰富，道德是其核心，如仁义礼智信，如温良恭俭让，如君子十德"仁、知、义、礼、乐、忠、信、天、地、德"，如"修身、齐家、治国、平天下"，不管君子应具备多少种品德，个人私德始终被认为是最核心的，所以有"君子慎独"之说。当前关于如何认识美好生活的思考，首先就是个人价值问题的拷问，归根结底是个人的思想认识问题。所以，追求美好生活，首要关注的是君子修身养德的人格特征，这决定了如何认识美好生活，如何选择美好生活。

（一）正确的是非观

明辨是非是为人之本，也是正确认识世界、认识社会、认识生活

---

① 习近平：《习近平谈治国理政》第一卷，外文出版社，2018年版，第4页。

的重要基础。颠倒黑白，便无法准确地判断什么是对、什么是错，无法准确地感知什么是美好、什么是幸福。如有人将贫富差距全部怪罪于社会的不公平，嫉恨他人的好运道，而没看到他人的付出，更不思考自身的付出与努力；也有人将自身的贫困归咎于父辈的贫穷，而不感恩父辈的辛勤劳作和无怨付出；还有人因各种各样的原因而陷入窘境，却只怨天尤人，不反思自身是否真的努力。纵然世间的付出与获得不一定平等，但失去了是非观，一味地埋怨他人、嫉恨他人，甚至为了利益而颠倒黑白、是非不分，那其必然无法正确认识什么是美好生活。

古代君子有着极为正向的是非观，一是不妄议是非。如"君子不蔽人之美，不言人之恶"，君子对于他人的优点和长处，绝不遮掩，对于他人的短处和缺点也不背后议论；又如"君子不夺人所好"①"君子有成人之美"②"古之君子，交绝不出恶声"③，即君子不争抢他人的喜好，有成全他人的雅量，即便是断绝关系，也不说他人的坏话。二是视是非为立身之本。古人云："是非荣辱，关乎立命之本。""非非义之属，是是仁之徒。"又云："当为感麟翁，善恶分锱铢。"④可见对是非问题的重视。可以说，凡成大事者，凡生活美好者，一定是是非分明的，绝不混淆正确与错误，更不"以其昏昏，使人昭昭"⑤。正所谓"见义不为，非勇也"⑥，更何况，"勿以善小而不为，勿以恶小而为之"⑦。可见，君子在善与恶、是与非的问题上绝不纵容自身。也正是因为君子这种善恶分明、是非明辨的人格特征，使得君子具有极强的

---

① 《增广贤文》。
② 《论语·颜渊》。
③ 《史记·乐毅传》。
④ 《刘壮舆长官是是堂》。
⑤ 《孟子·尽心下》。
⑥ 《论语·为政》。
⑦ 《三国志·蜀书·先主传》。

生活信念，能感受到生活的美好，而不至于使自身被生活的"蝇营狗苟"所局限。

（二）正确的得失观

正确对待得失是感受美好生活的重要前提。患得患失，必然使原本美好的生活陷入困境。正如当前，社会各界对美好生活的探讨丰富多样，有人认为富贵者生活美好，也有人喜好山野田趣；有人向往星辰大海，也有人追逐繁华都市；有人立志做职场的精英，也有人向往诗和远方。每个人对美好生活的定义不尽相同，但有一点却是共通的，即得失的计较上，不拘小节。在维特根斯坦看来，所谓美好生活，就是以追求理想为幸福的目标，以简单的生活方式和率直的生活态度作为自己的人生标准。按当前盛行"守恒定律"而言，世界是平衡的，生活也是公平的，付出与收获不一定平等，但没付出一定没收获，唯一能更靠近美好生活的是加倍的努力。

按君子文化的理解，则是要有正确的得失观。古人云，有失必有得，有得必有失，得失在于心。如孔子的侄子孔篾与宓子贱偕仕，孔子经过孔篾处，问有何得失，孔篾答没有什么获得，但失去了三样东西，因无空闲无法加强学习，因俸禄少而骨肉至亲日益疏远，因公务繁忙而朋友之情渐失。而经过宓子贱处，孔子又问有何得失，宓子贱答没什么失去的，但得到了三样东西，即以前学习的知识得到了实践，所得到的俸禄分给父母兄弟而骨肉至亲更加亲密，虽公务缠身但仍兼顾朋友之谊而朋友之情更加深厚。孔篾为官有三失、宓子贱为官有三得，同样是做官，面对同样的困境和难题，两者却做出了截然不同的结论，得到了截然相反的收获。牢骚太盛防肠断，风物长宜放眼量。不在意一时的得失，不在乎一时的失败，而是着眼全局、着眼长远，才能真正将自身从日常生活的琐碎中脱离出来，才能真正感受到生活的美好。

（三）正确的价值观

有人腰缠万贯，但依然不满足，认为生活不幸福；有人身居陋室，却觉得生活有滋有味。可见物质并非评判美好生活的唯一标准。颜回的"一箪食，一瓢饮，在陋巷"，刘禹锡的"斯是陋室，惟吾德馨"均表达了同样的精神追求，即安贫乐富。当然，安贫并非倡议固守贫穷，而是要在物质与精神之间做好选择和平衡。美好生活当然离不开物质的保障，但过度沉溺于物质财富的获取，则与美好生活的价值追求相悖。美好生活不仅是追求物质生活的富足，更是要追求精神生活的满足。物质与精神是美好生活的两大支柱，要想拥有美好生活，必然要正确对待物质与精神，必须要有正确的价值观。

"君子有所为，有所不为"①，对君子而言，美好生活的创造源于原则的坚守，源于道德底线的坚守。即便是物质财富的获取，也必须是"君子爱财，取之有道"②，因而在价值选择上必须以仁义为先、大义为先，正如孟子所言"尊德乐义，则可以嚣嚣矣。故士穷不失义，达不离道。穷不失义，故士得己焉；达不离道，故民不失望焉。古之人，得志，泽加于民；不得志，修身见于世。穷则独善其身，达则兼善天下"③。也就是说，在穷困时，不丢失道义，在富贵得意时，不叛离道义。可以说，古之君子，是真正把自身价值观建立在自身的道德观之上，把个人价值、个人道德与天下大义紧密相关，并且严格要求自我，要做一个"铁肩担道义"、有家国情怀的人。这种价值观贯穿于民族文化、君子文化的整个发展史，前有孟子"穷则独善其身，达则兼善天下"，后有顾炎武"拯斯民于涂炭，为万世开太平""天下兴亡，匹夫有责"。对当前社会而言，面对多元而复杂的社会思潮，对美好生

---

①《读书录·续录》卷四。
②《增广贤文·上集》。
③《孟子·尽心上》。

活的向往和思考，首先就要从君子文化中汲取可贵的价值营养，要真正做到"有所为、有所不为"，只要每一个人都心怀大义，在工作上履职尽责，在生活中恪守道义，不仅个人的美好生活能很好地实现，国家的发展、民族的复兴、社会的和谐都将加快进程，迈入新天地。

二、践行积极的人生观：君子自强不息

追求美好生活是人类文明的天性，公共价值基础共识上的美好生活追求是人类生存、发展和进步的不懈动力①，而美好生活的创造不仅要有正确的认识，正确的价值观，还应当有积极的人生观，积极地去创造美好生活。这与君子自强不息的人格特征十分契合，具体包括积极的学习观、正向的人才观和全面的发展观。

（一）积极的学习观

君子自强不息，最基本的是要好学。《论语》开篇是"学而时习之，不亦说乎"，可见古代君子对学习的重视；又言"温故而知新，可以为师矣"②，可见古之君子在读书学习上讲究反复学，举一反三；再言"好读书，不求甚解；每有会意，便欣然忘食"③，可见古之君子读书的状态，可谓如饥似渴、废寝忘食；还有头悬梁、锥刺股、凿壁偷光、萤囊映雪等一系列脍炙人口的故事，都充分说明了古人对读书、对学习上进的孜孜以求。而古之君子之所以好读书，不仅是因孔子言"生而知之者，上也；学而知之者，次也：困而学之，又其次也；困而不学，民斯为下矣"④，更是因为学习是实现个人价值、获得美好生

① 袁祖社：《公共价值的信念与美好生活的理想——马克思哲学变革的理论深蕴》，《中国社会科学》2019年第12期。

②《论语·为政》。

③《五柳先生传》。

④《论语·季氏》。

活、促进民族发展的终极手段。从孔子的《论语》到韩愈的《劝学》，从"书中自有颜如玉，书中自有黄金屋"到近代知识分子倡导的"科学、民主"到当前的打造学习型社会、学习型政党，中国人始终将学习摆在重要位置。

而从新时期个人美好生活的创造而言，学习是个人创造美好生活的基础。一般意义上来说，唯有学习才能获取知识、提升技能，才能获得与时代同步的基础，唯有学习才能让个人的价值得以实现。就生活而言，良好的学习观是创造美好生活的不二选择，从认识世界到改造世界，从精神情感上的感知到职业技能的提高，都需要良好的学习观加以引导，只有通过不断学习，养成良好的学习习惯，才能将"优秀变成一种习惯"，才能从历史、文化、社会等多个方面持续获得正能量。依据"熵增"的有关理论，也唯有不断地学习，树立良好的学习观，才能让人生持续前进，才能持续获得创造美好生活的知识与能量。当前，有人会提"读书无用论"，但事实上却是层次越低、越不愿意上进的人，在用种种言论保护着自身的脆弱，而层次越高、越上进的人，始终在学习，始终在努力学习。每个人或许各有各的活法，但美好生活的创造与拥有离不开良好的学习观，离不开与时俱进的学习与进步。

（二）正向的人才观

与学习观紧密相关的是人才观。学无止境，而学到什么程度、达到什么样的水平、获取什么样的技能，或者说怎么样才能算得上是"人才"，则需要仔细认真思考。人才观是学习观的延伸，并不是只要学习就能获得美好生活，而是要在时代发展中，结合实际的社会背景、发展方向，成为符合社会主义核心价值观且有用武之地的人才，才能真正创造美好生活。就好比在近代历史时期，要创造美好生活，就必须学习能救国存亡的新知识和新技能，而不是熟读四书五经；好比当前社会，要创造美好生活，不仅要学习能创造社会价值、有助于中国特色社会主义现代化建设的知识与技能，还要积极培育和践行社会主义核心价值观，而不是只顾自身才能的增长，不顾自身品德的锤炼。

君子的自强，是德与才的统一。在古代，读书是最好的出路，"学而优则仕"为广大学子畅通了未来的发展渠道。但即便如此，古代君子也倡导读书不求甚解，要求"博闻强识而让，敦善行而不怠"①，并且墨子主张"德为才之帅，才为德之资。德器深厚，所就必大，德器浅薄，虽成亦小"。可见，古代对于人才的标准也是非常高的。现代社会，我们更要学习古代君子树立好正确的人才观。一方面，要有高超的技能和国家大义。如管仲，孔子尽管认为管仲器量小、不节俭、不知礼，但孔子认为"管仲相桓公，霸诸侯，一匡天下，民到于今受其赐。微管仲，吾其被发左衽矣。岂若匹夫匹妇之为谅也，自经于沟渎而莫之知也"②。可见，在孔子看来，所谓人才或许可以不计较小节，但必须有大义，必须将自身的才能与国家的发展、民族的兴盛紧密相连，如此可成人才。另一方面，德才兼备。古代君子历来将德放在首位，有才无德是不被认同的。如唐朝初期的宋之问，尽管很有诗才，却是一个为了诗句残杀外甥的人，做官时更是趋炎附势、阿谀奉承，因而不被世人所认同。而到现代社会，更是讲究人才的德才兼备、以德为先。当前许多人有着良好的学习观，十分刻苦，但总是得不到重用，总结起来却埋怨社会的不公平，殊不知是其德才不匹配，才让其无法尽施其才。因此，要想在新时期创造美好生活，不仅要树立良好的学习观，与时俱进，更要树立正向的人才观，德才兼备，如此才能真正在时代的浪潮中创造出一番价值，实现美好人生。

（三）全面的发展观

相比古代社会，现代社会更加追求"一专多能"的综合型人才。

①《礼记·曲礼上》。
②《论语·宪问》。

一方面，知识经济时代呼唤更多的综合型人才。当前社会不再是一个依靠某一项技能就能"走遍天下都不怕"的社会，"一招鲜"逐渐失去了市场，人才的更新换代速度逐渐加快，单靠一项技能已经无法满足市场竞争的需求，一专多能、多面型的人才逐渐成为了市场对人才的新期望。这种新趋势意味着要想创造美好生活，必须全面发展，必须尽可能地提高自身的知识储备，以跟上时代发展的步伐，获得良好的生活基础。另一方面，实现人的全面发展是美好生活的重要内核。美好生活，在目标上与人的自由全面发展的宏观指向相统一，在根基上与人的自由全面发展的微观立足点相一致，在现实上与人的自由全面发展的中观指向相契合①。因此，就美好生活的科学内涵而言，实现个人的全面发展是其应有之义，"美好生活"意味着人们对生活提出了更高、更全面的要求，意味着人们的生活发展将进入一个更高的阶段，即全面发展阶段②。且不论每一个人对美好生活的不同定义，单就真正可持续的美好生活而言，必须以全面发展为基础。

君子的自强不息，是全面发展的内在要求。古代或许没有全面发展的内涵，但有全面发展的内容。如君子六艺，礼、乐、射、御、书、数，古人要求君子掌握多项技能，或许是生活需要，但更多是为人的全面发展而需要。不学"礼"无以立，有"礼"则必有庆贺燕飨之"乐"，"君子无所争，必也射乎"③等等说法都充分证明了君子对多才多艺的实际需求。君子全面发展是为获得健全的人格和品行，而现代社会的全面发展同样如此。一个人只懂技术，不懂管理，就做不到综合协调；一个人只懂业务，不懂党建和政策，就做不到前瞻性；一个人只懂功利性的进步，不懂人生哲学的思考，不懂心理的调节，就做

---

① 邹章华：《美好生活：儒家传统幸福伦理思想与马克思主义幸福观的合构》，《理论导刊》2021年第2期。

② 郭玉芳：《新时代"美好生活"的时代性内涵》，《马克思主义理论学科研究》2021年第6期。

③ 《论语·八佾》。

不到享受生活。美好生活的创造并非一味地盲目推进，必要时还需要适当地停留和反思。无论是职业晋升还是生活改善，全面发展都意味着更多的思路和出路，都意味着更多的可能和价值，这对于现代社会的美好生活而言，是十分契合的。因此，创造美好生活，不仅要有积极的学习观、正向的人才观，还要有全面的发展观，如此才能在竞争日益激烈的现代社会，创造美好生活、享受美好生活。

三、培养宏伟的世界观：君子兼济天下

美好生活不仅建立在丰富的物质基础和美好的精神世界之上，更是建立在稳定和谐的社会大环境之上。正所谓，有国才有家，无数个家组成了国。对于个人的美好生活而言，其必须是与国家的发展、民族的兴盛紧密相连的。因而，还要培养宏伟的世界观，要有兼济天下的情怀。

（一）将个人与国家相统一

美好生活的创造和享受离不开稳定的社会环境。或者说，国家的稳定是每一个人享受美好生活的前提。因此，要树立宏伟的世界观。一方面，美好生活的创造离不开良好的社会环境。稳定的社会环境的营造离不开每一个人的努力，即要在美好生活的创造和享受中，将个人与国家相统一，将个人价值的实现与国家发展、民族振兴紧密相关，在中国特色社会主义现代化建设的伟大实践中，锤炼自身的本领和过硬的政治素养，从而将个人美好生活与民族复兴、国家兴盛紧密相连。另一方面，个人美好生活的塑造最终融于国家的不断发展之中。不同时代、不同时期对美好生活的定义都不相同，但一定与当时的社会环境、国家经济基础相符合。每一个人的幸福生活或是主动或是被动，都必然与国家的不断发展相融合，没有人的美好生活能脱离国家的发

展而独立存在。

古人云，天下兴亡，匹夫有责。古代君子对于个人与国家的统一是高度赞同的。从道德修养上的爱人到爱仁，从个人德行的仁义到国家兴亡的大义，从君子和而不同到天下大同，古代君子始终将个人与国家相统一，做到忠诚、担当、爱国。正如子曰"修己以敬""修己以安人""修己以安百姓"①，正如修身、齐家、治国、平天下。对于古代君子而言，修己永远是最低的层次，而最高的层次在于治国、在于平天下，在于将自身的发展投身于国家民族的不断兴盛。这对于现代社会而言是具有重要的启示的。我们如何创造美好生活？其实早已有答案，即将个人的有限的生命投入无限的为人民服务当中去。对于新时代的中国人而言，就是要在中国特色社会主义现代化建设中，在实现中华民族伟大复兴的中国梦的新征程中，将个人与国家紧密相连，以创造并享受美好生活。

（二）将现实与理想相统一

美好生活的创造与享受不一定是同步的，美好生活的获得也不是一蹴而就的，而是无数代人共同努力的结果。中华民族发展至今，是无数革命先辈浴血奋战来的，是无数中国共产党人和中国人民用血肉战斗出来的。每一个人需要满足的条件都是不相同的，但是可以分析和有目的地进行努力。随着社会经济的不断发展，美好生活将不断创造，既将满足更多人民群众对美好生活的向往，也将持续提高美好生活的水平。

"长太息以掩涕兮，哀民生之多艰""安得广厦千万间，大庇天下寒士俱欢颜""先天下之忧而忧，后天下之乐而乐"，将现实与理想相统一、将现在与未来相统一也是古代君子的重要人格特征之一。现实生活的困苦，让古代君子在寻求美好生活时不断前进。"上下而求索"

①《论语·宪问》。

"虽九死其犹未悔"，这种对理想信念的坚忍追求也正是当前美好生活的需要。我们既不能满足于当前已有生活的现状，又不能对未来生活失去信心和希望，而是要在中国共产党的领导下，在全国各族人民的团结下，始终心怀对美好生活的向往，始终坚定中国特色社会主义道路，坚持马克思主义的指导，立足于"两个一百年"奋斗目标的新时期，以昂扬向上的健康姿态，自信从容的矫健步伐，大步迈向中国特色社会主义现代化，迈向中华民族的伟大复兴，迈向属于中国人民的美好未来。

君子文化的历史内涵

君子的处困、解困之道[*]

——以《周易·困卦》为之中心

余治平[**]

摘要： 历代解《困卦》者，多各执义理、象数一端，能讲卦变、爻变者寥寥，本文则以卦辞诠释与九二例解为中心，尝试融贯象数、义理之诠释路径，揭橥卦变、爻变之机枢要害。困卦之象，水性润下，在泽之下，势必流渗以涸。如何对待困，可以检验出君子、小人的德性水平。每当陷入困局，儒家相信，唯有具备坚强毅力和高超人格的君子、"大人"，才能冷静面对现实，"有学有守""操持已定"，甘享其窘，自我亨通。故"君子之困"有别于"小人之困"。九二有刚中之德，强调困厄之中的君子应当安处待命，审时度势，韬光养晦，谨慎所为。面对泽上无水的困境，君子的态度是积极有为，奋力拼搏，杀出重围，而意志薄弱、缺乏控制力的小人则做不到。解困、出困是需要借助于精神信仰。

关键词： 周易；困卦；经传；君子之困

在语用学上，"困"的字面含义有窘迫，受窘，急难，被包围，常指一种窘迫、危难的状态与处境，精神压抑不舒展，人不得志。大约在战国、秦汉时期，贫困一谓，组合并用，而多限定为一种不能维持

* 本文为国家社科基金重大项目《董仲舒传世文献考辨与历代注疏研究》（批准号：19ZDA027）、上海交通大学"董仲舒学者"支持计划《春秋"大一统"的观念兴起与历史影响研究》（HS-SJTU2020A01）阶段性成果。

** 余治平，上海交通大学教授，主要研究方向为中国哲学史。

最起码生活水平和质量的经济现象。《韩非子·奸劫弑臣》："夫施与贫困者，此世之所谓仁义；哀怜百姓，不忍诛罚者，此世之所谓惠爱也。"《史记·管晏列传》："管仲贫困，常欺鲍叔。"刘向《新序·杂事二》："余衍之蓄聚于府库者，境内多贫困之民。"古汉语词汇中还有穷困、困穷之说，基本含义则区别不大，皆指生计或职事处于窘迫、艰难的境地，《春秋左传·襄公八年》："民知穷困，而受盟于楚。"《荀子·儒效》："虽穷困冻喂，必不以邪道为贪。"《战国策·燕策三》："樊将军以穷困来归丹，丹不忍以己之私而伤长者之意。"《尚书·虞书·大禹谟》："不废困穷"，孔颖达疏："困穷，谓贫无资财也。"《战国策·燕策三》："樊将军困穷于天下，归身于丹。"

而在儒学语境中，如何对待穷困，如何"过紧日子"，则可以分辨出君子、小人所作所为之差异，检验出君子、小人的德性高低。《周易》之第四十七卦《困卦》，坎下兑上，专门讲述君子陷入"为道之困"与"为身之困"，借助于独特的卦爻符号系统和经传话语解释系统，仔细描绘了君子受困、处困的各种样态，并认真探讨了解困、济困、出困的方法路径。胡朴安曾以军旅征伐诠释困卦，"困，《升》之南征而困也"，他以为，困卦是王师南征而不是西征、东征、北征的记录。其"卦辞之有言不信，南方之国不信其言，征而不服，率萃之民众，致困于株木，困于酒食，困于石，困于金车也"说明，为什么要打仗呢？胡朴安以为是不相信君上之"言"而导致的，"《困》卦纪南征之民众受困而归，而治其罪也"[1]。而从卦象、卦辞、爻象、爻辞的内容方面看，困的指涉似乎更多、更广，譬如政治、祭祀、道德、经济、刑罚、教化，因而也更可能具有普遍性的意义。仅仅拘泥于军事征伐，反倒限制了困卦的价值发挥和使用范围。困难，困难，往往就是因为困而难。而读懂困卦也很难，得认真下一番功夫。朱熹说："《困卦》难理会，不可晓。"又"《困》是个极不好底卦，所以《卦

---

[1] 胡朴安：《蓬莱阁丛书 周易古史观》，上海古籍出版社，2005年版，第157页。

辞》也做得如此难晓"①，人越是处于困中，越应该知困、晓困、懂困，而不是忌讳回避，不敢直面困境。所以，读懂困卦并释放出其中所蕴藏的普遍效用便显得尤为必要和十分重要，而不是心里忌讳于自己身陷困境之中，提都不愿意提及。前人解《困卦》，或偏于义理，或限于象数，多不讲卦变、爻变，而本文则尝试融合象、数、义、理、辞、思等多种诠释路径，剖析与透视卦变、爻变之机枢要害，以通达困卦之道体大本。

一、"尚口乃穷"：岂可"以言求免"

明儒来知德说："困者，穷困也。"这里，穷、困互解，穷就是困，困就是穷，穷、困一致。但今人把"穷困"等同于"贫"，却是对上古汉语的一个误解。其实，贫未必就穷困，穷困也未必就贫。困卦中的"困"，应该指穷厄委顿，道穷力竭，意志堵塞，施展不开，无法通达。那么，困怎么会没有力气了呢？从卦序次第上看，《序卦》曰："升而不已必困，故受之以困。"困卦紧接着升卦之后，升是自下而上，需要用力，但如果上进不已，缺少休整、喘息、调节的空档，则势必气力疲惫，使身心陷入困乏的状态。而从卦象上看，"水居泽中，枯涸无水"，泽中本该有水，可现在却干枯无水，于是便呈现为困乏、不济之象。而从爻象上看，"六爻皆为阴所掩，小人揜君子，穷困之象也"②。阳爻陷入阴爻，"卦三阴三阳，一阳在内，两阳在外，而皆为阴所包，亦有被困之象。《易》以阳为重，明君子之道也。阳困即君子之穷，为其被群小所窘而不克展其用，故曰

泽水困

————————

① 黎靖德编：《朱子语类》第三卷，杨绳其、周娴君校点，岳麓书社，1997年版，第1654页。

②《周易集注》，来知德集注，民主与建议出版社，2015年版，第255页。

'困'"①。阴爻围剿阳爻，小人陷害君子，则为困局。困是对君子而言的。《周易》也只帮君子解困，而不为小人服务。

困卦的卦辞为："困，亨贞，大人吉，无咎。有言不信。"来知德指出，"此卦辞乃圣人教人处困之道也。言当困之时，占者处此必能自亨其道，则得其正矣"。易道广大，《周易》的丰富性和整全性就在于它能够想象、设计出物自身生生的曲折过程，并描绘物自身存在的若干种场景或境地，而"困"则是其中的一种。既然会遭遇到"困"，就得想方设法解困、出困，于是便有了只对君子有效的所谓"处困之道"。因为每当陷入困局，唯有那些具备坚强毅力和高超人格的君子（"大人"），才能够免除祸害，"自亨其道"，并最终"得其正"，转困为通，变困于达，因为也唯有他们"有学有守""操持已定"。而意志薄弱、缺乏控制力的小人，则一定是做不到的。

然而，如果"不能实践躬行"，不勉力而行，尚未"自亨其道"，而只在口头上呼喊走出困境，仅仅"以言求免"，结果只能是"其困人必不信而益困矣"。陷入困局之中的君子，遭遇"处坎之险"，必须借助于自己的德性工夫才能够解困、济困、出困，靠行动而不靠嘴皮，不可"尚兑之口"。而追求其爻象根源，来知德以为，"二五刚中，大人之象。兑为口，有言之象。坎为耳痛，不能听，有言不信之象"。所以，《象辞》曰，"尚口乃穷"，也是强调提高言语修养方面的德性功夫对于君子解困、出困的重要性和迫切性。

坎下兑上的卦体结构为什么导致困局？

从卦体结构上分析，《易经证释》宗主附注指出，"困以兑合坎，内险而外悦。有如小人口蜜腹剑，心与行违，言与思戾，谓己为智，而利人之愚，处物以欺，而希人之蔽，是谓之困"②。这样的卦体结构恰恰是对小人如何围困、陷害君子的描述，但困人者终自困，是不得

①陆宗舆：《易经证释·困卦》第六册，瑞成书局，2014年版，第521页。
②陆宗舆：《易经证释·困卦》第六册，瑞成书局，2014年版，第525页。

好结果的。而按照来知德的解释，"坎刚为兑柔所揜，九二为二阴所掩，四五为上六所揜"，此困之所由名也。下坎刚，上兑柔，以柔压刚，刚屈于下，处于逆势①。九二一阳，乘阴承阴，上下皆阴。九四、九五虽然阳，但却为上六所凌，无法舒展伸张，不陷入困顿才怪。来知德举例，"兑之掩坎，上六之掩四、五，小人在上，如绛灌之掩贾谊，公孙弘之掩仲舒是也"。小人得志，横行朝廷，而忠良则举步维艰。"二阴之揜九二者，前后左右皆小人也，如曹节、侯览、王安石、惠卿辈是也"，正人君子不能及时清洗掉身边的小人，必然是自己遭罪。正人君子并非能力有限，本事不如奸佞小人，而往往都是因为他们不忍心、不屑于去做奸佞小人所做的那些勾当。

二、"困，德之辨"：考验出君子、小人

《易传·系辞下》："困，德之辨也。"郑玄注曰："辨，别也。"王弼注曰："困而益明。"辨，是人心智力的一种分析、评判能力。君子处困，首先需要智力支撑，以保证思路清晰，不犯糊涂。如何面对困顿的现实，你会采取什么样的态度与处理方法，无疑是对人们智商能力和德性品格的一次考验，君子、小人于此分野。孔颖达《周易正义》曰："若遭困之时，守操不移，德乃可分辨也。"虽身陷困局，却能恪守节操，而且毫不动摇，意志坚定，这才是君子应该具有的德性品格。

---

① 高亨指出，"《困》之卦象是刚伏于下，柔覆于上，刚被柔所掩盖。此象有才德之君子被无才德之小人所掩盖，处于困窘之境，是以卦名曰《困》"。君子的德才，是正德正才，他（她）能够在正确的德性指引下使用自己的才，才才能够正用。而小人则往往恃才傲物，其才是歪才、偏才，为了达到某种不可告人的目的，使用损招、恶招，肆意践踏德性正义，故为才不正用。现实社会里，君子斗不过小人，一般都因为君子不屑于使用被小人所使用过的手段，并非君子徒有德而没有才。引文见高亨：《周易大传今注·困》，齐鲁书社，2009年版，第345页。

刘宝楠指出，"遭困之时，君子固穷，小人穷则滥德，于是别也"①。君子在困境中首先应该识别善恶是非与忠奸对错，进而能够捍卫并坚守仁道正义，但小人在困境中则最容易放任性情，颠倒是非、混淆善恶，而做出损害自己德性品格的事情来。这就是做人的差距，所以，人们如果遭遇逆境，最好还是以君子为榜样，努力修炼自己的火眼金睛，分清敌友，而不是跟小人学坏。仁、义、礼、智、信这"五常"之中，为什么必须要有"智"，其实就是在强调理性判断力在积德行善过程中能够发挥确保方向不偏的重要作用。孟子"四端"中，也必须有一个"是非之心"，唯有"智之端"才能使"不忍人之心"的落实不走偏，不变样，而不被坏人、恶人所利用。

自得其乐，借助于理性能力和独立思考，而把世事看穿看透，不失为君子身陷困局的一种积极方法。《象辞·困》曰："困，刚揜也。险以说，困而不失其所亨，其惟君子乎！"这里，"说"通"悦"，指愉快。高亨说："《困》之卦象又是险以悦，即人在危险之中，而对人和悦。人处于困窘之境，在危险之中，能对人和悦，虽困而不失其所，是为美德，是以卦辞曰'亨'。"②即便遭遇坎险，也能够冷静面对现实，不低沉，不颓废，苦中找乐，甘享其窘，看得开，想得透，因而豁达开朗，自我圆融，自我亨通。"既处困境，又能亨通"③，而不至于一味悲观，自甘沉沦而不思改变和突破目前的境遇。而如果换了小人，则骂骂咧咧，怨天尤人而心有不甘，随时随处都弥漫着不满的情绪，负能量太多。君子把困窘当成一种必须经历的磨炼，所以能够"亨"，小人则将其看成是自己不合理、不公平的遭遇。也因为这一点，许多时候小人则容易媾和并认同于坏、黑、恶势力，而君子却可以形成对眼前现实的批判精神。这是君子、小人德行分野之后在知识论方

---

① 刘宝楠：《论语正义》，高流水点校，中华书局，1990年版，第611页。

② 高亨：《周易大传今注》，齐鲁书社，2009年版，第346页。

③ 金景芳、吕绍纲：《周易全解》，吉林大学出版社，2013年版，第290页。

面的一个意外收获。

三、水在泽下：苟无存留，其困立至

《象》曰："泽无水，困。君子以致命遂志。"泽无水，来源于困之卦象。"坎在兑下，兑在坎外，水与泽相近，乃成泽中无水之象。"卦体决定卦象，水在泽下，意味着泽中已经干枯，没有什么无水了，因为"水性润下，在泽之下，势必流渗以涸"，假如是坎上兑下的卦体，水泽节卦，则无疑可"亨"，则反而要求"节以制度，不伤财，不害民"[①]。困卦"以内外言，外有泽而水在下，明非泽中之水，则将泛滥以尽，故曰'无水'"，下坎的水已经不在泽中，则说明泽已决口，泽中之水全都泛滥、流泻、渗透到下面来了，自己也干涸、枯竭了，已经陷入一种困穷、无能为力的状态了。这个时候，就必须采取相应的对策了，"水易流，宜自节约耳"，于是，一种"经济之道""民生之原"便随即产生了。

原本"泽以水用"，而现在一旦没了水，一大堆问题就来了。"无水是不克充其用"，那么，"比于困穷之时，物不得展其技，人不得展其才"，物与人都不在正常状态，这就是一种困，即有难处，遇到似乎过不去的坎儿了。"水之在泽下，如物之储以备用，如财之贮以供时需。"泽下藏水，似乎又可以理解为一种积累，是一种战略储备，构成帝国政权稳固、军事安全之一种必须。"今无储贮，岂非穷乎！穷则困矣"，泽上无水，即无储备，必将威胁天下秩序和民生日用。"人生必赖物以为生，必利用财物以为用，必储蓄以备不时之需，必节留有余以防将来之不足。此经济之道，民生之原。苟无存留，其困立至。"[②]在古今各家对困卦的诠释中，唯独《易经证释》一书能够把泽水卦体

---

① 刘明武：《换个方法读易经》，湖南科学技术出版社，2020年版，第588页。
② 陆宗舆：《易经证释·困卦》第六册，瑞成书局，2014年版，第535—536页。

理解成一种"经济之道"和"民生之原"。但这里的"经济"绝非现代人所谓"经济学"之"经济"，毋宁是"经世济民"之"经济"。这样，困卦的发生与解读，还应该是一种具有丰富历史内容的宏大叙事，因为它涉及了给养天下和维持民生的问题，值得挖掘，不容小觑！

四、"致命遂志"：杀身成仁，舍生取义

这里的"致命遂志"，尚有争议，主要有两解。

乐知天命说。来知德说："险以说，卦德也。困而不失其所亨者，人事也。处险而能说，则是在困穷艰险之中而能乐天知命矣。"他以"心"解"所"，径直把《彖辞》中的"所"字训读为"此心""此道"。向内而求，以心解困，而不是向外寻觅，更不会以钱两财富解困，这是明儒在心学时代解读《周易》所发现的一条路径，或可谓之"心学易"。来知德说："身虽困，此心不愧不怍，心则亨也。时虽困，此道不加不损，道则亨也。"一个人，尽管处境艰难，但如果他内心没有任何歉疚，对得起天地人鬼神，那还有什么不满意的呢？如果他运气不好，但还能够守护仁道正义，不使之受到威胁和挑战，那么，仁道正义就会完好无损。人受点困，也就罢了，只要不伤害"心"、不遮蔽住"道"就行，这是君子身陷窘境处理事务最基本的准绳和原则，不可动摇。"不于其身于其心，不于其时于其道，如羑里演《易》，陈蔡弦歌，颜子在陋巷不改其乐是也。"①文王、孔子、颜回是圣人，所以他们即便窘迫不堪，也都能够一如既往地以守"心"、守"道"为第一要务，甚至还能够把眼前的"困"当作磨炼人性品格、成就自我善德的必由之路，以困为乐，安贫乐道。人要是能够在困穷艰险中，乐知天命，释放抑郁，调整心态，甚至还可以进行适度的自我放逐、自我麻醉，就可以不至于让鲜活的生命被暂时周遭的压力所吞噬。

①《周易集注》，来知德集注，民主与建设出版社，2015年版，第256页。

豁出性命说。面对泽上无水的困境，君子的态度是积极有为，奋力拼搏，杀出重围。孔颖达疏曰："君子之人，守道而死，虽遭困厄之世，期于致命丧身，必当遂其高志，不屈挠而移改也，故曰'致命遂志'也。"①世道混乱，当黑恶势力威胁了王道正义，君子是要有奉献精神的，应当挺身而出，即使偿付出生命的代价，也要予以全力守护与誓死捍卫。而屈服、投降、媾和、偷安，则都为正人君子所不齿。"不以物欲而动其心，不以利害而易其操守"，"不为时势易其节也"②，乃君子之当然所为，义无反顾。仁道的理想，什么时候都不能丢；正义的旗帜，什么时候都不能倒，它们比个体的生命还重要，比小我、个体的价值更宝贵。

北宋程颐在解释"君子以致命遂志"一句的时候，强调了"知命"的重要性，"君子当困穷之时，既尽其防虑之道，而不得免，则命也"。君子为人坦荡，做事有原则，原本是不应该陷入困顿尴尬的境地的，但即便他（她）谨小慎微地加以防范和杜绝，却仍然避免不了眼前的苦难挫折，那么，他（她）是躲也躲不过去的。这个时候，君子就必须接受命运的安排，认命、知命，直面现实，变被动为主动，积极采取强有力的措施，以期早日结束危厄。君子的应对办法是，"推致其命，以遂其志。知命之当然也，则穷塞祸患不以动其心，行吾义而已"③。因为认命、知命而能够进一步了解命运的今后走向，晓得"命之当然"，顺应变化，安顿自心，适时、因地而有所为，以图全面堵塞各种祸患再次发生的可能。心意萌动皆不为眼前的困顿危厄所左右，而只愿意为仁道正义所倾注和付出。

来知德在解释《象》中"泽无水，困。君子以致命遂志"时指出，"泽所以潴水。泽无水，是水下漏而上枯矣，困之象也"。潴，指水停

---

①《周易正义》，王弼、韩康伯注，孔颖达、郑同整理，2020年版，第230页。

②陆宗舆：《易经证释·困卦》第六册，瑞成书局，2014年版，第541页。

③《二程集》，郭齐导读，凤凰出版社，2020年版，第250页。

聚之处。《周礼·地官·稻人》曰："以潴畜水。"潴，或刻为猪，水行至此，停留聚集，不得不建造堤防工事，以免危害农田庄稼。泽，原本应该储水蓄水，现在却水在泽下，来知德以为是水漏下去而导致上卦枯竭干涸，形成"万物皆困"的局面，完全是一副窘迫危难的表象。"致"指到达、求得。人要知命，才能达命。茫茫人海中，只有那些认识命运基本走向的人，只有那些了解命运规律的人，才能够通达天命的归宿，掌握自己的命运。"命存乎天，志存乎我"，命是上天赐给的，是一种既定的存在者，不可后天人为干预，但人活着还有一颗属于主体自我的心，存心立志而改变上天的馈赠，用主体的自觉修为去改造并文饰我们的自然禀赋，进而使人生轨迹最大限度地遵循我们自己的自由意志。在来知德看来，"不有其命，送命于天，惟遂我之志，成就一个是也"。尽管命运所赐一般般，甚至还布满坎坷和曲折，但因为自己的积极努力与孜矻善行，却能够实现自己的人生理想，维护了仁道正义，这可能才是"致命遂志"的真意。在这里，个体的决定作用、人性主观的改造功能已经被极大地彰显了出来。

来知德要求，"患难之来，论是非不论利害，论轻重不论死生"，这是根本原则，即在困顿危厄面前，必须讲究是非、轻重，而不能计较利害、生死。道义准绳不可能放弃，唯有它才是最为紧要的事情，其余一切皆可放下。"杀身成仁，舍生取义，幸而此身存，则名固在；不幸而此身死，则名亦不朽，岂不身因而志亨乎？身存者，张良之椎，苏武之节是也。身死者，比干、文天祥、陆秀夫、张世杰是也"[1]，仁道正义比个体生命重要，面临考验，如果需要，放弃肉体也是必需的。作为个体的鲜活生命，其肉身的保留还是毁灭，完全得看仁道正义的需要。儒家教义虽然起源于血亲伦理，但也十分强调集体价值。按照来知德的理解，个体生命的幸与不幸，肉身的存在与毁灭，在仁道正义面前简直是微不足道，在不朽的名节面前根本就不值一提，这其实

---

① 《周易集注》，来知德集注，民主与建设出版社，2015年版，第256页。

也是另一种残忍和暴恐。

于是，杀身成仁、舍生取义则成为"致命遂志"的应有之义。朱熹解"致命"曰："自家但遂志循义，都不管生死，不顾身命，犹言致死生于度外也。"[1]为了道义，君子连生死性命都可以放弃。金景芳、吕绍纲《周易全解》认为，"豁出性命，实现夙愿。当生命与信仰不能兼得的时候，要杀身成仁，舍生取义，不可苟且偷生。三军可夺帅，匹夫不可夺志，可做'致命遂志'的注脚"[2]。君子受困，首先想到的不是自己个人的安危，而是担忧于道义法则的沉沦和损伤。在行动上，君子则会采取积极措施，主动出击，想方设法拯救道义，化险为夷，以避免道义法则受到更大程度的破坏。这显然不是一种低迷不振、消极气馁、怨天尤人或干脆放弃的态度。

五、例解九二：刚中之德，自亨其道

九二的爻辞说："困于酒食，朱绂方来，利用亨祀，征凶，无咎。"

困有不同种类，金景芳、吕绍纲分出"身之困"与"道之困"以及由此而引申出来的"君子之困"与"小人之困"。"困有身之困有道之困，小人之困是身之困，君子之困是道之困。小人的困是吃饭穿衣亦即维持生存的问题。"[3]因为身份、职业的差异，每个人所操心、所焦虑的对象也有所不同。君子之困，是道之困，他们会因为仁道不显、正义不张而倍感憋屈。小人之困，则是身之困，他们一般只会因为吃

---

① 黎靖德编：《朱子语类》第三卷，杨绳其、周娴君校点，岳麓书社，1997年版，第1654页。

② 金景芳、吕绍纲：《周易全解》，吉林大学出版社，2013年版，第291页。

③ 金景芳、吕绍纲：《周易全解》，吉林大学出版社，2013年版，第292页。

饭温暖问题解决不了而奔波憔悴，而一筹莫展①。"初六的困就是小人之困。君子的困表现在道不能通，志不能行上。"②君子谋道，小人谋利，各有定位。道不行、不通，当由君子为之开辟、开展。但这又并不意味着君子就不会遭受生存问题的威胁，"身之困"的温饱问题还是会迎面袭来。"在困卦中三个阳爻代表君子，它们的困是君子之困。九二是阳爻，九二之困是君子之困，亦即道困，与初六小人困于株木不同"③，这里的君子之困，立足于爻性、爻象、爻位，而非基于道德高下之分殊。

人困未必就贫，还可能有点酒食，因为真正穷得叮当响的人是吃不饱饭、更买不起酒的④。而按照卦象的总体规律，"凡《易》言酒者，皆坎也；言食者，皆兑也。故需中爻兑言酒食，未济与坎皆言酒也"⑤。困卦上兑下坎的结构，酒食自在其中。而从爻变的情况看，马恒君指出："九二是否变困的主爻，来到下卦成坎，坎为水、为酒，故言'困于酒食'。"⑥此说的根据则是，《说卦》卦象：坎，为水；《孟氏逸象》：坎，为酒。酒出现在困卦之中，说明此卦是君子之困，非小人之困。下文的"朱绂方来"与"利用亨祀"，也可证明这一点，因为小

---

①《易经证释·困》还曾分别出"天下之困"与"常人之困"。"困以木在中，木生之方，孚于春，物之始育，此天下之困，必因物之不足，用之不充，生之不全，则中相诇谇。遂如夫妻反目，此常人之困，不得自解，惟君子则能解焉。解困必因夫时，必伸其阳，发其生机，畅其生趣，必在春时。""天下之困"表明"物"的自身意志正处于委屈、窘迫的状态，而"常人之困"只是生活烦恼，属于琐屑细碎的日用事务。唯有君子才可以解困、济困，而普通人则是不能自解其困的。解困以时，因时制宜，伸张物的内在的生生之德，是君子解困、济困的唯一方法。

②金景芳、吕绍纲：《周易全解》，吉林大学出版社，2013年版，第292页。

③金景芳、吕绍纲：《周易全解》，吉林大学出版社，2013年版，第292页。

④马恒君说："酒食确能形成困扰，不过这是权势人物的一种困扰。"君子所困非身之穷，毋宁道之穷。引文见马恒君：《周易正宗》(下)，华夏出版社，2019年版，第383页。

⑤《周易集注》，来知德集注，民主与建设出版社，2015年版，第257页。

⑥马恒君：《周易正宗》(下)，华夏出版社，2019年版，第383页。

人是不可能穿"朱绂"的，也不可能"用亨祀"。故程颐指出："二以刚中之才，而处困之时，君子安其所遇，虽穷厄险难，无所动其心，不恤其为困也。所困者，唯困于所欲耳。"君子也有"欲"，其"欲"也有不得舒展、满足不了的时候，于是便处于困厄艰险的状态。不过，君子之"欲"不是感性感官之欲，不是肉体本能的生理满足，而是道义伸张与精神性的价值追求。"君子之所欲者，泽天下之民，济天下之困也。二未得遂其欲、施其惠，故为困于酒食也。"①对于自身的生活困境，君子可以忍受，可以安心于目前状况，可以心不为暂时的麻烦所累，但唯一牵挂的是仁道正义能否遂行"天下"，德泽万民。所以，君子之困显然是有情怀、有格局的。"困于物，不困于道；穷于用，不穷于体"②，才能够"不失其所亨"，是"君子之困"超越于"小人之困"的应有境界。

"困于酒食"，古今以来大概有三解流传。

一是，没有酒食，穷得要命。来知德称："言酒食之艰难穷困也，如孔子之'疏食饮水'、颜子之'箪食瓢饮'、《儒行》之'并日而食'是也。酒食且困，大于酒食者可知矣。"这里的含义是，食无鱼，饮无酒，连最基本的生存都受到威胁，被没有酒食的艰难生活所围困。

二是，纵于酒食，不能自拔。高亨解曰："饮酒过量，食过饱，以致病困也。"③酒食虽好，但吃多了也会生病，适量而止才是中道。君子因为地位高，待遇好，即使处于仕途不顺、不受重用的时期，生活质量也不降低，至少还有酒喝。政治上被边缘化了，只有借助于杯中之物来调节身心，自我麻醉，通过一种变态的超越而谋求自己内在的精神平衡。苏轼被排挤出权力中心的朝廷，被流放到遥远的边陲化外之地，竟然还可以沉溺于"酒食地狱"，则意味着当时他其实也并不贫

---

① 程颐：《周易程氏传》，九州出版社，2011年版，第190页。

② 陆宗舆：《易经证释·困卦》第六册，瑞成书局，2014年版，第532页。

③ 高亨：《周易大传今注》，齐鲁书社，2009年版，第347页。

穷，活得还是比普通老百姓好很多倍。

三是，心忧道体，食不甘味。《易经证释》宣圣讲义曰："酒食虽备，而困于时，遂不得醉饱。徒有酒食之名，而无甘旨之实。此所谓'困'也，若在平民，则蔬食饮水；若在上位，则醴酒薄肴，不过供具而已。"人遭困厄，意志憋屈，气行不畅，一日三餐虽皆食有鱼，饮有酒，但也吃不出滋味，心不在焉，吃啥都没有胃口。"在困穷之日，并非颐养之时，得食已难；当兹坎陷之时，又非鼎食之际，则果腹亦不易。此'困于酒食'，不独指不甘旨及不丰备也。"[1]"困于酒食"，既指不甘食、不丰备，饮食已经成问题，又指因为心事重重于大道不能流行畅通，而对酒食之事始终提不起兴趣。

绂，即蔽膝，"缝在长衣之膝前以为饰"[2]。朱绂，帛书《周易》作"絑发方来"[3]，是蔽膝中比较高贵的一种，在周代只有天子才可使用，程颐说是"王者之服"[4]，诸侯、三公奉天子命方可使用。"朱绂方来"的爻象根据就在于，九二以刚中之德而困居于下，但上有九五刚中之君与其道同德合，九五来求，九二应和。被君上看中，仕途有希望。所以，《象辞》才曰："困于酒食，中有庆也。"来知德说："言有此刚中之德，则自亨其道矣，所以有此'朱绂方来'之福庆。"这里，九二有"庆"的自身原因是刚健、中正之德，而外部原因则来自九五的恩泽、提携和重用，"其德升闻而为君举用之也"[5]。九二虽身困不振，但因为刚中有德，似乎受到了君王的赏识和赏赐。高亨称，"由于天子方赐以朱绂，设宴庆贺，大乐而醉饱过分"，但却是"吉

---

① 陆宗舆：《易经证释·困卦》第六册，瑞成书局，2014年版，第547页。

② 高亨：《周易大传今注》，齐鲁书社，2009年版，第347页。

③ 于豪亮：《马王堆帛书〈周易〉释文校注》，上海古籍出版社，2013年版，第87页。

④ 程颐：《周易程氏传译注（下）》，孙劲松，范云飞，何瑞麟译注，商务印书馆，2018年版，第768页。

⑤ 《周易集注》，来知德集注，民主与建设出版社，2015年版，第257页。

象"，无碍大局。①

处于困境的九二，该采取怎样的应对策略呢？

一方面要"利用享祀"，帛书《周易》作"利用芳祀"②，意指利于使用"享祀"。虞翻《增孟氏逸象》曰："坎，为鬼。"九二事必与祭祀活动相关。来知德也说："坎隐伏，有人鬼象，故言'祀'。"③至于"享祀"，程颐解曰，"以至诚通神明也"，"在困之时，利用至诚，如享祀然，其德既诚，自能感通于上。自昔贤哲困于幽远，而德卒升闻，道卒为用者，惟自守至诚而已"④。当以至诚、敬重、慎惕之心去祭祀上帝鬼神，以求理解与护佑，使自己获得心理慰藉。

另一方面则不能"征"，不要行动，即可无咎，因为"征"则"凶"，一行动，就导致凶险。"征者，我往"，不征，即我不可前往。为什么"不征"呢？因为"困以贞自守，不宜轻进。进必有凶"⑤。九二之困，自守则亨，冒进则凶。其爻象、爻气的根据则在于，六三"阴动而上，失中乘阳"，而九二"阳下而陷，为阴所弁"，故不可鲁莽行事，不能冲动而为，否则便难免于凶险；九五"阳来降二，虽位不正，得中有实"，上六"阴虽去中，上得居正，而皆免咎"，所以尚能回避掉祸害的发生⑥。九二之所以"无咎"，必须从困卦的整体结构和爻性中求解。上阳下降，来居于二，以阳居阴，位则不正，然而，在二得中，体阳有实，上六阴处阴位，不中有正，皆无大碍。九二处困，应当沉着应付，时机不到，不必急着追求出困，草草解困，反倒生咎。程颐曰："征凶无咎：方困之时，若不至诚安处以俟命，往而求之，则

① 高亨:《周易大传今注》,齐鲁书社,2009年版,第347页。

② 于豪亮:《马王堆帛书〈周易〉释文校注》,上海古籍出版社,2013年版,第87页。

③《周易集注》,来知德集注,民主与建设出版社,2015年版,第257页。

④ 程颐:《周易程氏传》,九州出版社,2011年版,第191页。

⑤ 陆宗舆:《易经证释·困卦》第六册,瑞成书局,2014年版,第549页。

⑥ 李鼎祚:《周易集解(下册)》,九州出版社,2003年版,第403页。

犯难得凶，乃自取也，将谁咎乎？不度时而征，乃不安其所，为困所动也。失刚中之德，自取凶悔，何所怨咎？"①困厄之中的君子，"安处"很重要，"俟命"是必须的，继续蛰伏，审时度势，韬光养晦，谨慎所为，千万别自己乱了阵脚。

困卦下坎的卦象，性主水，位在北方，但九二爻辞中却出现了一个"朱绂"。朱者，丹红，火性，乃离色，在南方，它怎么可能出现在水性的北方呢？这应该是互卦的一个结果②。来知德曰："中爻离，朱之象。又巽绳，绂之象。坎乃北方之卦，朱乃南方之物，离在二之前，故曰'方来'"。困综下巽，中互上巽，《说卦》曰："巽，为绳直。"绂，乃编织品，当由棉绳经纬，纺织而成。来知德还把九二爻比于未出茅庐的诸葛孔明："困酒食者，卧南阳也；朱绂方来者，刘备三顾也；利用亨祀者，应刘备之聘也；征凶者，死而后已也；无咎者，君臣之义无咎也。"③譬为人事，九二阳爻处中，虽困于二阴，但终因刚健、守中之德而能够获得大用。

王弼竟然能够在九二爻辞中解读出君子的一种"谦"德，视角独特。他说："以阳居阴，尚谦者也。居困之时，处得其中。体夫刚质，而用中履谦，应不在一，心无所私，盛莫先焉。夫谦以待物，物之所

① 程颐：《周易程氏传》，九州出版社，2011年版，第191页。"诸卦二五以阴阳相应而吉，惟小畜与困，乃厄于阴，故同道相求。小畜，阳为阴所畜；困，阳为阴所掩也。"小畜卦、困卦，九二与九五，爻性同，非相异，但志相应，虽未得大吉，但也至少得吉或无咎。

② 王弼以为，"处困以斯，能招异方者也，故曰'朱绂方来'"。君子困窘之时，如果能够用谦逊的态度处理一切事务和问题，则必然可以形成感通效应，物性财富随之而来，拒绝不掉。孔颖达也说："处困用谦，能招异方者也。"谦德虽为一种软性精神品格，但却可以招致远距离的酒食、朱绂、享祀。"举异方者，明物无不至，酒食丰盈，异方归向，祭则受福"，君子行谦，感召力强，物性财富都会纷至沓来。引文见《周易正义》，王弼、韩康伯注，孔颖达疏，余培德点校，九州出版社，2004年版，第443页。

③ 《周易集注》，来知德集注，民主与建设出版社，2015年版，第257页。

归；刚以处险，难之所济。"[1]阳爻屈居阴位，本身就是一种谦让，无谦德之人则不能自守。处困之时，遵循中道原则，又能够以刚健之体践履谦逊之德，不失君子风范。正因为行己有谦，尊重万物，敬畏万物，把物当物，所以，万物都会向他（她）投以源源不断的回报，酒食、朱绂、享祀之类的福庆，便纷至沓来，不期而归。君子当在自谦中奋发，保持不断进取的精神。所以，人一旦被困，还是坚强一点好，守护住阳性，内心一定要振作起来，自己给自己打气、撑腰、壮胆。险情天降，大难当头，人当自立自强，积极进取，而不可畏缩、逃避、怨天尤人、哭爹骂娘、自卑自馁都是无济于事的，这就是九二爻性对我们的一大重要启示。

九二向上诉求于九五，却不得正应，王弼说是"心无所私"，空无一应，以谦逊为怀，调整姿态，放低自己，反倒能够成就出一番盛大的气象和繁华的局面。"无应则心无所恃"，人无欲则刚，无所期待则最容易收获满满。"以斯处困，物莫不至，不胜丰衍。故曰'困于酒食'，美之至矣。"[2]君子处困，不是烦神于钱财物资，而是始终焦虑于仁道主义的不能伸张和未得施行于天下，这便需要一种虚怀若谷的品格与精神。用这种品格和精神去克服困难，其实也就根本不用愁没有足以养身糊口的钱财物资了。所以，困未必贫，君子虽困顿于精神世界，但物质生活却丝毫不受影响，甚或还可以继续维持着一种"丰衍""美之至"的极佳状态。而这恰恰又是社会分工不同、阶层差异、社会财富分配机制发挥作用所导致的结果。

---

①《周易正义》，王弼、韩康伯注，孔颖达、郑同整理，2020年版，第230页。

②《周易正义》，王弼、韩康伯注，孔颖达疏，余培德点校，九州出版社，2004年版，第443页。

六、"君子之困""小人之困"

《易》以阳刚为心主，困卦之所以被困，就是因为阳刚被揜、被构陷，阴柔遮蔽了阳刚，使阳刚之气得不到伸张和发展。

困，作为人存在于世的一种基本生活遭遇和精神状态，经常因为其表征焦灼不吉、行事未得遂畅而被人们忌讳不语。茫茫人海中，愿意正视困境的人并不多见，积极处理困境事务往往被看作是一种被逼无奈，问题一旦解决，麻烦一旦消失，便不再愿意旧事重提，过就过了，根本不会将其当作一个正经的学术话题予以严肃对待并进行有效的理性探讨。但《周易·困卦》却直接面对困，认真揭示和阐述困，并把困分成若干种类而予以逐一描述和分析，不回避问题，不忌讳顽疾，这种学术品格还是值得我们好好学习的。

初六的"困于株木"，是困的最黑暗状态，人在刚刚陷入困境的时候，希望渺茫，无力无助，如坐针毡，一刻都不能停留，心生百般恐惧。九二"困于酒食"，是君子在困顿中积极谋道，并且有可能遇到贵人相助，只要正心诚意积极向上，就很可能获得不错的人生结果。六三"困于石"，两阳夹击，压力山大，又"据于蒺藜"，还"入于其宫""不见其妻"，显然是特别危险的一种困，其结果在六爻之中最差，凶险很多，无以复加。九四"困于金车"，乘阴承阳，欺软怕硬，追逐声名，不中不正，而与道无补，显然是一种羞辱。九五"困于赤绂"，虽有所不安，但能够行事宽缓，又注重在祭祀中寻求精神支柱，获得信仰力量，终归受享天福。上六则"困于葛藟"，如果能够进行适当的自我反思，并且能够转化为现实行动，则可以获得吉利。六种不同的困，六种不同的境遇，"困于物，同；所困之物，不同"[1]，于是便产生六种不同的处理方式与方法。《周易》是人类直面困境、专题化研究困境

---

[1] 陆宗舆:《易经证释·困卦》第六册，瑞成书局，2014年版，第571页。

并对其淋漓尽致展开阐释和论证的第一本文献，值得我们认真对待。

　　儒学是君子之学，尊君子、抑小人是儒门最基本的人格塑造特征，体现在《周易》文化中则是，困卦最先分别出"君子之困""小人之困"。九二爻"困于酒食"，显然不是"身困"，而是"道困"。困不等于贫，贫可能导致困，但困未必真没钱。一个连饭都吃不上的人，绝不可能有所谓"君子之困"。活着，还是死去，这样的生存问题一向是处于社会底层的"小人"们所真切关心的大问题，位居国家治理和政府管理的士大夫阶层是不应该有"身困"危机的，否则就是社会财富分配体制机制的罪过了。《象辞》的"困而不失其所亨，其惟君子乎"是说，尽管身处困境之中，却能够亨通豁达、乐知天命的，只有君子才能够做到，一般人是根本做不到的。小人遭困，一般都是过不去这个坎的，要么是怨天尤人，从不反思自己，要么是不择手段，作恶多端，底线全无，啥事都能做得出来，这就叫"穷斯滥矣"[1]。困卦所立意推扬的就是"君子之困"。九二、九五是困卦的核心和灵魂，来知德注曰："刚中者，二五也。刚中则知明守固，居易俟命，所以贞大人吉也。贞大人者，贞正大人也。"[2]九二、九五两爻凭借刚健中正的精神品格顶起整个困卦的脊梁，体现出君子的担当与有为。阴阳轩轾，是君子就应当以拯救世道人心为己任。马恒君说："君子、人才不应当被埋没掩蔽，而应当出来治世。"[3]大人不为身困，而只为道困。每当道义遭遇危厄，君子的选择应该是杀身成仁、舍生取义。生命尽管重要，不可重复，但道义比生命更重要，《象辞》要求君子必须"致命遂志"。按照儒家的哲学主张，大人君子似乎生来就是为了道义使命的。道义如果被揜，遮蔽不张，大人君子即使保存了自己的身家性命又有何用呢？而这恰恰才是《象辞》"致命遂志"一语的真义。

---

　　①《论语·卫灵公》。

　　②《周易集注》，来知德集注，民主与建设出版社，2015年版，第256页。

　　③马恒君：《周易正宗》(下)，华夏出版社，2019年版，第386页。

七、遵养时晦，精神支柱

关于济困、解困、出困的方法、路径，《周易》借助于卦象、卦辞、卦气、爻象、爻辞、爻位、爻气等一系列符号和语言进行铺陈和论述，而在态度、观念、行动等各个层面上都有涉及。初六"入于幽谷，三岁不觌"，似乎已经告诉了人们一个最长的处困预期，少安毋躁，急不得。九二提醒人们必须借助于上卦九五的呼应与支持，接受上方的恩泽，则一定有利于济困、解困。六三爻变，中互成巽，卦象为入，却与上六隔刚相望而不见其面，有乘刚之凶险，不可不鉴。九四回应于初六，懒懒散散，虽得正应，却落得不中、不正之结果，不能自享，亨通不得。因"徐徐"而蒙羞，但却可以直承九五之恩泽。九五之困，虽然不安，但按照来知德的注解，"迟久"则"必悦"，仍然不可操之过急。即便到了上六，仍然不可盲动。"困之不终困，穷之不终穷，皆道所为、神所主。故时至而困，时至而解，虽欲速之，亦无其力；虽欲罢之，亦无其方"①，受困、处困是命运，解困、济困、出困也是命，是必须经历的一个过程，不安现状，整天愤愤不平，好像天下人都对不起他（她）、全社会都亏欠他（她）似的，因而急躁冒进，摆脱困境的心太急、太切，则显然于事无补，反倒更困。

君子处困，究竟是动，还是不动，这在困卦的确是一个不小的问题。九二有刚中之德，与九五敌应，虽然暂时困窘不堪，但好歹还有"酒食"，君上还可赐予"朱绂"，只是应该以不动为妙。"征"则"凶"，"行动就要凶"，而不动反倒无大碍，"不要行动，即可无咎"②。上六则要求人们敢于面对既已形成的"事之悔"，困极之时，更需要谨慎、警惕，动辄有悔，以防时时处处受困，人人事事吃瘪。而只有在

① 陆宗舆：《易经证释·困卦》第六册，瑞成书局，2014年版，第593页。
② 金景芳、吕绍纲：《周易全解》，吉林大学出版社，2013年版，第292页。

自觉认识错误、充分反省悔过的基础之上，采取合理行动，"用藏之义，处穷之行"，并"遵养时晦，居易俟命"①，才能得吉致善。君子受困、处困，究竟动与不动，应当瞄准时机，看环境，看条件，并没有一条固定可法的铁则。

人在处困之时，应当正确对待行与言关系，行一定比言重要，德一定比言更具有决定作用。困的卦辞曰："有言不信。"《象辞》："有言不信，尚口乃穷。"过分相信言语对出困、解困的作用，这样的人还将受穷、受困，仍然解脱不了。孔颖达《正义》强调的修德的重要性，"处困求通，在于修德，非用言以免困。徒尚口说，更致困穷"②，如果仅凭语言就可以出困、济困，那么，困也不成其为困了。来知德注曰："言不得志之人，虽言亦不信也。"③金景芳、吕绍纲说："在困的时候，说话没有人相信。自己申辩，往往结果更坏。"那可怎么办呢？君子"当务求晦默，不可尚口"④，不能贪图一吐为快，必须学会隐忍。既然人微言轻，人穷话贱，那就干脆等积攒了实力再说也不迟。

出困、解困是需要足够的精神支柱的，信仰的力量是无穷的。身陷困顿境地中的人，信仰可以给他们带来希望，甚至成为支撑他们顽强活下去的唯一动能。九二、九五皆居中，所以爻辞都强调了诚敬的重要性。九二虽没有正应，恰可以心底无私天地宽，因而接纳万物，以这种办法处困，天地万物该来的都会来。孔颖达将其上升到一种"美之至"的高度而加以欣赏和颂扬。"享祀"，既是丰衍、充盈、盛大，又要求人们正心诚意，敬畏十分。内中不净，念虑芜杂，则不如不祭。九五刚猛，虽不能像九二那样可以招致异方之物，但也有足够的威权和能力使天下归心。"利用祭祀"，是君王对天地神明的服膺与

① 陆宗舆：《易经证释·困卦》第六册，瑞成书局，2014年版，第529页。

② 《周易正义》，王弼、韩康伯注，孔颖达疏，余培德点校，九州出版社，2004年版，第442页。

③ 《周易集注》，来知德集注，民主与建设出版社，2015年版，第256页。

④ 金景芳、吕绍纲：《周易全解》，吉林大学出版社，2013年版，第290页。

礼拜，更要求有充分的心意诚信，朱熹解曰："无应而心专一。"①这是君王受福的信仰前提，不可不谨慎处之。

君子处困，最重要的一点就是建立起主体精神与独立人格。上六爻辞："曰动悔，有悔。"前一个"悔"是已经发生了的灾祸，而后一个"悔"则是主体对前一个"悔"的主动反省和认知，完全属于自我意识的范畴。君子在受困、处困、济困、解困、出困的过程中，应当慢慢确立起自己的主体自觉，催生出主体自己的独立人格。"二五正位为阳，得刚中之德，有自守之资，故君子因之以反困为亨。"困卦中，九二、九五的德性、品格值得我们认真揣摩，居中有守，中正中直，享祀祭祀，不就是人在困厄境地所应当把持的节操吗？"困于时，不困于人；困于物，不困于心，则虽困，仍自成其德，达其道。"②人固然可以一时受困，固然可以被外物的匮乏所难住，但却不可以让困难放倒自己，不可以阉割掉自己的生命冲动，不可以扼杀或泯灭自己追求解放的意志力。然而，小人则是不会、也不愿意主动反省自己的，怨天尤人，责怪命运，仇恨社会，自己好像没有一点责任和过错，却不知道别人跟你同样遭困，却为什么很快就能够摆脱出来了呢？人在困中，如果自己不努力，如果自己的主体精神确立不起来，该硬的不硬，别人拉都拉不出来你，那么就不可能"反困为亨"而解困、出困了。

① 黎靖德编：《朱子语类》第三卷，杨绳其、周娴君校点，岳麓书社，1997年版，第1655页。

② 陆宗舆：《易经证释·困卦》第六册，瑞成书局，2014年版，第589—590页。

孟子的君子观及其启迪

解光宇*

摘要： 孟子的君子观主要有：一、大丈夫品格；二、"乐以天下，忧以天下"；三、居安思危的忧患意识；四、闻过则喜，有过必改，与人为善；五、不取不义之财；六、"盈科而后进"。

关键词： 孟子；君子观；大丈夫品格；忧患意识；闻过则喜；"盈科而后进"

一、君子的大丈夫品格

在《孟子》中，孟子经常教导弟子，阐发做人做事的道理。孟子关于"大丈夫"的阐述，影响几千年，具有重要的价值。

景春曰："公孙衍、张仪岂不诚大丈夫哉？一怒而诸侯惧，安居而天下熄。"

孟子曰："是焉得为大丈夫乎？子未学礼乎？丈夫之冠也，父命之；女子之嫁也，母命之，往送之门，戒之曰：'往之女家，必敬必戒，无违夫子！'以顺为正者，妾妇之道也。居天下之广居，立天下之正位，行天下之大道；得志，与民由之；不得志，独行其道。富贵不

---

* 解光宇，武夷学院朱子学研究中心教授，尼山世界儒学中心孔子研究院特聘专家、尼山学者，安徽大学哲学系博士生导师。

能淫，贫贱不能移，威武不能屈，此之谓大丈夫。"①

这一章围绕着"什么是大丈夫"的问题而展开。景春认为像公孙衍、张仪那样能够"一怒而天下惧，安居而天下熄"的人才是大丈夫，因为他们的这种强悍和威武可以震慑到天下的诸侯，让诸侯都害怕他们。但是，孟子却不以为然，他认为大丈夫首先应该"居天下之广居，立天下之正位，行天下之大道"，就是说真正的大丈夫，其行为是合乎儒家的仁义礼等道德规范的。其次，大丈夫还应该报以"得志，与民由之；不得志，独行其道"的立身处世态度。最后，大丈夫还应该有"富贵不能淫，贫贱不能移，威武不能屈"的铮铮铁骨。只有具备这三点，孟子认为才能算得上是真正的大丈夫。

孟子寥寥数语就让我们明白了什么才是真正的大丈夫。合乎礼仪的行为；"穷则独善其身，达则兼济天下"的处世态度；不畏权贵、不怕贫贱的气节，大丈夫身上这种人格魅力，能够穿越历史的沧桑，让每一个人铭记于心。就像文天祥写下的"人生自古谁无死，留取丹心照汗青"，这是大丈夫铮铮铁骨的真实写照，所以总让人难以忘记。现实生活中，我们的父母也常常以大丈夫的标准来要求孩子，比如说父母经常会告诉孩子要有骨气，要不畏艰难，要挺起脊梁做人，人穷志不穷，等等，这些都是大丈夫身上散发出来的人格魅力，也是父母寄予孩子的希望。我们赞扬大丈夫，倡导大丈夫，同时我们也鄙视生活中那些为了权贵而放弃尊严的软骨头。大丈夫是有骨气的，是能够自食其力、靠双手换取美好明天的人，他们不仅有一身"硬"气，还有高尚的道德修养和正确的人生态度。孟子关于"大丈夫"的这段名言，激励了一代又一代的仁人志士，不畏强暴、坚持正义，成为我们的座右铭。

君子不仅要有大丈夫的品格，还要有为"义"而献身的精神，即

---

①《孟子·滕文公下》。

"舍生取义"：

孟子曰："鱼，我所欲也，熊掌亦我所欲也；二者不可得兼，舍鱼而取熊掌者也。生亦我所欲也，义亦我所欲也；二者不可得兼，舍生而取义者也。生亦我所欲，所欲有甚于生者，故不为苟得也；死亦我所恶，所恶有甚于死者，故患有所不辟也。如使人所欲莫甚于生，则凡可以得生者，何不用也？使人之所恶莫甚于死者，则凡可以辟患者，何不为也？由是则生而有不用也，由是则可以辟患而有不为也。是故所欲有甚于生者，所恶有甚于死者。非独贤者有是心也，人皆有之，贤者能勿丧耳。一箪食，一豆羹，得之则生，弗得则死，呼尔而与之，行道之人弗受；蹴尔而与之，乞人不屑也。万钟则不辨礼义而受之。万钟于我何加焉？为宫室之美、妻妾之奉、所识穷乏者得我与？乡为身死而不受，今为宫室之美为之；乡为身死而不受，今为妻妾之奉为之；乡为身死而不受，今为所识穷乏者得我而为之，是亦不可以已乎？此之谓失其本心。"[①]

这一章主要是讲鱼和熊掌不可兼得的舍生取义思想以及"不吃嗟来之食"的大丈夫人格，批评苟且偷生、贪生怕死思想以及"万钟则不辨礼义而受之"的"失其本心"的做法。

像鱼和熊掌不可兼得一样，当生和义不可兼得的时候，孟子主张舍生取义；当所喜爱的东西需要生命为代价时，就毫不犹豫地献出生命，如广为流传的诗，"生命诚可贵，爱情价更高。若为自由故，二者皆可抛"；铲除厌恶的东西需要生命为代价时，就要不怕牺牲，勇往直前。为了保命避祸，不顾礼义廉耻、苟且偷生的人是有的。但是，为了自己的信仰、理想而抛头颅、洒热血的人更是不少见。屈原坚持自己的原则，不愿与奸佞小人同流合污，在绝望中投入汨罗江；谭嗣同

---

①《孟子·告子上》。

为了拯救中国而献出生命，彰显了"我以我血荐轩辕"的大丈夫气概，他用鲜血来唤醒沉睡的国人。这些都是舍生取义的生动写照。

"不食嗟来之食"更是将大丈夫的品格表现得淋漓尽致。《礼记·檀弓下》有一个故事：齐国遭到饥荒，黔敖准备了食物在路边赈济饥民。一个饥饿不堪的人走过来了，黔敖连忙左手端饭，右手端汤冲那人喊道："嗟！来食！"那人瞪着眼睛对黔敖说："我正因为不吃嗟来之食才饿成这个样子！"尽管黔敖再三向他道歉，那人仍然坚决不吃，直到饿死。

一箪饭，一碗汤，得到它就可以活命，得不到就会死去。如果大声叫喊着施舍，路上的行人都不会接受；踢给别人，连乞丐都不屑一顾。这就是"不食嗟来之食"，这就是大丈夫的气节和风骨。

那么，大丈夫品格是如何形成的？孟子认为这来源于"养吾浩然之气"：

公孙丑问曰："敢问夫子恶乎长？"

曰："我知言，我善养吾浩然之气。"

"敢问何谓浩然之气？"

曰："难言也。其为气也，至大至刚，以直养而无害，则塞于天地之间。其为气也，配义与道；无是，馁也。是集义所生者，非义袭而取之也。行有不慊于心，则馁矣。我故曰，告子未尝知义，以其外之也。必有事焉，而勿正，心勿忘，勿助长也，无若宋人然。宋人有闵其苗之不长而揠之者，芒芒然归，谓其人曰：'今日病矣，予助苗长矣。'其子趋而往视之，苗则槁矣。天下之不助苗长者寡矣。以为无益而舍之者，不耘苗者也；助之长者，揠苗者也，非徒无益，而又害之。"①

---

① 《孟子·公孙丑上》。

孟子的这段话，主要是讲如何培养浩然之气。浩然之气具有高尚的道德境界和无所畏惧的精神状态，至大至刚、顶天立地。浩然之气是以仁义道德作为内在根据，并且要有仁义道德修养的积累才能生成。告子不懂得这个道理，因为他把仁义道德看成由外给予的。培养浩然之气首先是"集义"，"集"就是修养、积累的过程，也就是说要时刻不间断地通过"内求"道与义来培养，充实自己的精神世界。因此，培养浩然之气不能"揠苗助长"，而应通过点点滴滴的努力，长期的道德修养，力行仁义，日积月累而成。人如果有了浩然之气，就会勇往直前，无所畏惧。

孟子还谈到了养气的方法，"以直养""配义与道""求于心""勿正（止）""勿忘""勿助长"等。同时，孟子认为养气求于心，养气与养心是一致的。"养心莫善于寡欲"，即克制自己的私欲，抵制名利的诱惑，是养气与养心的关键。一旦培养成浩然之气，就会做到"富贵不能淫，贫贱不能移，威武不能屈""舍生取义"，才能称得上顶天立地的"大丈夫"。

孟子的浩然之气对后世产生了重要的影响。中华民族无数的仁人志士，以孟子的浩然之气当作反抗外侮、捍卫民族尊严的重要精神武器。他们刚正不阿、临危不惧、视死如归、英勇捐躯，谱写出一曲曲惊天动地、可歌可泣的正气歌，文天祥就是其中的一位。

文天祥（1236—1283），南宋吉州庐陵（今吉安）人，杰出的民族英雄。宋理宗宝祐四年举进士第一。宋恭帝德佑元年（1275），元兵长驱东下，文天祥于家乡起兵抗元。次年，临安被围，文天祥任右丞相兼枢密使，奉命往敌营议和，因坚决抗争被拘，后得以脱逃，转战于赣、闽、岭等地，兵败被俘。元世祖忽必烈以高官厚禄劝降，文天祥义正词严，宁死不屈，从容赴义，慷慨殉国。留有著名的《过零丁洋》，诗结尾的两句是"人生自古谁无死？留取丹心照汗青"，意思是说人生哪有不死的呢？但愿我忠于国家的精神在史册上留下一笔。这句千古传诵的名句，是文天祥用自己的鲜血和生命，谱写出的一曲人生赞歌。

二、"乐以天下，忧以天下"

君子的乐与忧建立在什么基础上？孟子明确指出"乐以天下，忧以天下"：

> 齐宣王见孟子于雪宫。王曰："贤者亦有此乐乎？"孟子对曰："有。人不得，则非其上矣。不得而非其上者，非也；为民上而不与民同乐者，亦非也。乐民之乐者，民亦乐其乐；忧民之忧者，民亦忧其忧。乐以天下，忧以天下，然而不王者，未之有也。[①]

孟子回答齐宣王的这段话，主要表达两层意思，一是君王要与民同乐同忧，即要求君王心系百姓，关心百姓疾苦，与百姓同甘苦。如果能做到这一点，百姓也会为君王分忧，与君王同乐同忧。二是君王的乐与忧要以百姓的乐与忧、天下的治乱兴衰为根据，即君王是以天下大治、百姓的快乐为快乐；以天下大乱、百姓的忧愁为忧愁。

孟子的"乐以天下，忧以天下"，后来演化为忧国忧民，即对国家和人民责任感的忧患意识，这对中华民族中众多的仁人志士产生很大的影响。其中最为著名的就是宋代范仲淹，他所著的《岳阳楼记》中说："先天下之忧而忧，后天下之乐而乐。"意思是说我们要把国家、人民的利益摆在首位，为祖国的前途、命运分担忧愁；当天下大治、国泰民安、人民幸福时，我们才会感到快乐。吃苦在前，享乐在后，表现出乐于奉献、胸怀天下的远大政治抱负。

范仲淹是这样说的，也是这样做的。范仲淹幼年丧父，少年时家

---

① 《孟子·梁惠王下》。

贫，对下层人民的痛苦感受较深。他在当秀才时就常以天下为己任，宋仁宗时，官至参知政事。庆历三年（1043）八月，针对内忧外患的现状，范仲淹上书《答手诏条陈十事》，提出十项改革纲领，主张澄清吏治、改革科举、整修武备、减免徭役、发展农业生产等，内容涉及政治、经济、军事、教育、科举等各个方面。宋仁宗采纳了他的建议。新政实施的短短几个月，政治局面就焕然一新，史称"庆历新政"。可惜不久后因为保守派的反对而不能实现，因而被贬至陕西四路宣抚使，后来在赴颍州途中病死，谥"文正"，有《范文正公集》传世。他的"先天下之忧而忧，后天下之乐而乐"为千古佳句，也是他一生爱国爱民的写照。

孟子和梁惠王有一段对话，同样表现其快乐观：

孟子见梁惠王。王立于沼上，顾鸿雁麋鹿，曰："贤者亦乐此乎？"

孟子对曰："贤者而后乐此，不贤者虽有此，不乐也。《诗》云：'经始灵台，经之营之。庶民攻之，不日成之。经始勿亟，庶民子来。王在灵囿，麀鹿攸伏。麀鹿濯濯，白鸟翯翯。王在灵沼，于牣鱼跃。'文王以民力为台为沼，而民欢乐之，谓其台曰'灵台'，谓其沼曰'灵沼'，乐其有麋鹿鱼鳖。古之人与民偕乐，故能乐也。《汤誓》曰：'时日害丧？予及女偕亡！'民欲与之偕亡，虽有台池鸟兽，岂能独乐哉？"[①]

孟子回答梁惠王的这段话，主题是谈快乐问题。在园林里欣赏鸿雁麋鹿等飞禽走兽，是否快乐呢？孟子认为，像周文王这样仁慈的君主，解救老百姓于水深火热之中，为老百姓谋幸福，受到百姓的拥戴，他会感到快乐。而百姓痛恨的暴君，老百姓恨不得与他同归于尽。这样的暴君在面对良辰美景时，何谈快乐，只有惶惶不可终日。

---

① 《孟子·梁惠王上》。

孟子的这段话，实质上是说国君要仁政爱民、为人民谋幸福，人民才把他看作大救星。只有给人民带来快乐，国君自己才因此感到快乐，即"乐以天下"。梁惠王仿效周文王，也建起皇家园林，在园林里畜养鸿雁麋鹿等飞禽走兽，以供自己欣赏休闲，寻找快乐。孟子告诫梁惠王，不要像暴君夏桀那样与人民为敌，而要像周文王那样仁政爱民，为人民谋幸福，受到老百姓的拥戴，这才是真正的快乐。

把握了孟子关于"乐"的内涵后，还要把握孟子的"与民同乐"思想。孟子认为，国君以百姓的快乐为自己的快乐，百姓就会以国君的快乐为自己的快乐。如周文王修建灵台、灵沼，老百姓热情主动地出力参与营建。国君与天下百姓同忧同乐，天下一心，无人可敌。

孟子关于"与民同乐"思想，在中国的历史上产生了积极的影响。北宋诗人蔡襄有一首《上元应制》诗："高列千峰宝炬森，端门方喜翠华临。宸游不为三元夜，乐事还同万众心。天上清光留此夕，人间和气阁春阴。要知尽庆华封祝，四十余年惠爱深。"元宵佳节彩灯排列得像一座座山峰，皇帝的御驾来到皇宫的正门口。皇帝的巡游不是为了元宵之夜赏灯，而是为了与万民同乐。天上的圆月清澈皎洁专为今夜辉映，人间万民和睦幸福如同暖春。举国上下向皇帝祝福，感谢其四十年来给人民的恩惠。诗中描写了京都元宵佳节灯火如山的盛况，以及君王临幸与民同乐，大官小吏前呼后拥，老百姓蜂拥而至，"天上清光"跟"人间和气"交相融合的良辰美景，歌颂了仁宗朝的太平之象。

三、未雨而绸缪：居安思危的忧患意识

国家闲暇，及是时明其政刑，虽大国必畏之矣。《诗》云：'迨天之未阴雨，彻彼桑土，绸缪牖户。今此下民，或敢侮予？'孔子曰：'为此诗者，其知道乎！能治其国家，谁敢侮之？'今国家闲暇，及是

时般乐怠敖，是自求祸也。祸福无不自己求之者。《诗》云：'永言配命，自求多福。'《太甲》曰：'天作孽，犹可违；自作孽，不可活。'此之谓也。"①

　　孟子的这段话，主要表述的是居安思危的忧患意识。

　　孟子认为，国家在和平发展时期，人们就应该居安思危，防患于未然，宜未雨而绸缪，认真地审视并完善仁政管理体制与法律条文，提高国家的综合实力，这样即使是大国也会敬畏你的。现在国家虽无近忧，但必有远虑。而官员们如果不思进取，只知道追求享乐、纵欲偷安，这明显是自己在找祸啊！反之，官员们如果勤政廉政，奋发努力，进取向上，就能趋福避祸。

　　可见，居安思危是一种超前的忧患意识。居安思危，国家昌盛；反之则衰亡。翻开历史长卷，这样的例子不胜枚举。春秋时，宋、齐等国联合攻打郑国，弱小的郑国知道自己兵力不足，于是请当时比较强盛的晋国做中间人，希望宋、齐等国能够取消攻打的念头。其他国因为害怕强大的晋国，于是退兵。为了答谢晋国，郑国国君就派人献给晋国许多美女与贵重的珠宝作为谢礼。收到这份礼物之后，晋悼公十分高兴，就将一半的美女赏给协调这件事的有功大臣魏绛。但魏绛一口拒绝，并且向晋悼公进言说："现在晋国虽然很强大，但是我们绝对不能因此而大意，因为人在安全的时候，一定要想到未来可能会发生的危险，这样才会先做防备，以避免灾祸的发生。"晋悼公听完魏绛的话之后，知道他时时刻刻都牵挂国家与百姓的安危，对他更加敬重。

　　南唐李后主李煜，其词"问君能有几多愁，恰似一江春水向东流"脍炙人口，但居于帝位时居安不思危，沉溺于靡靡之音，荒废政事，才造成了亡国的惨剧。尽管当时大臣已经提醒政治并不安定，但他只

①《孟子·公孙丑上》。

认为自己身居皇位，生活安逸，却没有想到日后沦为亡国奴并惨遭毒害的结局。

唐朝有位才华出众的宰相魏征，他为辅佐唐太宗李世民治理国家做出了卓越的贡献。他常常以隋朝灭亡作为教训，规劝太宗要"居安思危，善始克终"。唐太宗接受魏征"居安思危，戒奢以俭"的建议，励精图治，从而为"贞观之治"奠定了基础。历史证明，居安思危，未雨绸缪，增强忧患意识，是国家安定、社会进步的重要保证。

作为个体的人同样不可缺少忧患意识和吃苦耐劳精神：

孟子曰："舜发于畎亩之中，傅说举于版筑之间，胶鬲举于鱼盐之中，管夷吾举于士，孙叔敖举于海，百里奚举于市。故天将降大任于是人也，必先苦其心志，劳其筋骨，饿其体肤，空乏其身，行拂乱其所为，所以动心忍性，曾益其所不能。人恒过，然后能改；困于心，衡于虑，而后作；征于色，发于声，而后喻。入则无法家拂士，出则无敌国外患者，国恒亡。然后知生于忧患而死于安乐也。"①

在这一章中，孟子阐述了两则道理：一是若想成就一番事业，必须在逆境中千锤百炼，才能成就大任；二是儒家著名的"忧患意识"，即"生于忧患，死于安乐"。

傅说是商王武丁梦见的圣人，当时他正在受刑筑墙，后来成为宰相，辅佐商王，使商朝大治。胶鬲曾是贩卖鱼盐的小贩子，后成为商纣的臣子，据说是周文王发掘的人才。管仲跟随公子纠失败，被鲁国囚禁，后来由鲍叔牙推荐，成为齐桓公的宰相。孙叔敖是在海边被发现的，后经提拔担任楚国宰相，以贤能闻名于世。吃得苦中苦，方为人上人，所以，"天将降大任于是人也，必先苦其心志，劳其筋骨，饿其体肤，空乏其身，行拂乱其所为"。使其在逆境中千锤百炼，才会

---

① 《孟子·告子下》。

"动心忍性，曾益其所不能"。

孟子由"苦其心志，劳其筋骨，饿其体肤，空乏其身"，推导出"生于忧患，死于安乐"。在我国历史上关于"生于忧患，死于安乐"的事例还有很多。《史记》中记载："昔西伯拘羑里，演《周易》；孔子厄陈、蔡，作《春秋》；屈原放逐，著《离骚》；左丘失明，厥有《国语》；孙子膑脚，而论兵法；不韦迁蜀，世传《吕览》；韩非囚秦，《说难》《孤愤》；《诗》三百篇，大抵贤圣发愤之所为作也。"之所以如此，正是因为他们身处逆境的忧患中，并奋发而起，置之死地而后生。

越王勾践卧薪尝胆就是最好的例证。公元前496年，吴王阖闾派兵攻打越国，但被越国击败，阖闾也伤重身亡。两年后阖闾的儿子夫差率兵击败越国，越王勾践被押送到吴国做奴隶，勾践忍辱负重伺候吴王三年后，夫差才对他消除戒心并把他送回越国。其实勾践并没有放弃复仇之心，他表面上对吴王服从，暗中却训练精兵，强政厉治并等待时机反击吴国。艰苦能锻炼意志，安逸反而会消磨意志。勾践害怕自己会贪图眼前的安逸，消磨报仇雪耻的意志，所以他为自己安排艰苦的生活环境。他晚上睡觉不用褥，只铺些柴草（古时叫薪），又在屋里挂了一只苦胆，他不时会尝尝苦胆的味道，为的就是不忘过去的耻辱，这就是"卧薪尝胆"的典故。勾践为鼓励民众，就带着王后与人民一起参与劳动，在越人同心协力之下使越国强大起来，最后找到时机，将正在享受安乐的吴国灭亡。

总之，孟子在这一章中告诉我们，人要成为君子，成就大事业，身心必须经受艰苦磨炼。逆境、忧患能增强意志、增长才干；而优裕安乐的环境，却能使意志颓废，导致死亡。人是这样，国家也是这样，故"生于忧患，死于安乐"应该是君子的座右铭。

四、闻过则喜，有过必改，与人为善

孟子很重视君子的修身积善、追求高尚道德境界的问题，并举古代圣贤为例，如孔子的弟子子路，对别人指出自己的错误感到非常高兴；大禹特别感谢给予自己教导和意见的人；大舜不但善于取别人的优点来完善自己，而且乐于和大家共同为善。

孟子曰："子路，人告之以有过则喜。禹闻善言则拜。大舜有大焉，善与人同，舍己从人，乐取于人以为善。自耕稼、陶、渔以至为帝，-无非取于人者。取诸人以为善，是与人为善者也。故君子莫大乎与人为善。"①

孟子的这段话给我们的启迪有两点。第一，闻过则喜，勇于改过。善于听取别人的建议和意见，以此来作为修正自身的根据，不断地完善自己。只有一个善于接受他人批评、勇于改正错误的人，才能不断进步。柳公权是唐代著名的书法家，在他少年时，书法界有一句人人皆知的话：神笔难写"飞凤家"，就是说"飞凤家"这三个字非常难写，只要写好了这三个字，书法也就到了登峰造极的境界。一天，年少的柳公权在一张条幅上提笔写下"会写飞凤家，敢在人前夸"十个大字，并贴在了一棵树上。一个卖豆腐脑的老人看了他的字之后说道："你的字根本就没有力度，有什么值得骄傲的呢？"老人让他去找华原县的字画汤。于是，柳公权就去华原县找字画汤，结果他发现字画汤是一个没有双臂的老头，但他却能用脚运笔如神，龙飞凤舞。柳公权幡然醒悟，跪求老人收他为徒。老人虽然拒绝了他，但是却送给他"写尽八缸水，砚染涝池黑。博取百家长，始得龙凤飞"这首诗，以此

---

① 《孟子·公孙丑上》。

来勉励他。从此，柳公权发奋练字，博采众长，最后终于成为一代大师。正是因为柳公权听取了卖豆腐脑的老人的忠告，所以才及时改正自己的过失，最终成为唐代著名的书法家。否则，他也许会被自己的狂妄自大所埋没。总之，只有善于听取别人劝告的人，才能不断完善自己。

不仅要取他人长处善其身，还要与人为善。在修善过程中，不仅要见贤思齐、取长补短、汲取别人优点，还要与别人共同修善，与大家共同为善。孔子讲"三人行必有我师焉，择其善者而从之，其不善者而改之"，对于他人的优点，我们要善于去学习；对于他人的缺点，我们要仔细检查自身，看自己是否也有同样的缺点，如果有，就及时改正，这样才可以使自己趋于完善。我们不仅要完善自己，还要帮助他人，与人为善。曾经有一位单身女子刚搬到新家，她发现自己的邻居是一户穷人家，家里只有一个寡妇与两个小孩。有天晚上，他们住的那一带全部停电了，那位单身女子只好点起了蜡烛。可是，这时有人敲门。原来是邻居家的小孩，只见小孩紧张地问："阿姨，请问你家有蜡烛吗？"女子心想：他们家穷得连蜡烛都买不起，千万别借给他们，免得以后依赖于我。于是，她说："没有。"正当她要关门时，小孩说："我就知道你家没有。"说完，从怀里拿出了两根蜡烛送给她，并说："妈妈和我怕你一个人住没有蜡烛，所以就带给你两支。"此刻，女子感动得热泪盈眶，紧紧地将小孩抱在怀里。可见，与人为善不仅完善了自己，还可以帮助他人为善。

孟子还有一段话说的是君子如何对待过错的：

燕人畔。王曰："吾甚惭于孟子。"

陈贾曰："王无患焉。王自以为与周公，孰仁且智？"王曰："恶！是何言也？"曰："周公使管叔监殷，管叔以殷畔。知而使之，是不仁也；不知而使之，是不智也。仁智，周公未之尽也，而况于王乎？贾请见而解之。"

见孟子，问曰："周公何人也？"曰："古圣人也。"曰："使管叔监殷，管叔以殷畔也，有诸？"曰："然。"曰："周公知其将畔而使之与？"曰："不知也。""然则圣人且有过与？"曰："周公，弟也；管叔，兄也。周公之过，不亦宜乎？且古之君子，过则改之；今之君子，过则顺之。古之君子，其过也，如日月之食，民皆见之；及其更也，民皆仰之。今之君子，岂徒顺之，又从为之辞。"①

孟子在这段谈话中，阐述了"古之君子"和"今之君子"在对待过错的问题上截然不同的态度。当年齐国占领燕国时，孟子曾向齐宣王提出，为燕国立一君主而后再撤离，齐王不听，以致燕国反叛齐国，所以齐王感到愧对孟子。而齐王的大夫陈贾，借周公用管叔的事来安慰齐王，为齐王开脱罪过。陈贾认为，周公派管叔监视殷人，管叔却带领殷人叛乱；如果周公知道他会反叛还派他去，这是不仁；如果周公不知道他会反叛而派他去，这是不智。仁和智，周公都没有完全做到，何况大王呢？

孟子认为，周公是弟弟，管叔是哥哥，难道弟弟会怀疑哥哥反叛吗？所以，周公犯这样的过错是情有可原的。人人都会有过错，古代的君子"闻过则喜""有过则改"，表现出负责的态度和坦荡的胸怀；而"今之君子"，有了过错不仅任其发展，还为其过错辩解，文过饰非，这样势必会给国家带来危害，使人民遭殃。孟子以此来告诉大家，犯错误并不可怕，可怕的是犯了错误却不知道改正。常言道：知错能改，善莫大焉。每个人都有可能犯错误，重要的是如何面对错误。是及时改正呢？还是执迷于错误，并为此辩解呢？答案当然是前者。因为只有知错就改的人，才能不断地成长和进步。李世民是唐朝的第二位皇帝，有一次，他在后宫玩弄部下刚送来的一只很名贵的小鸟，这

①《孟子·公孙丑下》。

时魏征来了，看到皇帝在玩鸟，于是便与皇帝说了很多话。而李世民见魏征来了赶紧把鸟塞进衣袖里，导致鸟最后被憋死了。魏征见此，就对皇帝说："皇上呀，现在是困难时期，我们应该艰苦奋斗，而不应该贪图享乐！"李世民听了魏征一席话，知道自己错了，于是以后就再也没有玩鸟了，而是专心政事，从而出现了历史上著名的"贞观之治"。人非圣贤，孰能无过，君子和普通人一样，也会有缺点和错误，但是他们的伟大之处，就在于比普通人更善于发现错误，改正错误。所以，在日常的生活中，我们不仅要勇于承认错误，更重要的是要勇于改正错误。

五、君子不取不义之财

金钱和财富世人大都爱之，纵然是君子，也爱财，但是，古人云："君子爱财，取之有道。"孟子对此做了精辟的论述：

陈臻问曰："前日于齐，王馈兼金一百而不受；于宋，馈七十镒而受；于薛，馈五十镒而受。前日之不受是，则今日之受非也；今日之受是，则前日之不受非也。夫子必居一于此矣。"孟子曰："皆是也。当在宋也，予将有远行。行者必以赆，辞曰'馈赆'，予何为不受？当在薛也，予有戒心。辞曰：'闻戒，故为兵馈之'，予何为不受？若于齐，则未有处也。无处而馈之，是货之也。焉有君子而可以货取乎？"[1]

孟子这段话主要表述"君子爱财，取之有道"的辩证思想。陈臻请教孟子，有的馈赠您接收了，有的馈赠您拒绝了，其中有对和错吗？接收馈赠的标准是什么？孟子认为，我处理馈赠的方式都是对的，其

---

[1]《孟子·公孙丑下》。

标准就是君子不取不义之财，更不能被金钱收买。在宋和薛，其馈赠师出有名，可以收受；而在齐，其馈赠师出无名，不能收受。君子不取不义之财，如若收受，就等于被金钱收买，那就变为品格低下的小人。在孟子看来，做人要有人格，真正的君子以义为重，"富贵不能淫，贫贱不能移，威武不能屈"，体现了不为利所动的浩然正气。

作为一个社会人，不论走到哪里，都需要钱财为衣食住行作保障。有人说："金钱不是万能的，可没有金钱却万万不能。"这虽然有些道理，可是我们一定要记住孟子在这里所说的："无处而馈之，是货之也。"天上不会掉下馅饼，白送你金钱可能就是陷阱，应该慎之又慎。否则，一旦被利益冲昏头脑，就会被他人收买，最终就会祸害自己。比如，中国历史上的第一大贪官和珅，他在为官时，常常收取别人的金银财宝，被他人收买，利用职务之便违法为他人办事，并与一些官员勾结，大肆敛聚钱财。乾隆帝驾崩后，嘉庆帝下旨将和珅革职下狱，在抄家时发现和珅家中来历不明的钱财数不胜数。其所聚敛的财富，约值八亿两至十一亿两白银，所拥有的黄金和白银加上其他古玩、珍宝，超过了清朝政府十五年财政收入的总和。所以和珅被后人称为富可敌国的"贪官之王"。后来，在乾隆帝死后十五天，嘉庆帝以一条白绫赐死和珅。可见，人不能收取不当之财，否则必然祸害自己。今天，我们身处市场经济的时代，面临社会生活中的各种诱惑，金钱的受与不受也时常摆在眼前。这就需要我们要有清醒的头脑，在接受他人钱财时，应考虑自己的行为是否合理合法，不拿不明不白的钱财，当受则受，当辞则辞。如果利欲熏心，收受了不当的钱财，那就要被人"货取"了，就要出大问题，最终会受到法律的制裁。所以，君子不能取不义之财，不能接受没有根据的赏赐。

六、君子"盈科而后进"

孟子认为，君子应该像有源之水一样"盈科而后进"：

徐子曰："仲尼亟称于水，曰：'水哉，水哉！'何取于水也？"

孟子曰："源泉混混，不舍昼夜，盈科而后进，放乎四海。有本者如是，是之取尔。苟为无本，七八月之间雨集，沟浍皆盈；其涸也，可立而待也。故声闻过情，君子耻之。"①

孟子在本章中强调了有源之水的重要性，并以有源之水来比拟人的道德品质。他认为只有有源之水，才能不舍昼夜，奔流不息。而无源之水，就像暴雨一样即使在很短的时间内填满河沟，也只是一时的，很快就会枯竭干涸。如果一个人的名誉声望超过了实际情况，名不副实，那么就会如无源之水一般转瞬即逝。所以，人应该务本求实，应该像有源之水一样"盈科而后进"，不断进取，自强不息。

孟子称赞有源之水具有"盈科而后进"的品质，即流水在前进的过程中，遇到坑洼之处，填满之后继续向前，永不停息。这种脚踏实地，扎扎实实，循序渐进的品德，正是君子所应该效法的。这就告诉我们，无论是学习还是工作，都应该一步一个脚印，踏踏实实，不能只图虚名，只有这样才能取得真正的成功。玄奘是唐代的一位高僧，为了求取佛经原文，不惜万里跋涉，不畏艰难困苦，走了一个又一个国家，翻了一座又一座山，历时十七年终于达到印度佛教中心，取得真经，为佛教和人类进步做出了伟大贡献。正是因为玄奘脚踏实地的精神，最终才能西行取经成功。然而，生活中有的年轻人总在幻想着有一天自己成为成功者，但是他们却忘记了迈开脚下的步伐，不懂得

①《孟子·离娄下》。

踏踏实实地努力奋斗，所以只能在原地幻想，不可能取得成功。也许有的人可能会在碌碌无为中一步登天，一夜成名，但那也只是昙花一现，不可能长久。因为不经过脚踏实地的奋斗，是不可能获得名副其实的成功。所以我们应该踏踏实实地学习，兢兢业业地工作，"盈科而后进"，只有这样才能不断取得进步。

士君子的身份来源论

孙君恒　　张新雨[*]

摘要： 君子最早具有士的身份，其来源是多方面的，在没落贵族、术士、吹鼓手、巫师、教师、文化传播者等阶层和职业中，都有士君子的身影。士君子良莠不齐，有君子儒，也有小人儒。早期的君子，其实既有儒士也有道士（不是后来道教的道士），他们是知识分子身份，是社会历史文化的传承者。起初儒道合一，并没有严格的区分，到了汉代才真正有儒道的分别。还原历史真相，而不仅仅强调儒道之间的差别，对于今天学习儒道智慧，传承中华优秀传统文化，具有很大的启发作用。

关键词： 君子；身份；来源；儒道

士君子，是由春秋战国士、儒阶层演变而来的。文士的身份在职业上为儒，儒道等同为知识分子阶层，春秋战国时期儒家创始人孔子和道家创始人老子，都是"士"，且对"士"多有论述，根本没有将自己归结为"儒家""道家"。儒家和道家的区分是在班固《汉书·艺文志》里才明确出现的。其实，士君子作为知识、文化的传承者，儒家和道家起初在历史传承、人员交往、理念主张等方面具有很多相同点、相似处。应该还原历史真相，不能仅仅强调他们之间的差别。

* 孙君恒,武汉科技大学教授,主要从事伦理文化研究;张新雨,武汉科技大学研究生,在冯友兰故乡成长,热爱传统文化。

一、文士的身份

在身份上，儒道均为士、学者、知识分子。无论是儒还是道，他们都是春秋时期的没落贵族或者下等贵族，拥有文化、礼仪、知识方面的优势，承担着典礼、祭祀、丧葬等传统的延续活动。儒者、道者，都属于士。刘向认为，"通古今之道，谓之士"[①]；许慎认为，"儒者，术士也"[②]；近代学者刘咸炘指出，"术，道也。士者，所以别于农工商也。有道之士，非常士也。尧、舜不为天子，亦术士而已。本非一家之名，与名、法、纵横相对，犹道之为言，非庄、列一家之名也"[③]。当代余英时先生的《士与中国文化》、刘泽华的《先秦士人与社会》等对"士"的来源、演变、作用，进行了专题方面深入的研究。

（一）孔子《论语》中的"士"

孔子在《论语》中有18处论述"士"。孔子在此主要表达了对士的认识：

士指名士，"周有八士：伯达、伯适、仲突、仲忽、叔夜、叔夏、季随、季騧"[④]"居是邦也，事其大夫之贤者，友其士之仁者"[⑤]"柳下惠为士师"[⑥]。

士是教育者（教师），"富而可求也，虽执鞭之士，吾亦为之"[⑦]

---

① 《说苑·脩文》。

② 《说文》。

③ 刘咸炘：《〈儒行〉本义》，《推十书》（增补全本）甲辑一，上海科学技术文献出版社，2009，年版，第77—78页。

④ 《论语·微子》。

⑤ 《论语·卫灵公》。

⑥ 《论语·微子》。

⑦ 《论语·述而》。

"孟氏使阳肤为士师"①。

士为有理念的人,"与其从辟人之士也,岂若从辟世之士"②。

士具有理想、毅力、情怀、美德修养等方面的综合素质,"士志于道,而耻恶衣恶食者,未足与议也"③"士不可以不弘毅,任重而道远"④"士而怀居,不足以为士矣"⑤"志士仁人无求生以害仁,有杀身以成仁"⑥"士见危致命,见得思义,祭思敬,丧思哀"⑦。

士应该达到言行规范要求。孔子对弟子子张、子路、子贡的询问进行了解答。子张认为士应当在邦必闻,在家必闻。孔子指出,"夫达也者,质直而好义,察言而观色,虑以下人。在邦必达,在家必达"⑧。子路问士,孔子曰:"切切偲偲,怡怡如也,可谓士矣"⑨;子贡问士,孔子强调,"行己有耻,使于四方不辱君命,可谓士矣"⑩。

(二)老子《道德经》五处论"士"

老子强调士应具备知识、学识("古之善为士者,微妙玄通,深不可识"),不同身份对应不同的悟道层次("上士闻道,勤而行之;中士闻道,若存若亡;下士闻道,大笑之,不笑不足以为道""善为士者不武")。老子所述展示了他心目中的"善为士者",在智慧上崇尚神秘玄妙的世界观,在行为方式上柔弱胜刚强。"士"分三等,悟道不同,闻道后的反应差别很大,修养与行为良莠不齐,形形色色,呈现

---

① 《论语·子张》。
② 《论语·微子》。
③ 《论语·里仁》。
④ 《论语·泰伯》。
⑤ 《论语·宪问》。
⑥ 《论语·卫灵公》。
⑦ 《论语·子张》。
⑧ 《论语·颜渊》。
⑨ 《论语·子路》。
⑩ 《论语·子路》。

出多样化的状态。

表1　老子《道德经》五处论士

表述	出处
古之善为士者,微妙玄通,深不可识	第十五章
上士闻道,勤而行之	第四十一章
中士闻道,若存若亡	第四十一章
下士闻道,大笑之,不笑不足以为道	第四十一章
善为士者不武,善战者不怒,善胜敌者不与,善用人者为之下	第六十八章

春秋时期，士人阶层出于谋生或传道，自觉地或不自觉地传播文明社会的精神文化，承担了文化教育事业上的专门角色，形成了相对稳定的群体和组织。余英时认为："中国的'道'源于古代的礼乐传统，这基本上是一个安排人间秩序的文化传统。"[①]

（三）士的共同点

士中的儒者、道者，都拥有广博的知识。在天文地理方面，道家对宇宙的混沌起源和演变有独特的见解，在世界本体的认识上赫赫有名，以至于西方以为中国的第一个哲学家是老子而不是孔子。其实，儒家也不缺少对自然世界的认识，只不过这方面的原始记录遗失了，从其他人的评价中我们可见一斑。例如庄子认为，"儒者冠圜冠者知天时，履句屦者知地形，缓佩玦者事至而断"[②]。又如，章太炎在《原儒》中指出，"古之儒知天文占候，谓其多技"。

---

① 余英时：《士与中国文化》，上海人民出版社，1987年版，第107页。
② 《庄子·外篇·田子方》。

表2　儒道部分士人身份简表

学派	人物	身份
儒家	孔子	鲁之大夫
儒家	孟子	以士游说
儒家	子路	卫国的蒲邑宰
儒家	子贡	鲁、卫等国聘为相辅
儒家	宰予	使于齐国和楚国
道家	老子	周守藏史
道家	庄子	漆园吏

　　士与早期的司掌礼，教育之官员，特别是教师，关系颇为密切。《谷梁传》指出，"古者有士民，有商民，有农民，有工民"，范宁注"士民"为"学习道艺者"。师泛指四民之有德行才艺、足以教人者。春秋之前，社会就已存在着一群"传授道艺"者，来培养"学习道艺"的学士，教育那些统治阶级的接班人。在《周礼》中教育国子者，除大司乐外，"师氏""保氏"尤受学者注意。师氏教三德三行，保氏教六艺六仪：师氏掌以微五诏，以三德教国子，一曰至德，以为道本；二曰敏德，以为行本；三曰孝德，以知逆恶。教三行，一曰孝行，以亲父母；二曰友行，以尊贤良；三曰顺行，以事师长①。保氏掌谏王恶，而养国子以道，乃教之六艺：一曰五礼，二曰六乐，三曰五射，四曰五教，五曰六书，六曰九数。乃教之六仪：一曰祭施之容，二曰宾客之容，三曰朝廷之容，四曰丧纪之容，五曰军旅之容，六曰车马之容②。贵族子弟在世袭制度下享有官学教育特权，身份不同于平民，但是在社会大变迁的春秋时期，贵族子弟是否能够按部就班成为"接班人"，谁也不能精准确定，他们尚未"居位"之时，需要接受文化修养和职业教育，官学、私学"双管齐下"，进行礼乐、技艺传授，以做

---

①《周礼·地官司徒》。
②《周礼·地官司徒》。

好知识和能力的准备与提高。在这种背景下，拜师学艺、接受文化传统等颇为流行，一批士充当教师的角色。俞樾指出，"凡有一术可称，皆名之曰儒"①。傅斯年先生在《战国子家叙论》中认为，儒家者流，出于教书匠。冯友兰先生指出，"所谓儒，是一种有知识有学问之专家，他们散在民间，以为人教书相礼为生"②。

巫是士人从事的一种职业。李泽厚的《中国古代思想史论》《由巫到礼　释礼归仁》等著述，追根溯源，很有启发性，他强调不仅儒家孔子的《论语》，而且道家老子的《道德经》，也都来源于或脱胎于上古的巫史传统，都具有"重过程而非对象""重身心一体而非灵肉二分"这些基本特征。巫术礼仪不仅是儒道两家，还是整个中国文化的源头。儒家着重保存和理性化的是原巫术礼仪中的外在仪文方面和人性情感方面，《老子》道家则保存和理性化了原巫术礼仪中与认知相关的智慧方面。李泽厚认为，"巫术礼仪包含和保存着大量原始人们生活、生产的技巧艺术和历史经验。它通过巫术活动集中地不断地被温习、熟练而自觉认知"③。

士阶层中的儒与道，往往依靠的是自己的智力与知识，献计献策，服务于统治者，成为"智囊团"。从这种意义来说，士的学问大多数属于"王官之学"。老子、孔子、诸子百家，都是"人君南面之道"。当时儒家为统治阶级服务的内容和历史来源，可推广到其他学派："儒家者流，盖出于司徒之官，助人君顺阴阳、明教化者也。游文于六经之中，留意于仁义之际，祖述尧、舜，宪章文、武"④。儒家源于"司徒之官"，道家源于"史官"。"帝王之师"、高级智囊团，都是从上古时代的"官学"体系分化出来的，皆是为君王服务，"诸子十家，其可观

①《群经平议》卷十二。
② 冯友兰：《中国哲学史》（下卷），华东师范大学出版社，2000年版，第362页。
③ 李泽厚：《中国古代思想史论》，人民出版社，1985年版，第320页。
④ 班固《汉书·艺文志·诸子略》。

者九家而已。皆起于王道既微，诸侯力政，时君世主，好恶殊方"①。儒与道服务于治国理政，为了国计民生。章太炎指出："道、墨、名、法、阴阳、小说、诗赋、经方、本草、蓍龟、形法，此皆术士，何遽不言儒？局之类名，蹴鞠、弋道近射，历谱近数，调律近乐，犹虎门之儒所事也……今独以传经为儒，以私名则异，以达名、类名则偏。要之题号由古今异，儒犹道矣。"②

概言之，士是知识分子的统称，术士是有知识、礼仪、技能乃至有理想之人。尽管术士分工各种各样，或是礼仪传授、司仪、巫术，或是史官、教师等，但是都属于术士这一范畴。冯友兰先生综合了近代对士儒身份的不同看法，认为他们不仅仅是教师、事礼者，还是文化传承者。"在儒之中，有不止于教书相礼为事，而且欲以昔日之礼乐制度平治天下，又有予昔之礼乐制度以理论的根据者，此等人即后来之儒家。孔子不是儒之创立者，但乃是儒家之创立者。"③

二、儒的职业

儒、道，开始统称为儒、儒者。春秋时期，儒是知识分子的泛称。"儒则泛指诵说诗书、通该术艺者而言"④，孔子论述了所谓"儒者"的人格形态，包括自立、容貌、刚毅、忧思、宽裕、举贤、交友、尊让等等。在孔子看来，儒者有不同形态和侧面，有的儒者以刚毅为特色，有的儒者以宽裕为特色。近现代中国学者们对儒的来源、字源、本义、演变、作用等方面，进行了深入的探讨和争论，主要代表学者是章太炎、胡适、冯友兰、钱穆、郭沫若等。皆认为儒是早期知识分

---

① 班固《汉书·艺文志》。

② 章太炎：《国故论衡》，商务印书馆，2017年版，第151—152页。

③ 冯友兰：《中国哲学史》(下卷)，华东师范大学出版社，2000年版，第347页。

④ 陈来：《古代宗教与伦理—儒家思想的根源》，生活·读书·新知三联书店，1996年版，第350—351页。

子的统称，儒士和道人的职业均是儒，下面仅仅在此简要列表加以
说明。

表3　近现代对儒的解读简表

学者	主要见解	代表著述
章太炎	儒有三科，关达、类、私之名。达名为儒，儒者，术士也	《国故论衡·原儒》(1910)
胡适	"儒"为"柔懦""濡滞"，儒为殷遗民的职业，掌管礼乐；"儒是殷民族的教士，靠他们的宗教知识为衣食之端""孔子是儒的中兴领袖，而不是儒教的创始者"	《说儒》(1934)
冯友兰	儒指以教书相礼等为职业的一种人	《原儒墨》《原儒墨补》(1935)
钱穆	儒不论刚柔，与殷商无关	《驳胡适之〈说儒〉》(1936))
郭沫若	儒字之本义的柔，并非指习于服从的柔，而是文绉绉、酸溜溜的柔。古之术士并非有儒之称，秦以前术士称儒无证据，巫医自古不称儒，儒本是邹鲁之士缙绅先生的专号	《驳〈说儒〉》(1937)

　　现在看来，章太炎、胡适、冯友兰、钱穆等的说法比较合理，都
主张"儒"由"需"来，并且有考古学上的证据支撑。冯友兰认为
"儒"经过"王官—职业—诸子"的大体演变，与殷商无关（此点与钱
穆相同）；钱穆认为儒与柔弱不直接相关，孔子强调儒者的刚毅，春秋
战国"儒者"中佩剑习武之士相当多，顾颉刚强调士最初是武士，后
来才变成文士，都表明"儒者"与"柔弱"不是必然相关。徐中舒先
生在《甲骨文中所见的儒》一文中，强调商代已有"卿士"，而卿士中
立相礼事务之富即为"儒"，甲骨文写作"需"或"儒"。他认为，儒
字造字意图指"斋戒沐浴"，儒在商代是一种宗教性职官，与巫祝相

近，"儒这样一批术士，专门给奴隶主贵族祭祖、事神、办丧事、当司仪"①，简言之，"儒"不过是学者、学人之称。孔子"女为君子儒，毋为小人儒"之语中，其"儒"亦为学者之意。先秦诸子时期，尚未有"儒家"这个说法，然"儒""儒者"的使用则很普遍。熊十力在《原儒》中论述墨、道、名、农、法、儒诸家，论定儒为诸家之源。诸家或为科学之先导，或为社会主义之开山，皆为儒家羽翼②。冯友兰先生认为，"儒家与儒两名，并不是同一的意义。儒指以教书相礼等为职业的一种人，儒家指先秦诸子中之一派。儒为儒家所自出，儒家之人或亦仍操儒之职业，但二者并不是一回事"③。江瑔认为，"'儒'为学士之通称，非孔门所得独有；'道'为学问之总汇，非老庄所得自私"④。

儒名不始于孔门，并非儒家才是儒。诸子百家均可称为儒——掌握、传播、教授知识、礼仪的人。许慎谓"儒"为"术士之称"，颜师古曰"凡有道术，皆为儒"，俞樾言"凡有一术可称，皆名之曰儒"⑤。段玉裁在《说文解字》注中，对"术士之称"有具体说明："术，邑中也，因以为道之称。《周礼》'儒以道得民'，注曰'儒，有六艺以教民者'；《大司徒》'以本俗六安万民'，'四曰联师儒'，注云'师儒，乡里教以道艺者'。按六艺者，礼乐射御书数也，《周礼》谓六行六艺，曰德行道艺。"⑥

儒是掌握"古之道术者"。掌握"古之道术者"是儒。庄子认为百

① 徐中舒：《甲骨文中所见的儒》，《四川大学学报（哲学社会科学版）》1975年第4期，第71页。

② 郭齐勇、吴龙灿：《大众儒学书系·立本开用·熊十力说儒》，孔学堂书局有限公司，2015年版，第18页。

③ 冯友兰：《中国哲学史》（下卷），华东师范大学出版社，2000年版，第349页。

④ 江瑔：《读子卮言》，华东师范大学出版社，2011年版，第35页。

⑤《群经评议》卷十二。

⑥《说文解字注》。

家有共同的来源，都是"古之道术者"，他指出那时儒、墨、道等从事的工作就是传承文化，"古之所谓道术者，果恶乎在？曰：无乎不在。曰：神何由降？明何由出？圣有所生，王有所成，皆原于一"①。那时的道术非常完备，涉及治国理政、百姓苍生、天下和谐，囊括大千世界，方方面面，"古之人其备乎！配神明，醇天地，育万物，和天下，泽及百姓，明于本数，系于末度，六通四辟，小大精粗，其运无乎不在"②。百家的众说纷纭恰恰是原来一体、一脉道术的分崩离析，"天下之人各为其所欲焉以自为方"，才造成了"道术将为天下裂"③。

表4　道术在诸家中的表达

学派	道术表达	来源
墨家	不侈于后世，不靡于万物，不晖于数度，以绳墨自矫而备世之急，古之道术有在于是者。墨翟、禽滑厘闻其风而说之	《庄子·天下第三十三》
宋尹学派	不累于俗，不饰于物，不苟于人，不忮于众，愿天下之安宁以活民命，人我之养毕足而止，以此白心，古之道术有在于是者。宋钘、尹文闻其风而悦之	《庄子·天下第三十三》
黄老道家	公而不当，易而无私，决然无主，趣物而不两，不顾于虑，不谋于知，于物无择，与之俱往。古之道术有在于是者。彭蒙、田骈、慎到闻其风而悦之	《庄子·天下第三十三》
道家	以本为精，以物为粗，以有积为不足，澹然独与神明居。古之道术有在于是者，关尹、老聃闻其风而悦之	《庄子·天下第三十三》

---

① 《庄子·杂篇》。
② 《庄子·杂篇》。
③ 《庄子·杂篇》。

学派	道术表达	来源
道家	芴漠无形，变化无常。死与？生与？天地并与？神明往与？芒乎何之？忽乎何适？万物毕罗，莫足以归。古之道术有在于是者，庄周闻其风而悦之	《庄子·天下第三十三》
名家	桓团、公孙龙，辩者之徒，饰人之心，易人之意；能胜人之口，不能服人之心。辩者之囿也	《庄子·天下第三十三》

古代儒者以技艺为生，是后来知识阶层的前身。钱穆先生在《古史辨》第四册序中提出，"术士乃儒之别解""儒为术士，即通习六艺之士，古人以礼乐射御书数为六艺，通习六艺，即得进身贵族，为之家宰小相，称陪臣焉，孔子然，其弟子亦无不然。儒者乃当时社会生活一流品"①。

儒，在先秦经历了演变，并不是一成不变的。殷商就有儒，就是说孔子以前就已有儒。从文化起源的角度看，老子、孔子之学皆通于黄帝的《归藏》之道。黄老之治，其实是儒道的共用。殷商礼仪包括丧葬之礼的主持者，即儒者。胡适在《说儒》中指出最初的儒都是殷人、殷的遗民，穿戴殷的古衣冠，习行殷的古礼，"儒是殷民族的教士，靠他们的宗教知识为衣食之端"②。周代"教官"师氏、保氏、儒、师儒等，或以"德行"或以"道艺"教民，可称之为"古之儒者"，是孔子以前就存在的。

春秋战国时期的儒，经历了彻底的转变。孔子开创的儒家，就是

---

①　钱穆：《古史辨》第四册序，载罗根泽：《古史辨》第四册，上海古籍出版社，1982年版，第1页。

②　胡适：《说儒》，漓江出版社，2013年版，第34页。

从群儒中脱颖而出的，从旧儒转变为新儒，形成一个相对独立的学派。胡适认为孔子"把那有部落性的殷儒扩大到那'仁以为己任'的新儒；他把那亡国遗民的柔顺取容的殷儒抬高到那弘毅进取的新儒"①。那时的儒者转变，还不仅仅是由谋生发展为谋道。有的儒者仅仅是为了生计而劳作，为了吃喝，甚至低三下四，招摇撞骗，这是孔子所不齿的"小人儒"。墨子的《墨子·非儒》、荀子的《荀子》和韩非子的《韩非子·五蠹》也对此进行了充分的揭露，且大力提倡真正引领道德善良追求有所作为的"君子儒"。孔子本人就有一个从"多能鄙事"的儒到"下学而上达"的儒的转变。这一转变与原始的儒向儒家学派的转变恰好是同步的、一致的②。

儒者从事脑力劳动、精神文化活动，是文士。相对于武士来说，儒者多数体力孱弱，生理上不那么强劲，常常胆小怕事，需求助于当政的统治阶级。中国人历来重视死的观念与丧葬礼仪，到殷代，有了专门负责冠婚丧祭等礼事的官职和司仪，儒者往往担当此任。但是他们地位低微，生活不稳定，没有固定的收入，在繁杂礼仪面前，不得不小心谨慎，久而久之，形成柔弱的人格特征。于是，柔的特点在儒者身上或多或少存在。清代段玉裁在《说文解字注》中指出，"儒之言优也，柔也。能安人。能服人。又儒者，濡也。以先王之道能濡其身"。儒之柔促使他们以文化人、以理服人，从事礼乐教化的"软科学"，有"安人""服人"的意义。"儒"的右边偏旁为"需"，在甲骨文、金文中有沐浴濡身之形，以"儒"取濡义有沐浴洗濡的含义，因为早期的儒以为人办礼事为业，在行礼之前必须斋戒沐浴、澡身浴德，"濡"不仅仅是沐浴，更是以先王之道为准来修身养性，而取"濡"义之儒，也就包含着"以先王之道能濡其身"的文化蕴意。《礼记·儒行》言："儒有澡身而浴德。"由此看来，对"儒"之字面意义的解析，

---

① 胡适：《说儒》，漓江出版社，2013年版，第86页。
② 王钧林：《门外说儒》，齐鲁书社，2002年版，第21页。

既包含了其职业类别与知识构成，又体现了其社会地位性格特征与价值理念①。

三、儒道理念的相同与相似

孔子自比为道家的老彭，"述而不作，信而好古，窃比我于老彭"②，可见孔子对老聃、彭祖的道家思想和境界有所赞同或者向往。儒家和道家相似、相近的地方非常多，学术界多有高论。下面仅举数例说明。

第一，"法先王，隆礼义"③。"法先王，隆礼义"是儒者的本质和共同特征，先秦诸子百家大致除法家外，都强调要"法先王，隆礼义"，是信守这一观念的儒者。对历史经验和先贤的重视，突出体现在儒与道的理念里，正是因为如此，不少学者认为儒、道、法、名、纵横、杂、农和小说家，皆出于史者。

第二，以"六艺"为法。儒以"六艺"为本业，从事祭祖事神、办丧事、当司仪的礼仪活动，也从事教育活动。司马谈总结了先秦阴阳、儒、墨、名、法、道德六家的要旨，强调儒者要旨在于"夫儒者以'六艺'为法。'六艺'经传以千万数，累世不能通其学，当年不能究其礼，故曰：'博而寡要，劳而少功'。若夫列君臣父子之礼，序夫妇长幼之别，虽百家弗能易也"④。"六艺"是六家都强调的素质。儒者长期传授、主持礼仪（祭祀、卜筮等）与传统文化，承担教师的职责，为百家所共有。胡适认为，"殷周民族杂居已六七百年，文化的隔离已渐渐泯灭的时期，他们不仅仅是殷民族的教士，竟渐渐成了殷周

---

① 杨名：《说儒—先秦—魏晋南北朝》，西南交通大学出版社，2015年版，第1页。
②《论语·述而》。
③《荀子·儒效》。
④《史记·太史公自序》。

民族共同需要的教师了"①。近代学者江瑔认为，"保氏亦掌以六艺教国子。然'六艺'者，古人之史也。古者春秋教以《礼》《乐》，冬夏教以《诗》《书》，韩宣子聘鲁，于鲁太史亦见《易象》《春秋》，是六艺为史氏之所掌，则保氏亦出于史官者矣"。江瑔又说："儒家之学，既云'出于司徒之官'，必渊源于保氏……是则儒家之得名虽出于保氏，而实由于六艺。无六艺则儒家之名无由成，舍六艺而称儒家，非真儒家也。"②

第三，儒道理念互通。孔子赞美大舜"无为而治"③，默认道家观念，其进取思想也内含着退避之道，主张"用之则行，舍之则藏"④"天下有道则见，无道则隐"⑤"隐居以求其志"⑥"无可无不可"⑦，进退、显隐之间的辩证法，在老子和孔子那里所见略同。孟子说"养心莫善于寡欲"⑧，这与老子"少私寡欲"如出一辙。老子道家除了主张隐世，也讲"爱民治国"⑨，希望实现"无不为"的治国理政的社会理想；庄子讲仁义，"德无不容，仁也；道无不理，义也"⑩，他强调仁义的普遍适用性，并不是否认仁义，而是对仁义进行了个人的诠释。冯友兰先生指出，中国哲学的主要传统是既入世又出世，两者统一在圣人的人格上，便是"内圣外王之道"，儒家游方之内，比道家入世一些；道家游方之外，比儒家出世一些。这两种趋势既彼此对立，又互相补充，达到力的平衡，这使得中国人对于入世和出世具有良好的平

---

① 胡适：《说儒》，漓江出版社，2013年版，第34页。
② 江瑔：《读子卮言》，华东师范大学出版社，2011年版，第37页。
③《论语·卫灵公》。
④《论语·述而》。
⑤《论语·泰伯》。
⑥《论语·季氏》。
⑦《论语·微子》。
⑧《孟子·尽心下》。
⑨《道德经》第十章。
⑩《庄子·缮性》。

衡感。在回顾中国哲学史后，冯友兰又说儒道的交融贯穿历史文化进程："在三、四世纪有些道家的人试图使道家更加接近儒家；在十一、二世纪也有些儒家的人试图使儒家更加接近道家。我们把这些道家的人称为新道家，把这些儒家的人称为新儒家。"①按照冯友兰的说法，儒道互补是两家学说的真实历史和向前发展的重要动力。

诸子百家中的儒家与道家的区分，为人们所称道。若追根溯源，就会发现原来他们有很多一致性、相似性，从其历史来源上说都是春秋时期士的阶层，都承担文化传播和礼仪方面的事务，都属于儒、儒者。"儒家""道家"的说法，是后人为了研究的需要和方便，才加以分门别类的。对之正本清源，还原其原始文化生态，非常有必要。

四、儒家和道家是西汉才有的说法

儒家创始人孔子、道家的创始人老子，都没有说自己是属于"儒家"或"道家"。余英时先生指出，孔子之时，百家尚未形成②。春秋时期，没有"儒家"和"道家"的称呼；战国时期，庄子、荀子有"百家"的说法；《汉书·艺文志》才有"儒家"和"道家"的说法。

（一）儒家道家创始人对学派无界定

先秦儒家、道家创始人尚未有"儒家""道家"的说法。"儒""道""儒者"的用法倒是很常见。例如：孔子在《论语》中只是提到了"君子儒、小人儒"。查遍《论语》全文，也仅仅只有这两个词。墨子说："非儒，何故称于孔子也？"③韩非指出："世之显学，儒、墨也。

---

① 冯友兰：《三松堂全集·中国哲学简史》，河南人民出版社，2001年版，第21页。
② 余英时：《士与中国文化》，上海人民出版社，2003年版，第69页。
③《墨子·公孟》。

儒之所至，孔丘也。"①庄子认为，"儒以诗礼发冢，大儒胪传曰：'东方作矣，事之何若？'小儒曰：'未解裙襦，口中有珠'"②。老子的《道德经》里，无"道家""儒""儒家"的说法，但是有十处"道者"的说法。

（二）庄荀有"百家"的说法

庄子和荀子有"百家"的说法，但是并没有明确的"儒家"和"道家"的说法。"百家"的指称仍然是笼统的，没有特指。庄子在《庄子·天下》中有百家的说法，但无儒家和道家的区分，"百家之学时或称而道之……犹百家众技也，皆有所长……百家往而不反，必不合矣"，还论述到公孙龙"困百家之知，穷众口之辩"③。荀子指出："百家异说，则必或是或非，或治或乱。"④

关于"百家"说法的广泛使用，具有代表性的主要是司马迁。《史记·滑稽列传》指出："今子大夫修先王之术，慕圣人之义，讽诵《诗》《书》、百家之言，不可胜数。"《史记·贾谊传》说："贾生年少，颇通诸子百家之书。"司马迁也没有进行"儒家""道家"的严格区分。唐代韩愈在《此日足可惜赠张籍》中说："孔丘殁已远，仁义路久荒，纷纷百家起，诡怪相披猖。"清代钱谦益在《李逢阳赠中大夫浙江布政使司右参政制》指出，"学问渊源于经术，文辞泛滥于百家"，均指出了百家争鸣的情况。

（三）"儒家"和"道家"说法汉代才有

西汉才将春秋战国的士人、儒者分为"儒家"和"道家"。将其分

①《韩非子·显学》。
②《庄子·外物》。
③《庄子·秋水》。
④《荀子·解蔽》。

门别类，有利于研究的便利，以免将各家思想混为一谈。西汉司马谈的《论六家要旨》提出了道家的名称"道家无为，又曰无不为"，虽然有"六家"的概括，但尚未有直接明确的"儒家"说法，也没有"墨家"、"阴阳家"的说法。到东汉班固《汉书·艺文志》，才最先谈论"儒家""道家"与诸子十家，"儒家者流，盖出于司徒之官……道家者流，盖出于史官""凡诸子百八十九家……蜂出并作，各引一端，崇其所善"。

总之，儒道两家是同源，儒道两家士君子皆来于夏、商、周三代文化，有共同的中国文化基因，都认为天人合一，都主张人际和谐，都追求高尚的精神生活，都重人道而轻神道，表现出中国特有的哲学精神。儒和道，在其早期没有分家，在阶层上、职业上，几乎是志同道合，均担当着知识分子的文化传承任务。他们希望形成没有战争、没有苦难的理想社会，这说明他们在终极目标上是相通的。

君子"存心"刍议[*]

李世平[**]

摘要： 在孟子思想中，"存心"作为君子标识的专用概念，"存心"所存的心与"发明本心"所发明的心是一致的，都是人与禽兽之别的"几希"，是人皆有之的"四端之心"，但"存心"并不是"发明本心"，而是对所发明的本心进行存养。"发明本心"是发现"四端之心""几希"，是"存心"的源头和根基，"存心"则是对"四端之心""几希"进行存养。君子"存心"是以仁义礼智存养"四端之心"，使君子有别于庶民，达尽心知性知天。

关键词： 孟子；"存心"；"发明本心"；君庶之别；人禽之别

孟子认为，"君子以仁存心，以礼存心"[①]。"存心"是君子的根本标识，对于孟子提出的这一重要观念，有学者认为"存心"是"发明本心"[②]。然而，孟子的"存心"真的是"发明本心"吗？这就需要理解孟子"存心"的"存"究竟是何意。

---

* 本文为国家社科基金项目"当代孟子心性论研究辨正"（项目编号：16XZX006）的阶段性成果。

** 李世平，陕西省社会科学院副教授，研究方向为儒家心性哲学。

① 《孟子·离娄下》。

② 唐君毅：《中国哲学原论·导论篇》，中国社会科学出版社，2005年版，第52—53页。

一、君子"存心"是"发明本心"吗

有学者认为孟子的"存心"是"发明本心"，这源于前人将"存心"的"存"理解为"在"。

孟子曰："君子所以异于人者，以其存心也。君子以仁存心，以礼存心。"①

对于孟子这里论述的"存心"，赵岐将其注解为："存，在也。君子之在心者，仁与礼也。"②赵岐将"存"解释为"在"，"以仁存心，以礼存心"就是"仁、礼在于心"。从文字训诂的角度完全可以将孟子"存心"的"存"解释为"在"。虽然如此，"但仅靠训诂、考据，并不就能把握得到古人的思想"③。"存心"是孟子专用的概念，对其不仅要考虑"存"的字面意义，还要基于孟子的整体思想，从"存心"的上下文思想脉络来确定其意义。因此，赵岐将孟子"存心"的"存"解释为"在"是否真实反映孟子"存心"的思想观念，就需要从孟子整体思想出发，从"存心"的上下文脉络来确定。值得注意的是，赵岐对孟子"存心"的"存"并不总是将其解释为"在"。在"存其心，养其性，所以事天也"④中，赵岐注解曰："能存其心，养育其正性，可谓仁人。天道好生，仁人亦好生。天道无亲，惟仁是与，行与天合，故曰所以事天。"虽然在这里赵岐并没有具体注解"存其心"之"存"的意义，但他将"养其性"解释为"养育其正性"，而"能存其心"和"养育其正性"是对文，"存"和"养育"意义相同，可以前后互换，

①《孟子·离娄下》。
②焦循:《孟子正义·下》第2版,沈文倬点校,中华书局,1987年版,第595页。
③徐复观:《中国思想史论集》,九州出版社,2014年版,第129页。
④《孟子·尽心上》。

"存其心"即是"养育其心"之义，这里"存其心"的"存"即使是"在"之义，也是通过"养育"而"在"之义。因此，从赵岐对"存其心"的注解来看，"存心""存其心"的"存"并不能简单地解释为"在"。

事实上，如果将孟子"存心"的"存"仅仅解释为"在"，就会遮蔽孟子"存心"是养心以获取仁义礼智的意义。而朱熹对"存心"之"存"的注解，多少能够反映孟子"存心"的这一意义。对于"君子以仁存心，以礼存心"，朱子注解为："以仁礼存心，言以是存于心而不忘也。"①朱子的注解虽然也没有直接解释"存心"的"存"，但是他把"以仁存心，以礼存心"解释为"以仁礼存于心而不忘"，多少说明他认为仁与礼是由后天的学习获得的。这样，即使把"存心"的"存"解释为"在"，仁与礼在心也不是仁与礼先天的"在"心，而是后天学习获得的"在"心。"君子以仁存心，以礼存心"是说君子学习获得仁与礼，并将仁礼存于心而不忘。朱子注解："君子以仁存心，以礼存心。"这不仅可以说明君子与众人的区别在于君子心中存有仁与礼，也能说明君子与众人不同的根本原因在于君子学习仁与礼，并将仁礼存于内心，而众人要么是没有学习仁与礼，要么是即便学习了仁与礼，却将它们忘了而没有存于心。

朱子不但把"以仁存心，以礼存心"的"存"解释得有了学习的意蕴，而且把"存其心"的"存"解释得有了学习之义。对于"存其心，养其性，所以事天也"②，朱子在《四书章句集注》注曰："存，谓操而不舍；养，谓顺而不害。事，则奉承而不违也。"朱子把"存其心"的"存"注解为"操而不舍"，这与他把"存心"的"存"注解为"存于心而不忘"一脉相承，而且紧扣孟子的思想，"苟得其养，无物不长；苟失其养，无物不消。孔子曰：'操则存，舍则亡；出入无时，

---

① 朱熹：《四书章句集注》，中华书局，1983年版，第289页。
② 《孟子·尽心上》。

莫知其乡。'惟心之谓与？"①因此可以说，朱子将"存心"的"存"注解为"存于心而不忘"，将"存其心"的"存"注解为"操而不舍"，既符合孟子"苟得其养，无物不长，苟失其养，无物不消"之义，又符合孔子的"操则存，舍则亡"。事实上，朱子对"存其心"的"存"注解为"操而不舍"，是由孟子的"苟得其养，无物不长；苟失其养，无物不消"和孔子的"操则存，舍则亡"化来的。因此，朱子对"存心"的注解也就有了孟子的"养心"的意义。

然而，朱子将君子"存心"的"存"解释为"养"，是否能够找到证据予以证明？一个证据是君子"存心"即是"存其心"。"存其心，养其性，所以事天也"②，"存其心"与"养其性"是对文，"存"与"养"的意义一致，"存其心"即是"养其心"，"养其性"即是"存其性"，"存"与"养"前后互换变为"养其心，存其性，所以事天也"，意义并没有改变，说明"存其心"的"存"即是"养"。"存"的这一义并非仅限于《孟子》，其他文献中亦有这一用法，如《礼记·月令》的"养幼小，存诸孤"，"存诸孤"的"存"亦如"养幼小"的"养"，也是"养诸孤"。再如《史记》的"养老存孤"，"养老存孤"的"存"也是"养"，"存孤"即是"养孤"③。

君子存心的"存"解释为"养"，另一个更为直接的证据是孟子以"存"代替"养心"的"养"，说明"存"即是"养"。

孟子曰："养心莫善于寡欲。其为人也寡欲，虽有不存焉者，寡矣；其为人也多欲，虽有存焉者，寡矣。"④

孟子在这里讲"养心"最好的方法就是寡欲，在他看来，一个人

①《孟子·告子上》。

②《孟子·尽心上》。

③ 李世平：《孟子良心思想研究》，复旦大学博士论文，2012年版，第148页。

④《孟子·尽心下》。

寡欲，他的心即使没有得到"存"，也坏不到哪里去；一个人多欲，他的心即使得到"存"，也是很少的。孟子在这里以"存"代替前面"养心"的"养"，说明孟子思想中的"养心"即是"存心"，"存心"即是"养心"①。

　　孟子的"存心"是"养心"，并不是"发明本心"，但"存心"也不是与"发明本心"毫无关系。

二、君子"存心"与"发明本心"

　　君子"存心"是"养心"，"存心"所存养的心与"发明本心"所发明的心是同一个心，孟子论述"发明本心"与"存心"的关系如下：

　　今人乍见孺子将入于井，皆有怵惕恻隐之心——非所以内交于孺子之父母也，非所以要誉于乡党朋友也，非恶其声而然也。由是观之，无恻隐之心，非人也；无羞恶之心，非人也；无辞让之心，非人也；无是非之心，非人也。恻隐之心，仁之端也；羞恶之心，义之端也；辞让之心，礼之端也；是非之心，智之端也。人之有是四端也，犹其有四体也。有是四端而自谓不能者，自贼者也；谓其君不能者，贼其君者也。凡有四端于我者，知皆扩而充之矣，若火之始然，泉之始达。苟能充之，足以保四海；苟不充之，不足以事父母。②

　　首先，孟子论述"发明本心"，人在"乍见孺子将入于井"的情境下，皆能呈现出"恻隐之心"，明人皆有"恻隐之心"，由此推断人皆有羞恶之心、辞让之心、是非之心，明人皆有"四端之心"。其次，孟

---

①李世平：《孟子性善的内在理路》，《哲学研究》2021年第3期。
②《孟子·公孙丑上》。

子论述"四端之心"是仁义礼智之端，"端"是"根端"、本①，"四端之心"是成就仁义礼智的根基、本源和能力。最后，孟子论述"存心"，扩充存养"四端之心"。在孟子看来，尽管人皆有"四端之心"，但只有扩充存养"四端之心"，才可以达到事父母，进而足以保四海。如果不扩充存养"四端之心"，那么人连最基本的"事父母"都无法完成。这既说明了扩充存养"四端之心"，"存心"修养工夫的重要性，也说明了"存心"是与"发明本心"不同的道德修养工夫。

首先，"发明本心"与"存心"是两种不同的道德修养工夫。"发明本心"是在一定的情境下，由人发出的道德情感和道德行为反观自身，发现"四端之心"，发现自身存在发出这些道德情感和道德行为的根基。"存心"则是扩充存养"四端之心"，使人时时发出道德情感、处处表现出道德行为。"发明本心"虽然能够发现"四端之心"，但仅靠发现"四端之心"并不足以保证人能事父母、保四海，而只有通过"存心"，通过扩充存养"四端之心"才能保证人能事父母、保四海。

由于"存心"存养的是"发明本心"所发现的"四端之心"，因此，在一定意义上可以说"发明本心"构成了"存心"的前提和基础。但这并不是绝对的，"发明本心"之所以发现"四端之心"，也需要"四端之心"发出的道德情感和道德行为对此进行反思，才能"发明本心"。因此，"四端之心"发出道德情感和道德行为构成了"发明本心"的前提和基础。在孟子看来，"四端之心"是人生来即有的，其遇事会发出道德情感和道德行为，但这并不能保证人时时处处皆能发出道德情感和道德行为，只有在"乍见孺子将入于井""嗟来之食"等特定情境下才能发出道德情感和道德行为，这多少会造成"发明本心"的不易。"存心"则是扩充存养"四端之心"，使"四端之心"更易发出道德情感和道德行为，更易由此反思"发明本心"，从这个意义上讲，

---

① 廖晓炜：《以善说性抑或以性说善——孟子性善说新解》，《武汉大学学报（人文科学版）》2017年第3期。

"存心"又是"发明本心"的前提和基础。

"存心"与"发明本心"两种道德修养功夫是互为前提和基础的关系。"四端之心"是人生来即有的，其存在自然会发出道德情感和道德行为，如此，人生来就处在由"四端之心"发出道德情感和道德行为的环境之中，在此情境下，人的"四端之心"被扩充存养了。当"四端之心"扩充存养到一定的水平时，孔子便发现了仁，孟子发现了"四端之心"。因此，在孔孟之前，人们并没有明确仁、"四端之心"的存在，此时虽然有"存心"，但"存心"是自发的，在潜移默化地进行。自孔孟"发明本心"之后，人们意识到仁、"四端之心"的存在，在此基础上进行的"存心"是自觉的，是人积极主动地以道德情感和道德行为熏陶、扩充存养"四端之心"的过程。由自发的"存心"到"发明本心"，再由"发明本心"到自觉的"存心"，"存心"不仅构成了"发明本心"的前提和基础，同时也是"发明本心"的最终目的和指向。

其次，"发明本心"与"存心"针对的问题不同。"存心"与"发明本心"有着紧密相连的关系，但"存心"毕竟与"发明本心"是不同的修养工夫，二者针对不同的问题，"发明本心"针对人禽之别，"存心"针对君庶之别。

孟子曰："人之所以异于禽兽者几希，庶民去之，君子存之。"①

在这里，孟子论述了两个方面的问题：一是人禽之别的问题，人有"几希"，禽兽无"几希"；一是君庶之别的问题，君子存"几希"，庶民去"几希"。君子存"几希"的"存"与"君子存心"的"存"是一致的，都是"养"之义，也就是说，君子存"几希"，庶民去"几希"，并不是君子保存"几希"，庶民失去"几希"，而是君子存养"几

①《孟子·离娄下》。

176

希",庶民没有存养"几希"①。

人禽之别的"几希"是"四端之心",从人"乍见孺子将入于井"表现出恻隐之情,救孺子之行为,君子反思人皆有"四端之心""发明本心",明人皆有异于禽兽的"几希"。君庶之别的存"几希"是扩充存养"四端之心",君子以仁、以礼扩充存养"四端之心",这是君子"存心",君子异于庶民之所在。人禽之别的"四端之心"是先天客观存在的,"发明本心"只是确证,君庶之别的存养"四端之心"是需要后天努力的,"存心"本身构成了君庶之别。也就是说,"发明本心"针对人禽之别与"存心"针对君庶之别的性质不同,人禽之别本来就有,"发明本心"只是认识、发现人禽之别,而君子与庶民本来并没有区别,皆有"四端之心"、存养"四端之心"者成为了君子,否则为庶民,"存心"直接构成了君庶之别。

最后,与"发明本心""存心"相应的性善理论不同,与"发明本心"的修养功夫相应的性善理论是性善立本论,与"存心"修养功夫相应的性善理论是性善存养论②。"发明本心"是由人"乍见孺子将入于井",或面对嗟来之食,或目睹亲人遗体被"狐狸食之,蝇蚋姑嘬之"③,表现出相应的道德情感和道德行为,反思人何以有这些道德情感和道德行为,发现人皆有异于禽兽的"四端之心"。"四端之心"是仁义礼智之端④,"端"是本⑤、本源⑥,"四端之心"是成就仁义礼智的本源。"发明本心"说明人皆有异于禽兽的"四端之心",说明人皆有

① 李世平:《孟子性善的内在理路》,《哲学研究》2021年第3期。
② 李世平:《孟子性善的内在理路》,《哲学研究》2021年第3期。
③《孟子·滕文公上》。
④《孟子·公孙丑上》。
⑤ 廖晓炜:《以善说性抑或以性说善——孟子性善说新解》,《武汉大学学报(人文科学版)》2017年第3期。
⑥ 李世平:《孟子性善的内在理路》,《哲学研究》2021年第3期。

成就仁义礼智的本源，孟子由此言性善是性善立本论①。君子"存心"，"君子以仁存心，以礼存心"②，这里的仁、礼代表的是仁义礼智，也就是说，君子"存心"是以仁义礼智扩充存养"四端之心"。君子以仁义礼智"存心"，使"四端之心"扩充存养，获得了仁义礼智之德，此时，"四端之心"不但是成就仁义礼智的本源，而且在事实上也已经达成仁义礼智之德，孟子由此言性善是性善存养论。

孟子认为，"道性善，言必称尧舜"③。孟子"道性善"道的主要是性善立本，说明人皆有成善的本源，"人皆可以为尧舜"④。虽然如此，但孟子性善立本指向于性善存养。在孟子看来，尽管人皆有成善的本源，但是如果人对此不加以扩充存养，就连事父母都无法做到。人只有对此进行扩充存养，才能做到事父母，进而达到如尧舜一样保四海。

三、君子"存心"的根基及其类型

君子"存心"、存养"四端之心"，"四端之心"构成了君子"存心"的源头和根基。

孟子曰："源泉混混，不舍昼夜，盈科而后进，放乎四海。有本者如是，是之取尔。苟为无本，七八月之间雨集，沟浍皆盈；其涸也，可立而待也。故声闻过情，君子耻之。"⑤

---

① 李世平：《立本与存养——孟子性善论研究》，中共中央党校出版社，2017年版，第103页。

②《孟子·离娄下》。

③《孟子·滕文公上》。

④《孟子·告子下》。

⑤《孟子·离娄下》。

君子"存心"有了"四端之心"这一源头，就可以像有源头的泉水一样源源不断地向前奔流直至大海。因此，君子"存心"首要的是基于"四端之心"这一人异于禽兽的"几希"，从这一大本源出发，君子"存心"才能始终保持活力，否则，就会存在"纵格得草木来，如何反来诚得自家意"①。

君子"存心"存养的是"四端之心"，"四端之心"虽然是由"发明本心"的工夫发现，但"四端之心"作为人异于禽兽的大本源是客观存在的，即使人未能由"发明本心"的工夫觉识它，它也会潜在地发挥作用，使人表现出异于禽兽的行为而为人。因此，可以根据"发明本心"与否，将"四端之心"区分为两种存在状态：一是经"发明本心"，人已觉识到自己有"四端之心"，"四端之心"处于自觉的状态；二是未经"发明本心"，"四端之心"并没有被发现，"四端之心"处在潜在的、自发的状态。

依据"四端之心"的两种存在状态，存养"四端之心"的"存心"可以有两种不同的类型：一种是自发的"存心"，"四端之心"处在潜在、自发状态下的"存心"；另一种是自觉的"存心"，"四端之心"处于自觉状态下的"存心"。关于自发的"存心"，由于"四端之心"未能被觉识，故传统上，自发的"存心"并不称其为"存心"，在孔子、荀子那里更多的是学礼，在朱子那里更多的则是格物穷理，其名虽不同，其意却相同，都是获取客观的道德规范以滋养潜在的"四端之心"。孔子与荀子、朱子都有自发的"存心"，这是三人相同的一面。但孔子也有与荀子、朱子不同的一面，荀子、朱子始终停留于自发的"存心"，即学礼与格物穷理上，未能"发明本心"，而孔子则"下学而上达"，由自发的"存心""发明本心"觉识到"仁"，由此进入到自觉的"存心"，"人而不仁，如礼何？人而不仁，如乐何？"仁心构成了学礼、习乐的前提和基础，在仁心昌明的前提下以礼、乐滋养仁心，这

①《传习录》。

是自觉的"存心"。孟子、象山、阳明正是顺着孔子仁学，"发明本心"，讲自觉的"存心"。

儒家两种类型的"存心"工夫虽然不同，但其实质皆是"存心"。只不过自发的"存心"由于缺乏"发明本心"的环节，人们没有认识到其也是一种"存心"，只把它仅仅当作学礼、格物穷理看待了。而自觉的"存心"由于是在"发明本心"的基础上进行的"存心"，人们又把它混同于"发明本心"。在上述遮蔽下，儒家"存心"修养工夫未能得到足够的重视。

四、君子"存心"的过程及其目标

君子"存心"是在"四端之心"这一大本源的基础上，以仁义礼智存养"四端之心"，经历信、美、大，最后达到圣、神的精神境界。

> 可欲之谓善，有诸己之谓信，充实之谓美，充实而有光辉之谓大，大而化之之谓圣，圣而不可知之之谓神。[1]

君子"存心"以生来即有的"四端之心"为基础，仁义礼智根于心，仁义礼智之善便是可以求得的，此即"可欲之谓善"；仁义礼智之善可以求得，进而求之，必然有所得，此即"有诸己之谓信"；由所得仁义礼智之善，继续求之不懈，必然导致所得的仁义礼智更加充实，此即"充实之谓美"；坚持不懈地求仁义礼智之善到一定程度必然会向外展现出美好的人格形象，此即"充实而有光辉之谓大"；美好的人格足以吸引人们欣赏并追随，进而达到教化民众的效果，此即是"大而化之之谓圣"；所得仁义礼智之善而又显得无所得，如舜"取诸人以为

---

① 《孟子·尽心下》。

善，是与人为善者也"①。取众人之善而为善，便可达善之集大成，"孔子之谓集大成"②。取众人之善集大成而化育众人，乃是化而无化，此即"圣而不可知之之谓神"。

君子"存心"，由先天的"四端之心"，经信、美、大而达圣、神，在这一过程中应当"盈科而后进"而不能"揠苗助长"。也就是说，君子"存心"应当顺乎"四端之心"自我完善的规律而对"四端之心"进行存养，而不是人为地助长。

宋人有闵其苗之不长而揠之者，芒芒然归，谓其人曰：'今日病矣！予助苗长矣！'其子趋而往视之，苗则槁矣。天下之不助苗长者寡矣。以为无益而舍之者，不耘苗者也；助之长者，揠苗者也——非徒无益，而又害之。③

正如禾苗有其生长的自然规律，不能人为地助长一样，对"四端之心"的存养也不能急于求成。人们只能创造适宜"四端之心"存养的环境，而不能以外力强行助长"四端之心"。以外力强行助长"四端之心"，实际上已经不是存养"四端之心"，而是以外力强制塑造，这不仅无助于"四端之心"的存养，反而会害了"四端之心"。因此，"四端之心"的存养不能助长，只能顺其自然"盈科而后进"。

君子"存心"，顺乎自然存养"四端之心"，关键是"急先务"之为急④，从首要的问题、根本性的问题出发，存养"四端之心"。存养"四端之心"首先从爱自己的亲人出发，由此"盈科而后进"，推及仁

①《孟子·公孙丑上》。
②《孟子·万章下》。
③《孟子·公孙丑上》。
④《孟子·尽心上》："知者无不知也，当务之为急；仁者无不爱也，急亲贤之为务。尧、舜之知而不遍物，急先务也；尧、舜之仁不遍爱人，急亲贤也。不能三年之丧，而缌小功之察；放饭流歠，而问无齿决，是之谓不知务。"

爱他人、爱护万物，"亲亲而仁民，仁民而爱物"①。在人伦日用之中，以仁义礼智养心。"舜明于庶物，察于人伦，由仁义行，非行仁义也"②，舜"察于人伦"，即是察父子、君臣、夫妇、长幼、朋友等这些人伦关系所遵循的行为规范，并以这些行为规范养心，心由此获得了仁义礼智等道德规范，这就是"君子所以异于人者，以其存心也。君子以仁存心，以礼存心。仁者爱人，有礼者敬人。爱人者，人恒爱之；敬人者，人恒敬之"③。君子"以仁存心，以礼存心"，即君子以仁义礼智养心，从而获得了有别于庶民的仁义礼智，并以此仁义礼智爱人、敬人，从而获得他人的爱与尊敬。

君子不断地以仁义礼智存养"四端之心"，就会达到尽心知性知天。

孟子曰："尽其心者，知其性也。知其性，则知天矣。存其心，养其性，所以事天也。夭寿不贰，修身以俟之，所以立命也。"④

"尽心"之"尽"是"器中空"，引申为"竭尽""全部用出"。"尽心"就是竭尽心之所能，将心之所能全部用出。而心之所能即是能仁义礼智，"仁义礼智根于心"⑤。君子"存心"，以仁义礼智养心，从一定意义上来说也是养心的仁义礼智之能，将心之所能彻底释放出来而达到"尽心"。也就是说，"尽心"是养心而达到尽显心的仁义礼智之能，尽显仁义礼智之能即是呈现出全部的仁义礼智之德。孟子的心即是性，性即是心，心的仁义礼智之能尽显，心的仁义礼智之道德规范尽生，即可知性之能是能仁义礼智，性之内容是仁义礼智，这即知性。

---

① 《孟子·尽心上》。
② 《孟子·离娄下》。
③ 《孟子·离娄下》。
④ 《孟子·尽心上》。
⑤ 《孟子·尽心上》。

而性之能与性之内容乃天之所予、天之所命，知性即知天之所能、天之所命，知天之所能、天之所命即知天。可见，君子"存心"的极致就是达到"尽心"，由"尽心"而达到心、性、天的贯通，从而实现天人合一。

"尽心知性知天"是君子"存心"的理想所在，君子"存心"并不能保证皆可达到"尽心知性知天"，君子只有不断地"存心"，将"存心"充其极才可以达到"尽心知性知天"。也就是说，君子"存心"职责在于不管夭寿，始终坚持以仁义礼智"存心"，以期达到"尽心知性知天"，这是君子由"存心"达成"尽心知性知天"的不二选择。由"存心"而达"尽心知性知天"、达天人合一，是君子"存心"的终极目标，实现这一终极目标既要建基于先天的道德根基"四端之心"这一人异于禽兽的"几希"，亦需要后天不断地"存心养性"以"事天"。

论文明的创建

——基于朱熹《近思录》与王守仁之"君子"

潘玉爱*

摘要： 中华优秀传统文化中的一部分是儒家文化，而儒家文化中"君子"的意义与价值扮演着穿梭时空长河的纺锤一角。在经典文献中，"君子"具有不同内容与特征，如《诗经》和《论语》中的"君子"就有显著的不同。它在经过时间和社会的迁移后，是一成不变，还是华丽转身？探讨文明创建的议题，不可略过"新""旧"的理解，从"新儒"到"君子"，或许能让我们看到含藏的人文驱动力。本文从理学观照朱熹《近思录》与王守仁的"君子"，探察两人的道学思维是以什么原理与价值重建一代精神文明。再从他们对君子之道与君子之学的论述，探讨两人怎么从古代儒学的君子义下承继与创新，而产生人文价值的驱动。

关键词： 文明；理学；朱熹；王阳明；君子

一、前言

在中华传统儒学的文化内，"君子"的意义与价值扮演着穿梭时空长河的纺锤。学界注意到"君子"意涵对我们自身文化的影响性，展开对君子所涉及的多个层面范畴进行探讨[1]，或从《易》《论语》《大

---

* 潘玉爱，玉林师范学院政法学院博士，研究方向主要为宋明理学、应用伦理。
[1] 李长泰：《天地人和——儒家君子思想研究》，人民出版社，2012年版。

学》《孟子》《荀子》等经典爬梳出君子的论述，凝练出君子的不同向度①。

"君子"的概念可追溯到最早的经典，在五经和《易传》随处可见，如"君子至止，锦衣狐裘"②。百姓赞颂一国"君子"之外在的美好服饰形仪，意指一种伦理义血统或正统"位"的表征，而身处社会贵族阶层成员，此"位"属于外在环境的条件，是侧重于外在的价值。相映之下，从《论语》到《中庸》所显示的君子是以形上义的"道"为伍，超越实质一般性地短见个人的谋利禄。是以内蕴于个人所具备的内在本质，强化"德性"而弱化"位"，如"君子道者三，我无能焉：仁者不忧，智者不惑，勇者不惧"③。内在于人的质性上论述君子之道，并透过种种论述解说作（成）为君子的条件。由之，古代传统儒学的"君子"义，由崇"位"转向尊"道"，其中加重君子形塑过程的内蕴方式，又与当时士人阶层结合，作为一种人生处世哲学的传授，以树立士人们崇高的理想，并调动他们从"学以致其道"④。尤其，在宋明时期的儒学，钱穆认为，"宋之新儒"⑤，这是从引领学术与文化的层面而言。"新儒"中"君子"的内涵，有何不同？随着不同时代所面临的儒学内部对道、学的问题，和夹杂外部"位"与"政"局的因素，儒者论述与诠释的"君子"也就不同。

在儒学阐释与发展君子之道的条件时，其目的是导向如何为君子，寻找经典的思路可见《礼记·大学》所说"'如切如磋'者，道学也"。这里所说的道学，始终未被注意。明代黄百家在《宋元学案》评论元代人的短陋，《宋史》不须于列传内别立出道学，同于往昔史书之

---

①李洪峰：《中国古代的君子文化》，紫禁城出版社，2011年版。

②李学勤：《十三经注疏·毛诗正义·上》，北京大学出版社，1999年版，第425页。

③《论语·宪问》。

④《论语·子张》："子夏曰：'百工居肆以成其事，君子学以致其道。'"

⑤钱穆：《朱子学提纲》，生活·读书·新知三联书店，2002年版，第8页。

例，以儒学论列宋足矣已①。《明史》在这却是认为，"以明伊、雒渊源，上承洙、泗，儒宗统绪，莫正于是。所关于世道人心者甚巨，是以载籍虽繁，莫可废也"。两者不同立场，一是就君子的构成以道为学，志于道，无法以名强化此学；另一是从此学术的出发点，可知在宋代发展出儒学新形态，名之道学，此称源自北宋王景山（讳开祖）。王开祖"倡鸣'道学'二字，着之话言"，首创"道学"一词。至南宋时期，道学②又称理学，是宋明时学术的流派。而宋明理学内部，就理论宗旨还可区分程朱③与陆王之学，朱熹与王阳明之学所形成的新儒学，就在如此学术氛围下生发与碰撞④。学界对朱熹的君子研究，关注在其《论语》的诠释的分析，如乐爱国《朱熹解〈论语〉中的"君子""小人"》⑤、徐国明《朱熹论"君子"之判别——围绕〈论语〉"视其所以"章展开的分析》⑥、卢春红《朱熹释"君子之道费而隐"句》⑦，

---

① "今无故而出之为《道学》，在周、程未必加重，而于大一统之义乖矣。统天地人曰儒，以鲁国而止儒一人，儒之名目，原自不轻。儒者，成德之名，犹之曰贤、曰圣也。道学者，以道为学，未成乎名也，犹之曰志于道。志道可以为名乎？欲重而反轻，称名而背义，此元人之陋也。"见黄宗羲：《黄宗羲全集》第19册《南雷诗文集上》，吴光主编，浙江古籍出版社，2012年版，第194页。

② "道学之名，古无是也。三代盛时，天子以是道为政教，大臣百官有司以是道为职业，党、庠、术、序师弟子以是道为讲习，四方百姓日用是道而不知。是故盈覆载之间，无一民一物不被是道之泽，以遂其性。于斯时也，道学之名，何自而立哉。"见《宋史·列传第一百八十六·道学一》。

③《宋史》："尝谓圣贤道统之传散在方册圣经之旨不明，而道统之传始晦。"朱熹传道统是以传经为宗旨。

④ 自元代延祐年，将四书与五经并列为科举考试的内容，使四书成为士子必读之书。朱子所编四书为读书人必读之经典，明清官学与儒家学术发展也是对四书的研究，这种情况一直延续到清末。

⑤ 乐爱国：《朱熹解〈论语〉中的"君子""小人"》，《江南大学学报（人文社会科学版）》2020年第3期。

⑥ 徐国明：《朱熹论"君子"之判别——围绕〈论语〉"视其所以"章展开的分析》，《湖北大学学报（哲学社会科学版）》2017年第5期。

⑦ 卢春红：《朱熹释"君子之道费而隐"句》，《新宋学》2003年第1期。

此乃就朱子46岁时成的《近思录》的论述，探讨他在理学意识下的君子。

据《明史·儒林一》"宗守仁者曰姚江之学，别立宗旨，显与朱子背驰"，朱熹是依"守儒先之正传，无敢改错"。直到明代陈献章与王守仁不墨守经传，他们的论说仍关注于"衍伊、雒之绪言，探性命之奥旨"，明代何瑭①评论王阳明之学，"是时，王守仁以道学名于时，瑭独默如"②。《明史·儒林一》何以同侪对王阳明之学的肯认？王阳明最后提出朱子晚年悔悟与转变的看法。两人皆以道学为宗，今从他们对君子之道与君子之学两个层面的论述，探讨两人怎么对既有古代儒学的君子义进行承继与创新。从朱子与王阳明中"观"儒家体系中的意义讲，是有助于我们完整地理解其德性的丰富含义，更有助于我们考察他们理想人格的一种现方式。

二、理学与《近思录》的君子

朱熹的思想促使儒学理学发展，对后世的影响不同凡响。张立文认为，"朱子学超越国界而走向世界"③。朱子与吕祖谦所编辑《近思录》是北宋四子的哲学，他们重构四子的理论，设置在自身所拟定的哲学理论体系，在此可见周敦颐、程颢、程颐、张载的君子义，也可关注朱子的君子，朱熹曰："四子六经之阶梯。"④钱穆曾提道："后人治宋代理学，无不首读《近思录》。"陈荣捷认为，"《近思录》为我国第一本哲学选辑之书，亦为北宋理学之大纲，更是朱子哲学之轮

---

① 何瑭(1474—1543)，字粹夫，号柏斋，河南武陟人。明朝政治人物，进士出身。与湛甘泉等修明古太学之法。

② 张廷玉等:《明史》第5册，岳麓书社，1996年版，第4113页。

③ 张立文:《中国思想家评传丛书·朱熹评传》，南京大学出版社，1998年版，第1页。

④《朱子年谱》卷二。

廓"①。由之，我们可以透过观照《近思录》，理解新儒学的君子义。

（一）四子的圣人与君子

《近思录》的选材，关系朱熹、吕祖谦何以要编辑《近思录》。要明白此，需从他们自身的观点共同论述。《近思录》是为了初学道学者而作，适于"日用"。他们另有阐发，朱熹说："相与读周子、程子、张子之书，叹其广大闳博，若无津涯，而惧夫初学者不知所入也。因共掇取其关于大体而切于日用者。"他们认为周敦颐、程颢、程颐、张载之作博大精深，为能使初学者不畏惧，可入门。选材的方矩是"大体而切于日用"，是以纲要并且贴近生活的智慧，不以高深和玄妙语词，这是朱熹的体用论。朱熹称四子为四君子，可见他对四人的推崇。

吕祖谦针对首卷之旨说明，他说："疑首卷变化性命之说，大抵非始学者之事。"他揭示道学的议题——"变化性命之说"，为初学者解疑，知此"道"虽不是初学者所关怀注重的，而是为了让初学者"知其名义，有所向往"。他的说明使我们明白《近思录》思维脉络，增进对《近思录》纲目与内容的理解。除首卷之外，其他卷次为"讲学之方，日用躬行之实"。他注重讲学的方法和行为实践，有层次、近而远、循序渐进，这即是他命名"近思"之意也。

他与朱熹共同所辑四子之言，两人所立论的纲目和择取的内容为何？纲目可见是从本体论出发，先论道后列治，将道与治分野，各为其"体"。清代张伯行②认为，道体是"学者溯本原而穷其究竟，则学问之纲领在是矣"。道体着重在个人生命与学问的本源，可见其分项为学、致知、存养、克己、家道、出处；在治的理论上，分项是制度、政事、教学、警戒、异端、圣贤；内容论述以"圣人为用"为其构成

———————————
① 陈荣捷：《近思录详注集评》，华东师范大学出版社，2007年版，第1页。
②《续近思录》乃采辑朱子之语，为之疏解，是朱熹理学和论学要旨的概括和阐扬。

的经纬。此引四子的论述，其中提到圣人120次，君子51次，北宋理学重圣人之说，但也提君子；圣人与君子两说双列共3处，是以前后而论，如下：

故圣人与天地合其德，日月合其明，四时合其序，鬼神合其吉凶。君子修之吉，小人悖之凶。故曰："立天之道，曰阴与阳。立地之道，曰柔与刚。立人之道，曰仁与义。"①

圣人发明此理，以见阳与君子之道，不可亡也。②

圣人之常，以其情顺万事而无情。故君子之学，莫若廓然而大公，物来而顺应。③

这显示法先圣的思维，周敦颐《太极图说》所依《周易·文言·乾》的内容诠释，而原经典非用圣人，而是"大人"，是指在高位，周子置换为圣人，是指有完美品德的人，周子以两种人格为区判，强调君子作为在"修"的过程与所得为吉。君子修天、地、人之道。这出自程颐《程氏易传·剥传》，乃他就《周易·剥》卦，上九爻，"硕果不食，君子得舆，小人剥庐"④。他诠解此卦是圣人发现的道理，为显示阳（如或明亮）与君子之道是不可能消亡的。这圣人是指孔子。程颢这段文是出自《二程文集·卷二·答横渠张子厚先生书》，他认为圣人之所以能无所不适，是因为圣人的情能顺应万事而无个人之情，他认为君子要通过学习朝着圣人的方向努力，主要是学推广自身而能大公与可顺应万物。

其次，在《为学》卷中，选取《二程文集》卷九据程颐答朱文书书信，论及圣贤之言与君子，这是程颐指出圣人之言是为理明，尽天

①《近思录·道体》。
②《近思录·道体》。
③《近思录·为学》。
④ 李学勤:《周易正义》,北京大学出版社,1999年版,第110页。

下之理，所以是以简约。而后之人以文章为先，言多于圣人是赘言、不能言其要，则离真失正。程颐回复朱长文如何"欲使后人见其不忘乎善"。伊川认为此是世人的私心，亦举孔子之例"没世而名不称"，他总结"名"可以激励中等人的向善，君子的心是存养，非急切、努力追求。可见伊川认为君子存养要学圣贤。在这，择引张载论述的君子，只有一处，张载曰：

"精义入神。"事豫吾内，求利吾外也。"利用安身。"素利吾外，致养吾内也。"穷神知化。"乃养盛自至，非思勉之能强。故崇德而外，君子未或致知也。

这段文源自张载《正蒙·神化》，他强调圣人的德行，是内外涵养自然达到德行极盛时，而不是努力就可以勉强达到。同时，君子以提高自己的德行，不去获取别的知识。

以上，四子的圣人与君子不是一种位阶的差异，是人的内在特性的别异，但这样的别异可透过"修习"而使差距缩小，两者皆朝向天、地、人之"理"与"道"迈进，君子是性质阳、不消失，可经过"学"推广自身，而能大公与可顺应万物。君子的修与学是提高自身德行。从四子的圣人与君子的论述，可见朱子所认同的君子。又如清代张伯行宗于朱熹，他说："朱子尝辑《近思录》，终以四子，以明道统之复续。"[1]他略过吕祖谦只专述朱子承袭圣学，他说："宋朝诸儒崛起，时则周子倡之于先，二程子张子遂从而推广之，而圣学复明……至我朱子集其大成。"[2]他特辑《续近思录》，纳入朱熹与吕祖谦在《近思录》所订纲目，编列朱熹的论述发明朱子哲学，同时诠解朱熹的论述，其

---

① 张伯行：《续近思录·广近思录》，张文校点，华东师范大学出版社，2014年版，第262页。

② 《续近思录》卷十四。

中可见张伯行提列朱熹的为学大要与圣贤相传之统，朱子宗主儒学的传袭强调的是孔、孟子。

（二）日新与发明的君子

承前所述，当代学者对朱熹君子的研究，一般从朱熹注解《论语·为政》，或《论语》的君子与小人等的探讨，未有从其哲学理论的脉络论。我们透过朱熹与张伯行的双重视域，可见理学"发明"义下的基础和条件。《近思录》原纲目卷二为学大要、卷七出处进退辞受之义和卷一〇君子处世之方，就整体而言，这三卷涉论君子的论述，占比是高于其他十一卷，从其纲目推论他认为君子所重是为学、出处和处事。

他在《为学大要》择选二程子所论的君子日新观，意思是君子学道要做到日新，日新是天天进步，不天天进则天天退；唯有圣人的学问已达极致，才没有进退，这是一种进步的世界观，即蕴示一种文明创建思维。朱熹与《续近思录》所提朱子之说，如下：

> 为学极要求把篙处著力。到工夫要断绝处，又更增工夫，著力不放令倒，方是向进处。为学正如撑上水船，方平稳处，尽行不妨。及到滩脊急流之中，舟人来这上一篙，不可放缓。直须著力撑上，不得一步不紧。放退一步，则此船不得上矣！①
>
> 学者最怕因循。又曰：为学正如撑上水船，一篙不可放缓。②

前面是朱熹原本的论述，强调学会在撑船工具上施力，关键是工夫的著力持续，是朝向进步之处，尤其是急流的情况，一步不紧就放退一步。这有如二程子君子不进则退的思路，而朱熹的论述没提及君

---

① 黎靖德：《朱子语类》第1卷，杨绳其、周娴君校点，岳麓书社，1997年版，第125页。

②《续近思录·卷二·论学》。

子对象，而是以为学，是如《近思录》的卷二的纲目，朱熹就特殊情况强化不进则退的力度；我们再看张伯行《续近思录》，他将朱子的论述概括简化，我们如只看《续近思录》理解朱熹的思想，就看不出朱熹日用生活水船撑篙的隐喻和类比的论述，这是一种创造性的阐发。

然而，我们从张伯行所作《续近思录》，可知他原初是秉持着发明之旨，他说："爰不揣固陋，谬为诠释，冀有发明于前人未尽之意，且期无负乎朱子诲诱后进之深心。"①他所指的发明，是指创造性地阐发前人不足、未达到，或不知的义理。当然，"发明"的阐释的另一面，是如清代刘鹗所说："但是宋儒错会圣人意旨的地方，也是有的，然其发明正教的功德，亦不可及。"②朱熹曾言：

吕氏曰："君子反经而已矣，经正斯无邪慝。今恶乎异端，而以力攻之，适足以自蔽而已。"说得甚好；但添得意思多了，不敢保是圣人之意。圣人之意，分明只是以力攻之。理会他底未得，枉费力，便将己业都荒了。③

《孟子·尽心下》："君子反经而已矣，经正则庶民兴，斯无邪慝矣。"孟子所指反经是指归于常道、常理。在此，朱熹提吕与叔④论述君子反经和《论语·为政》："攻乎异端，斯害也已。"吕与叔的论点"适足以自蔽"是指只是充足适度以为被自己的成见所囿。他一方面给

---

① 张伯行：《续近思录·广近思录》，张文校点，华东师范大学出版社，2014年版，第2页。

②《老残游记·第九回》。

③ 黎靖德：《朱子语类》第1卷，杨绳其、周娴君点校，岳麓书社，1997年版，第529页。

④ 吕大临（1042—1090），字与叔，北宋京兆蓝田（今陕西蓝田）人。他尊张载为师，张载逝世后，吕大临转师二程，并成为程门高足，不放弃关学的基本思想宗旨，不背其师，黄宗羲在《宋元学案》中称"吕氏为关中学派蓝田系"。他编写《吕氏乡约》《乡义》等。朱熹少年时代读吕氏的书受其影响。

予正面肯定，另一方面又提到吕与叔未得而"添得意思多"，即领会和诠解过度。朱熹认为君子反经，是指君子是万世不易之常道也，而异端是指"非圣人之道，而别为一端"。他认为主要的理解是在"以力攻之"即是《论语》原本的"攻乎"。朱熹从认知的层次看，因理会而得才不废己业。

综上，从《近思录》到《续近思录》耙梳朱熹君子之学与张伯行的理解，可见朱熹以一种创造性的阐发，涵括日新进步的世界观。张伯行亦是以"发明"为己任。理学的形态是提供文明创进的根基，以创造性的阐发指导朝向一种君子之学的社会。

三、理学与王守仁的君子

文明创建的基础，思想是核心，如何共建未来的探路灯，是历代哲学家所思索的问题。宋明两代的精神最重要的不同是承载的阶层。承续《近思录》与朱熹、吕祖谦的观点，我们从王守仁的君子看见文明创建需要一种"廓然而大公"的态度，因为"公"可造福的不仅是个人，还可促进更多数的他者，让人人都可顺应。他主张智不能用于私意与自私。

（一）"公心为同"与王守仁的君子

学界对王守仁君子观的探讨，多是从他个人生命经历上着墨，或是就其理想主义的思想。这些是王阳明哲学鲜明的特色，使我们研究他的学问时无法略过与忽视，如多数以王阳明"龙场悟道"①作为切入

① 见王胜军：《王阳明"龙场悟道"中的君子之学发微——以龙场四学记为中心的考察》，《贵州文史丛刊》2018年第4期；乐爱国：《王阳明的"格竹"与"竹有君子之道》，《贵阳学院学报（社会科学版）》2020年第5期；刘子聿：《从〈君子亭记〉看王阳明的君子观》，《文教资料》2019年第20期。

其君子观的探讨。诚然，王阳明学问的转折是由尊朱子之格物说转出自身终极性命之理。但这仅是他学思的部分时期，若将时间轴拉长，更重要的是理学的形态所提供的丰沃养分，让他经历学思的多重辨析，犹如朱熹所言的"滩脊急流之中"的奋力撑篙"著力撑上"。

王阳明早年对朱熹的"格物"哲学是极为推崇的，这是朱熹从《大学》的理论提出其学说的基础。王守仁在被贬谪时，按照朱熹的物之理"格竹"七日，仍无法领会圣人之理。后来学者多以此为据，认为王守仁是反对朱熹的，但实际上王守仁对于朱陆之学的看法是：

曰：君子之学，岂有心于同异？惟其是而已。吾于象山之学有同者，非是苟同；-其异者，自不掩其为异也。吾于晦庵之论有异者，非是求异；其同者，自不害其为同也。假使伯夷、柳下惠与孔、孟同处一堂之上，就其所见之偏全，其议论断亦不能皆合，然要之不害其同为圣贤也。若后世论学之士，则全是党同伐异，私心浮气所使，将圣贤事业作一场儿戏看了也。①

他从圣贤的格局观照，认为朱陆和自身对于君子之学在"心"的层面上是有一致性，同此心，同此理。就陆九渊之"学"，他所指学是学问或系统的知识，各自有所同、有所异；特别是他和朱熹之"论"，论是指分析阐明事物道理的文章、理论和言论，或是主张，自己与朱熹主张，不同处不是为不同而异；相同处，不损主张的相同。君子之学共同、相通性的特质是成为圣贤，相异是所见和论断。他评论自伯夷、柳下惠与孔、孟后，论学之人不为圣贤而是为私心伐异。我们现今对王守仁面对朱陆之学如是判分他们的学说而归类。在另一处，可清楚看见他评论宋代理学的准绳，王阳明说：

① 王守仁:《王阳明全集》，吴光、钱明、董平等编校，上海古籍出版社，2012年版，第176—177页。

仆常以为世有周、程诸君子，则吾固得而执弟子之役，乃大幸矣，其次有周、程之高弟焉，吾犹得而私淑也。不幸世又无是人，有志之士，伥伥其将焉求乎？然则何能无忧也？忧之而不以责之己，责之己而不以求辅于人，求辅于人而待之不以诚，终亦必无所成而已耳。①

王阳明称周濂溪和二程为君子，可见他对他们推崇，使他可自称弟子，并幸而成为他们的弟子，使他可以取得善良、美好，《孟子》："有私淑艾者。"②王阳明认为自身之学是间接承袭北宋周子与二程子的善美。在《传习录拾遗》语录，记述他在赣州还亲笔写周子《太极图》及《通书》"圣可学乎"。对周濂溪的"无欲故静"，他提出其学说是主静之说，实兼动静。

在《答徐成之书三（壬申）》中，他论及自身学说不是单独重视陆九渊，其实是舍不得朱熹，是可体察朱熹的意思。王阳明认为世俗之见是误解圣贤的高与纬，"将有不待辩说而释然以自解者"。他引孟子的话佐证："君子亦仁而已，何必同？"仁是君子所求的准则，岂一定要相同。其次，在《答徐成之（壬午）》，他提及对当时独私朱熹的士儒和学界的问题，对于对待朱陆之学说的态度差别，即看重朱熹视为大儒，就偏私于朱熹，诋毁陆九渊之学，以朱熹为正论。他从《论语》中③，孔子弟子子贡之言说朱熹有"君子之过"，指说朱熹思想在当时社会所造成的效应影响性。他回到自身对于朱子思想的态度，从个人经验和反省个人的作为"以小人之见而文之""非徒顺之，又从而为之辞也"，不因偏见与私而失去"君子"的原则。并且最终提醒我们，朱熹是以"圣贤君子之学"期望后代学者，而士儒学者则以为尊

---

① 王守仁：《王阳明全集》，吴光、钱明、董平等编校，上海古籍出版社，2012年版，第670页。

②《孟子·尽心上》。

③ 子贡曰："君子之过也，如日月之食焉。过也，人皆见之；更也，人皆仰之。"见《论语·子张》。

朱的隐饰、诋毁等行为，其实是"事之以事小人之礼"。公正地对待学术，王阳明认为君子亦会有犯错的问题，更重要他能改正。论述他所持的君子与小人的观点。他从源头上看，在人的思虑落脚处，也正是君子所做的功夫，有所分别是其"分"上是自然而然，还是勉然而为。

王阳明从上层终极、形上的"道"论述其属性，到下层知识、伦理层面的"学"，皆具有共同、一致性在"公"，不专于一人之说。他认为"公言"是：

> 故言之而是，虽异于己，乃益于己也；言之而非，虽同于己，适损于己也。益于己者，己必喜之；损于己者，己必恶之。然则某今日之论，虽或于朱子异，·未必非其所喜也。·君子之过，如日月之食，其更也，人皆仰之，而小人之过也必文，某虽不肖，固不敢以小人之心事朱子也。①

他提出公言是以君子和小人之过的不同，一是暂时能更改，一是持续掩盖文饰，他界明自己视朱熹为君子。无疑是要警醒我们，君子虽是历代儒家的理想人格者，他不将君子崇高化，而是平常、偶有的过错，使"君子"更贴近一般人行为。朱承在《君子观念的理论反思》提道："从'推致'的角度看，儒家哲学中强调内在德性的孟子与王阳明的心性思想中，由内而外的功夫论表现得较为明显。"②他认为要以是非作为判断，不为个人的"损""益"。倪德卫就从孟子与王阳明的参照③认为，王阳明打破不能以认识为个人私欲护航。这样的思路，在

---

① 王守仁：《王阳明全集》，吴光、钱明、董平等编校，上海古籍出版社，2012年版，第68页。

② 朱承：《君子观念的理论反思》，《学术界》2017年第1期，第129页。

③ "王阳明以及其他新儒家来说，'私欲'的内在控制是很重要，但是，孟子的内在'养育'则注重在正确方向的满足之情的正面加强效果。"见倪德卫：《儒家之道：中国哲学之探讨》，周炽成译，江苏人民出版社，2006年版，第61页。

未来文明创建上，是我们从事公共事务必须注意的原则。

（二）立命与素而学

从王阳明的生命经历看，他一生离不开流寓、颠沛，早期官场生涯遭受贬谪，晚年受命平恩州、思田之乱，在磨难期间，并不影响个人心志。正是因为王阳明"理会他底"而得，不枉费力认识的表层，直透在提高自身视域而创建己业。

他一生随遇而安，虽生活处于困顿，"居久，夷人亦日来亲狎。以所居湫湿，乃伐木构龙冈书院及寅宾堂、何陋轩、君子亭、玩易窝以居之"①。从王阳明对生活日常的居处命名，可见其思维的底蕴。"君子亭"一物，亦知君子之思是常驻其心，他借物木筑之"轩""亭"、植物"竹"抒志，表现他所认识和理解君子的形上本体，非以人伦世界道德德性智、仁、勇形式的词语，而是在理学浸润下，"万物一体"宇宙论的底蕴，将儒学转向承从于自然世界规律，转化于现实之境的超验精神。他说：

竹有君子之道四焉：中虚而静，通而有间，有君子之德；外节而直，贯四时而柯叶无所改，有君子之操；应蛰而出，遇伏而隐，雨雪晦明无所不宜，有君子之时；清风时至，玉声珊然，中采齐而协肆夏，揖逊俯仰，若洙、泗群贤之交集，风止籁静，挺然特立，不挠不屈，若虞廷群后，端冕正笏而列于堂陛之侧，有君子之容。竹有是四者，而以'君子'名，不愧于其名；吾亭有竹焉，而因以竹名名，不愧于吾亭。②

① 王守仁:《王阳明全集》,吴光、钱明、董平等编校,上海古籍出版社,2012年版,第1007页。

② 王守仁:《王阳明全集》,吴光、钱明、董平等编校,上海古籍出版社,2012年版,第735页。

　　王阳明以竹喻君子之道的方方面面，如德、操、时、容，他描述以竹之形貌：通而有间、贯四时而柯叶无所改、雨雪晦明无所不宜、挺然特立、不挠不屈，从竹于自然所展示、经四时风雪等情况，以形下竹子的生态来说明君子的特性，物喻志节让君子之道更容易被一般人学习和效法，王阳明使用语言，是以对象可接受的论述，不是以儒士们熟悉经典的语言论述君子，促使君子之道更贴近可知、可学和可行。有学者认为，"王阳明所说的'大人'就是君子，认为他们能以天地万物为一体，以一体之'仁'为本，慎其内心的起心动念，去其私欲之蔽；而明明德立其天地万物一体之体也"①，"大人"一词所指是以"位"为重，是以"得君行道"的思路，即是科举儒士的学习语言，不同于见其情性的《君子亭记》，王阳明对君子的论述是从不同面言"君子之道"，可不依托经典见其志性的论说，因为他的君子见解，认为君子是通过立命和素其位而学，不仅是《四书》精义上理解。从王阳明所论的君子之道，其弟子所学而得知，认为王阳明就是"行"君子之道，从居亭、遇屯、行朝、行夷、其交、其处，以上的论述都能符合德、操、时、容的要求。弟子认为王阳明是谦以借竹论，王阳明自认"抑学而未能"。在此，可看到王阳明无疑也擅用自然物景的环境教育方式，让弟子直接浸润在自然之中，以生命直视生命（竹和自身），或说生命与生命的相遇，才使我们更能确切在真实中体知躬行，即体现他所主张实践"万物一体之仁"。王阳明君子之道的学习，新诠亦是开启当时儒士们另一种更深刻和贴近自然的生命学习。他透过君子之道语言的转换，改变儒士对君子之道的广度和深度，是对儒士文化的创建。

　　为什么王守仁的君子之道是一种文化精神的创建？一是他个人生

---

　　① 见陆国丽：《浅析《大学》的君子观》，《黑龙江史志》2014年第17期，第24页。

命经历促使，另一是他对"道学"的认识。他承袭、联结孔子的君子①
畏天命、孟子善与事天的理论，再重新诠释孔、孟②的天命观，他说：

> 今且使之不以夭寿贰其为善之心，若曰死生夭寿皆有定命，吾但
> 一心于为善，修吾之身，以俟天命而已，是其平日尚未知有天命也。
> 事天虽与天为二，然已真知天命之所在，但惟恭敬奉承之而已耳；若
> 俟之云者，则尚未能真知天命之所在，犹有所俟者也，故曰所以立命。
> "立"者"创立"之"立"，如"立德""立言""立功""立名"之类，
> 凡言"立"者，皆是昔未尝有而本始建立之谓，孔子所谓"不知命，
> 无以为君子"者也。故曰"此困知勉行，学者之事也"。③

首先，王阳明对于人生与其心志，有两种不同的看法：一是"俟
天命"，一是"事天"。他认为不是因为短命与长寿而言"为善之心"，
短命与长寿是有限、形下和有明确定数的生命。他主张从伦理的主体
论述与生命的关系，"一心为善"是确立人是主动积极的伦理行为者，
可透过"修身"完成生命的内涵，等待偶然、特殊之时的机运。"俟天
命"是给已做好准备者的思维，是尚未能真知天命。另一种论述，"事
天"的脉络下是分：已真知天命和尚未能真知天命。更重要的是"尚
未能真知天命"这类，其在"有所俟者也"条件下，是以"立命"。他
强调人心志的自主、积极性"立"，"未尝有而本始建立"这内蕴一种
进步和发明创新的思维，他引《论语·尧曰》中孔子之言，说明知命
是君子该具备的条件。他最后强调学习不是只传习，学者更重要的是

---

① 孔子曰："君子有三畏：畏天命，畏大人，畏圣人之言。小人不知天命而不畏
也，狎大人，侮圣人之言。"见《论语·季氏》。

② 孟子曰："尽其心者，知其性也。知其性，则知天矣。存其心，养其性，所以事
天也。夭寿不二，修身以俟之，所以立命也。"见《孟子·尽心上》。

③ 王守仁：《王阳明全集》，吴光、钱明、董平等编校，上海古籍出版社，2012年版，
第38—39页。

往未知迈进，以"困知勉行"作为"立"的过程，即可有附属于君子的德、言、功、名。

王阳明与友人回顾以前在贵州的三年生命，他个人的体知，使他相信孟子的忧患意识，他深刻体悟儒家行与学，先论述《礼记·中庸》"君子素其位而行"学说。他强调和深化君子再居位时要"素而学"，他说：

> 后之君子，亦当素其位而学，不愿乎其外。素富贵，学处乎富贵；素贫贱患难，学处乎贫贱患难；则亦可以无人而不自得。向尝为纯甫言之，纯甫深以为然，不番迹来用力却如何耳。[①]

王阳明从经典的理解，转换和提到"素其位而学"，由"行"转"学"，这个"愿"是主体自由意志的，连接"学"非一种给自身命令，亦非义务论而是德行论的。他"素"与"学处"相举，"学处"解消"素"再深化精神层面的调适，两者相傍相依而作为。王阳明不用"中"或"正"等道德原则的论述，而是以学处为心理的积极和正向性。

王阳明的君子之道是在立命，个人生命的困顿所处君子亭，到孔、孟天命观的吸收转化而重诠立命的意义与价值，他更从经典的理解再提出"素位而学"，行与学不同是将君子的道德性置于高端或是低处，已预设全知无惑可做到，或是不能全知而困而勉学，使成为"君子"之道是人人可行。他理论的基础是人人所具有的良知，其曰：

> 良知之在人心，无间于圣愚，天下古今之所同也。世之君子惟务致其良知，则自能公是非，同好恶，视人犹己，视国犹家，而以天地

---

① 王守仁：《王阳明全集》，吴光、钱明、董平等编校，上海古籍出版社，2012年版，第133页。

万物为一体，求天下无治，不可得矣。[①]

　　他认为人心中的良知，智慧高的人和愚人中间没有间隙，在时空也是共通的。他称"世之君子"是指当时的儒士，只有致力或追求修养自己的品德，才能够真正地辨别是非好恶，设身处地地与其同喜好或厌恶，待别人的事如同对待自己的事一样，看待国如是家，把天地万物看作一个整体。这即是他"天地万物一体之仁"的原理，以源泉和一种共同善，"同"没有差异性的理推广到任何事理。

四、结语

　　如果文明是指光明，有文采，或人类所创造的精神财富，如文学、艺术、教育、科学等意涵，"新"儒学的君子的意义与君子之道，在理学的开展中可见，在朱熹的智慧里可提炼出日新与发明，是一种积极创建的精神，到王守仁则是透过生命经历将竹子与"君子"精神相贯，从而回到经典提出"立命"与"素而学"，他们重新再诠解和转化经典，让君子之道更贴近于一般人可为。

　　[①] 王守仁：《王阳明全集》，吴光、钱明、董平等编校，上海古籍出版社，2012年版，第69页。

荀子人性发展论与由"恶"至"圣人"五种人格的道德价值判断

王　彬*

摘要：荀子论性，其立场并非属于形而上的认知层面。《荀子·性恶》篇中的"性"基本内容是情、欲及"心知"，因此该篇论述重点亦非论"性"为恶，而是"化性起伪"，即在"心可征知"前提下，通过"心可征知"功夫修养而实现的人性发展论。单看"性恶"，荀子的心性论是消极的、悲观的，但是从人性发展角度看，荀子超越"情、欲"的感性情感而达到"心知"的理性分析，其心性论恰恰是积极的、乐观的。荀子通过"心知"实现后天的善恶道德价值判断，立人道之极的"礼"为善恶依据，是完成从"性恶"到"化性起伪"的内在逻辑和路径。荀子认为，涂人与圣人虽"其性一也"，但因在"化性起伪"的发展过程中对"礼"的把握不同，出现了"恶人""不肖""涂人""君子""圣人"五种人格。

关键词：性恶；情欲；心知；礼；化性起伪；五种人格

　　中国文化之开端，哲学观念之呈现，着眼点在生命①。故牟宗三先生将中国哲学称为生命的哲学。中国哲学论天，亦以生命为中心，谈天人关系，如天人合一、天人相交、天人相参。天人关系是先秦儒家

---

　　* 王彬，山东大学儒学高等研究院，哲学博士，山东大学助理研究员。
　　① 牟宗三：《中西哲学之会通十四讲》，上海古籍出版社，1997年版，第16页。

一切立论、言说的哲学基础或出发点①。"天"属于宇宙论或本体论的哲学范畴，因此，先秦儒学的本体论，核心是以探究天人关系为基础的人性本体论。在探究人性的善恶基础上，继而出现诸如君子、小人等的人格论。

一、先秦儒家人性来源的两种基本走向：理源论与气源论

天是先秦哲学的共同价值源头或载体，先秦儒家认为天为性之源，或说人性源自天。如《易经》有云"各正性命"，孔颖达注疏曰：性者，天生之质②；《礼记·乐记》云"人生而静，天之性也"；《礼记·中庸》曰"天命之谓性"；《郭店楚墓竹简·性自命出》曰"性自命出，命自天降"；孟子说知性则知天；荀子说凡性天之就，不饰而自然也。因此研究先秦儒家的人性来源，必须从天或天命说起。

今文《尚书》28篇中有27篇对天及天人关系有所论述，反映了由夏至殷周早期先民的天命观。《尚书·召诰》曰"有夏服天命"；《尚书·汤誓》曰"予畏上帝，不敢不正"；《尚书·牧誓》曰"恭行天之罚"。在夏商周先民看来，天是至高的存在，是万物主宰。上古时期的天具有神格，是为主宰之天，此时，天人关系是单向的，是主宰与被主宰的关系，罕言人性。西周之时，天虽仍具有主宰义，但是基于前朝灭亡之经验，周人赋予天人新的关系，即以德配天，如《尚书·召诰》有"王其德之用，祈天永命"，此时天人关系开启了双向关联的纪元，也就是徐复观说的一种"新精神的跃动"③，人与天的关系由被动的承天之命变为主动的德配天命。尽管如此，仅仅是人文精神的跃动，

①颜炳罡：《从"天人相分"到"化性起伪"——试析荀子"天生人成"说的两个向度》，见《荀子研究》第二辑，生活·读书·新知三联书店，2020年版，第23页。

②《周易正义》。

③徐复观：《中国人性论史》，华东师范大学出版社，2005年版，第10页。

是不足以令人性论发端的，此时论人心较多，《诗经》《尚书》以及出土的钟鼎铭文中多次谈及人心，比如《尚书·大禹谟》中的"人心惟危，道心惟微"，已涉及心性论的哲学范畴，但是谈及人性甚少，人性尚未与天发生关联。

人性论的出现必须以人文精神的觉醒为前提，正如徐复观所说，中国的人性论始于人文精神的进一步反省①。只有在天人关系中人的地位进一步上升，人文精神正式觉醒，即天人关系真正贯通，才会有真正意义上的人性论。性与天关联始自孔子，《论语·公冶长》记载"夫子之言性与天道不可得而闻"。在孔子那里，"性"具有了人的普遍意义，在《论语·阳货》中孔子说："性相近也，习相远也。"然孔子对于天的认知是多样性的，既有继承自上古的主宰之天，又有经验认知的自然之天，还有发展自周人"以德配天"主张的德性之天。尤其是德性之天，开启了儒家人性本源的开端。孔子说"天生德于予"②，肯定了人的德性源自天，此处的天为德性之天；孔子在《孔子家语·本命解》中又说"分于道谓之命，形于一谓之性。化于阴阳，象形而发谓之生，化穷数尽谓之死。故命者，性之始也；死者，生之终也。有始则必有终矣……性命之端，形于此也。"此处的道，为天地自然之道，阴阳化生之道，孔子提出人之命由天道而分，人之性由命而始，阴阳二气化生则为生，穷尽则为死，生死为性命之始终也，此处的天又为自然之天。这两句话贯通了"自上而下"和"自下而上"的双向天人关系，也为儒家后学开出人性来源的两种路径奠定了基础，自此，人性源于天便成为先秦儒家哲学的命题。

孔子本于天道，立于"性近习远"的人性，倡导"克己复礼为仁"的道德教化，开人性论之端，其后学将人性作为重要哲学命题多加阐述，东汉王充在《论衡·本性》篇中记载，周人世硕、宓子贱、漆雕

---

① 徐复观：《中国人性论史》，华东师范大学出版社，2005年版，第3页。
② 《论语·述而》。

开、公孙尼子等人皆论情性。先秦儒家皆认为生之谓性，凡性皆源自天。天属于本体论或本根论的哲学范畴，本体论的不同，导致人性的来源不同，进而性的意义也不同。因此，作为人性本源的天是先验的，是德性之天、义理之天，则人性的本源是抽象的"理"，这也就是我们常说的天性，笔者更愿意称之为义理之性或理性；反之，作为人性本源的天是经验的，是自然之天、阴阳气化之天，则性之本源是无形却有质的"气"，也就是我们常说的禀性，笔者更愿意称之为气禀之性或气性。先秦儒家的人性观因此有了理性和气性两种走向，前者是理源论，后者是气源论。

先秦人性理源论的代表是孟子。孟子继承并发展了孔子德性之天的天命思想，认为天是抽象的道德规范，是义理之天，"诚者，天之道也"，而人所具有的仁义忠信受命于天，"乐善不倦，此天爵也"。而先秦人性气源论的代表则是荀子，"性者，本始材朴也"，荀子主张以文理化而合之、教而理之而已，不以人性为固恶也，是以"化性起伪"为过程的人性发展论。

二、荀子"化性起伪"的人性发展论

"性恶论"是荀子思想中最著名的观点之一，有学者认为"性恶"乃是其政治思想的基石[1]。《性恶》篇也是《荀子》中颇具特色的一篇，在某种意义上为荀子的人性论打上了"性恶"的标签[2]。对于性恶的论述，在《荀子·性恶》篇之外的诸篇中论述并不多，仅零星可见，在《性恶》篇中明确提出"性恶"，并系统论述"人之性恶明矣"。但纵观该篇全文，荀子着墨的侧重点更在"其善者伪也"及"化性起伪"的

---

① 张觉：《荀子译注》，上海古籍出版社，2012年版，第336页。

② 黄美芳：《荀子的人性论辨正——"性""伪""化性起伪"逻辑关系的解读》，《武夷学院学报》2016年第1期，第50页。

路数上。因此，"化性起伪"才是《荀子》全本的重点，是荀子的政治思想的基石，甚至是荀子哲学思想的核心。

从"性恶"到"化性起伪"，关键在于三点，一是谁来决定究竟是"化"还是"顺"或"纵"；二是如何"化"其本身的内在逻辑；三是"化"与"顺或纵"的后果，即"善"与"恶"的价值判断标准是怎样的。

（一）情欲是人性的基础内容

对于人性的描述，荀子在《性恶》篇首即提道：

"人之性恶，其善者伪也。"

紧接篇首，荀子又言：

"今人之性，生而有好利焉，顺是，故争夺生而辞让亡焉；生而有疾恶焉……生而有耳目之欲，有好声色焉……"

除此之外，在《性恶》篇之前，《荣辱》《儒效》《富国》《正论》《礼论》《正名》诸篇中对"性"也有所提及，其或用"性"，或用"生"，或用"情"，如：

"材性知能，君子、小人一也"[①]；
"人之生，固小人，无师、无法，则唯利之见耳"[②]；
"人无师法，则隆性矣；有师法，则隆积矣"[③]；

---

① 《荀子·荣辱》。
② 《荀子·荣辱》。
③ 《荀子·儒效》。

"人伦并处，同求而异道，同欲而异知，生也"①；

"以人之情为欲多而不欲寡"②；

"性者，本始材朴也；伪者，文理隆盛也"③；

"生所以然者，谓之性"④；

"性之和所生、精合感应、不事而自然谓之性"⑤；

"性之好、恶、喜、怒、哀、乐谓之情"⑥。

分析荀子对"性"的描述可知，荀子认为人性即为人之本性，生而有之且不事而自然，反过来看，荀子认为不生则无性，因此否定了性具有形而上学的来源，这与孟子性善论中的性不仅具有内容上的不同，其本体论也大不相同。而情感则是性的实质内容，欲望是情感的真实反映，"性者，天之就也；情者，性之质也；欲者，情之应也"⑦。

性的具体表现就是"见利"和"欲多"，如"饥而欲饱、寒而欲暖、劳而欲休"的生理欲，"好、恶、喜、怒、哀、乐"的心理欲。且无论圣人、君子还是小人大奸大恶之人的"性"皆"材性知能，君子、小人一也"，荀子将其概括为"欲"。在批判孟子"性善论"的背景下，荀子认为人性"欲多而不欲寡""无师、无法，则唯利之见耳"是恶的，因此需要"师、礼、法"的化性起伪，这也是"性恶"的由来。然而荀子也认为"今人之性，生而离其朴、离其资，必失而丧之""性者，本始材朴也"，可见对于合理的欲求，荀子是持肯定态度的。

对于"欲"的描述，荀子并没有细致详尽的系统分类。美国心理

①《荀子·富国》。
②《荀子·正论》。
③《荀子·礼论》。
④《荀子·正名》。
⑤《荀子·正名》。
⑥《荀子·正名》。
⑦《荀子·正名》。

学家亚伯拉罕·马斯洛认为，"欲望（Desire）是由人的本性产生的想达到某种目的的要求"①。同时认为"欲望无善恶之分，关键在于如何控制"。其将欲望分为五个层级，即：生理需求、安全需求、社交需求、尊重需求和自我实现需求。这些需求，在荀子那，为"饥而欲饱、寒而欲暖、劳而欲休""目好色，耳好听，口好味，心好利，骨体肤理好愉佚""薄愿厚，恶愿美，狭愿广，贫愿富，贱愿贵"②。其中，既有"饥而欲饱"的基本生理欲望，也有安全、社交、尊重等心理欲望，更有类似"贱愿贵"的自我实现欲望。

（二）积极、乐观的人性发展论

荀子还将"心、知、智、辨"看作人天生既有且有别于他物的特征，即"人之所以为人者"。且在荀子"化性起伪"的思想中，心具有统率的作用，如：

"心不使焉，则白黑在前而目不见，雷鼓在侧而耳不闻"③；

"情然而心为之择谓之虑。心虑而能为之动谓之伪"④；

"所以知之在人者谓之知。知有所合谓之智。智所以能之在人者谓之能"⑤；

"人之所以为人者，何已也？曰：以其有辨也"⑥；

"人有气、有生、有知，亦且有义，故最为天下贵也"⑦；

---

① 亚伯拉罕·马斯洛：《人类动机的理论》，许金声等译，中国人民大学出版社，2007年版，第87页。

②《荀子·性恶》。

③《荀子·解蔽》。

④《荀子·正名》。

⑤《荀子·正名》。

⑥《荀子·非相》。

⑦《荀子·王制》。

"心"作为人的"天君",具有主要且重要的地位。在荀子看来,心的"征知"能力,才能使人性的欲得以满足,比如"征知,则缘耳而知声可也""缘目而知形可也"等。同时,人通过"天官"所获取的感性认知,只有通过心的"征知"能力,才能转化为更高层次的理性认知。理性认知是建立在感性认知的基础之上的,而感性认知的缺陷和不足需要理性认知来提升①。

更重要的是,与一般人具有相同"性"的圣人,能够通过"心"的"征知",法天、象地、因人而制礼,"上取象于天,下取象于地,中取象于人"②。而礼作为道德规范与政治准则,更加凸显心的重要性。因此,人性中的感性与理性在心的统帅之下,才得以实现。"辨"也是人本性中自有的能力,且是与其他动物区别的明显特征之一。荀子认为,"人道莫不有辨",且"辨莫大于分",这种对各种事物的界限都有所区别的特征,是人类社会的道德规范③。

虽然荀子将欲看作是人性的主要部分,但是"心"对于"群""分""礼"的重要性不言而喻,是人能够"化性起伪"的决定性因素。在这层意义上,人性的"征知"理性超越了性恶,才使得"善"成为可能,才使得人人皆可成君子、成圣人成为可能。

（三）荀子的人性发展基本路数和五种"人格"

在荀子看来,"今人之性,生而好利焉","欲"是人性的主要部分,而"心"则有"虑""辨"的能力,"心为之择、心为之虑",因而依据礼法,则可成善。而荀子对于人性的发展,并没有做出系统的区分,只是笼统指出了恶人、民众、君子、圣人四种人,且对君子和圣

---

① 余瑞霞:《论荀子理性思维的过程——"天官""天君"各司其职》,《贺州学院学报》2012年第1期,第11页。

②《荀子·礼论》。

③ 张觉:《荀子译注》,上海古籍出版社,2012年版,第47页。

人论述较多，对恶人和民众并未深入剖析。

根据性恶及心有征知两个特征，分析荀子对于人性发展，做出以下的判断：人性的发展有三个基本方向、五个基本路数。三个基本方向分别是：恶、普通、善；五个基本路数对应五种"人格"，分别是：恶人、不肖、民众、君子、圣人。

1. 恶人：纵欲者

荀子认为人生而有"欲"，有"好利、疾恶、好色"的贪、嫉心理，因此本性为"恶"，如果纵性、纵欲不加节制的话，则会造成严重的后果，生而好利顺是则争夺生，生而有疾恶顺是则残贼生，生而有耳目之欲、好声色顺是则淫乱生，"然则从人之性，顺人之情，必出于争夺，合于犯分乱理，而归于暴"①。这样的人则是"悖乱"之人，可谓真正的"恶人"。"恶人"纵性情，安恣睢，而违礼义，甚至禽兽行，是小人也。

2. 不肖：顺情者

荀子认为人性中"好、恶、喜、怒、哀、乐"谓之情，也是与生俱来。如果仅仅是顺乎好恶喜怒哀乐之情，而未有礼义节之，则必生祸。不懂以礼节欲，只知顺情纵乐，"致不肖而欲人之贤己也"，这些人是为"不肖"。"少事长，贱事贵，不肖事贤，是天下之通义也"，不肖之人不通礼仪，凡人非贤，则案不肖也。人贤而不敬，则是禽兽也；人不肖而不敬，则是狎虎也。禽兽则乱，狎虎则危，灾及其身矣。

3. 涂人：节欲者

"若夫目好色，耳好声，口好味，心好利，骨体肤理好愉佚，是皆生于人之情性者也，感而自然、不待事而后生之者也"，如果能够节制自己的情，克制自己的性，但是并没有做到大部分事情合乎礼法，"志不免于曲私，而冀人之以己为公也；行不免于污漫，而冀人之以己为

---

① 《荀子·性恶》。

修也；甚愚陋沟瞀，而冀人之以己为知也：是众人也"①；"外是（礼），民也""然而不法礼，不足礼，谓之无方之民"②，这样的人则是普通的民众（涂人），是大多数人。

4.君子：遵礼者

圣人法天象地因人而制礼，且将礼作为道德的最高准则，是人道之极，是人间的客观规律，"礼岂不至矣哉！立隆以为极，而天下莫之能损益也"③。因此，能否遵礼，是化性恶而起伪的关键。遵礼之人，"上致其隆，下尽其杀，而中处其中""人有是（礼），士君子也"④。化师法，积文学，通礼义者为君子。君子的人格养成及其善行皆源于"化性起伪""言必当理，事必当务，是然后君子之所长也""故君子务修其内，而让之于外；务积德于身，而处之以遵道"。"故人知谨注错，慎习俗，大积靡，则为君子矣"。通过师法教化，修身积德，磨炼品行，遵循礼义，谨慎恰当措置自己的才性知能，小心慎重对待外部的风俗习惯即可成为君子了。

5.圣人：固神者

圣人在本性上与以上四种人是相同的，但是，因为圣人可以通过心的"积""养""智"的征知能力，"上察于天，下错于地，塞备天地之间，加施万物之上"⑤，圣人做到"神"且"固"，"能虑，能固，加好者焉，斯圣人矣""于是其中焉，方皇周挟，曲得其次序，是圣人也"⑥。神指"尽善挟洽"，固指"万物莫足以倾之"，圣人不仅是礼的制作者，更是人道之极，是礼的严格遵循者，不因万事万物而易。圣人彼求之而后得，为之而后成，积之而后高，尽之而后圣。圣人"本

①《荀子·儒效》。
②《荀子·礼论》。
③《荀子·礼论》。
④《荀子·礼论》。
⑤《荀子·王制》。
⑥《荀子·礼论》。

仁义，当是非，齐言行，不失毫厘，无它道焉，已乎行之矣""倚物怪变，所未尝闻也，所未尝见也，卒然起一方，则举统类而应之，无所拟，张法而度之，则暗然若合符节"①，通乎大道，应变而不穷，辨乎万物之情性，是"道之极""积善而全尽"之人。

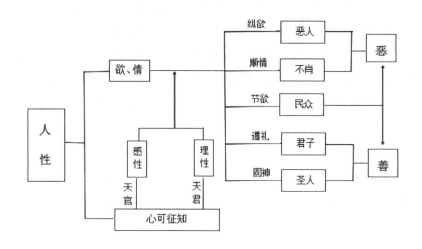

"从性恶到化性起伪的内在逻辑"示意图

"恶人""不肖""涂人""君子""圣人"这五种人格，其性是相同的，"尧舜之与桀跖，其性一也。君子之与小人，其性一也"。但是在后天"化性起伪"的人格养成过程中，发生了不同方向的变化，"今将以礼义积伪为人之性邪？然则有曷贵尧禹，曷贵君子矣哉！凡所贵尧禹君子者，能化性，能起伪，伪起而生礼义"②。其中，礼在人性的发展逻辑中起到决定性因素。其对于"养情""导性""明诚"起到重要作用，"孰知夫礼义文理之所以养情也"③；"礼也者，理之不可易者

---

①《荀子·儒效》。

②《荀子·性恶》。

③《荀子·礼论》。

也""著诚去伪，礼之经也"①。礼更是政治思想的基石，荀子认为礼很重要的方面是指政治制度，其兼具道德规范和人伦之道，"礼者，贵贱有等，长幼有差，贫富轻重皆有称者也"②；"礼者，人道之极也"③。

三、善恶的道德价值判断

纵观以上论述，无论顺情、纵欲、节欲、遵礼还是固神，皆是"心"的"虑"与"择"。更因为"心"是"天职既立，天功既成，形具而神生""心居中虚，以治五官，夫是之谓天君"，因此，我们可以断定，"心"在荀子的思想中，是高于性恶的，具有先验的特征。

荀子认为如顺情纵性，就会祸乱社会，成为恶人；隆礼重法，就会积德成善，成为君子，甚至成为圣人。社会治理也是如此，其政治思想无不是围绕"礼""法"展开，"国之命在礼"，礼在荀子哲学中居于核心地位。荀子对于善和恶，有系统的评价标准，即道德价值评价标准，而非功利价值评价标准，其道德价值评价的标准就是礼。"凡古今天下之所谓善者，正理平治也；所谓恶者，偏险悖乱也：是善恶之分也矣"④。道德价值判断，即礼的存在，是荀子"化性起伪"的逻辑起点，也是其"性恶论"的理论依据。

（一）道德是什么：天道人德

《辞海》将道德定义为"社会意识形态之一，是一定社会或借机通过各种形式的教育和社会舆论的力量使人们逐渐形成一定的信念习惯

---

① 《荀子·乐论》。
② 《荀子·富国》。
③ 《荀子·乐论》。
④ 《荀子·性恶》。

传统而调整人们之间的相互关系的行为规范的总和"。在荀子看来，道德，顾名思义：道为天道；德为人德，道德即为天道人德的总和。

天道，是天运行的规律，"天行有常，不为尧存，不为桀亡"[①]。其不受人类的影响，人只能"见其功"，而不能"见其事"，其化生万物是神妙的，而人无法知晓化生的过程，因此"唯圣人不求知天"。有学者认为荀子将天定义为自然之天，因此将荀子归为唯物主义。其实不然，荀子肯定天能化生万物，其有所成但无其形，仍然具有形上意义，"故人之命在天"。

人类作为万物的一员，受其天养，也必须遵循天道的指引。因此，人道是天道在人间的客观规律，荀子称其为"德"。"天有其时，地有其财，人有其治，夫是之谓能参"，在这个意义上，人德与天道是并列的。既然人是天下万物一员，是天的一部分，为什么在天道之外，又需要人德呢？荀子曰："天能生物，不能辨物也，地能载人，不能治人也；宇中万物生人之属，待圣人然后分也。"

（二）天道和人德的关系：天人相分、制天命而用之

在《荀子·天论》篇中，荀子将天道和人德的关系分为两层：

1.天人相分

既然"天行有常""受时与治世同，而殃祸与治世异，不可以怨天，其道然也"，那么天道便不会受人的影响，更不会因人的行为而改变其常，因此天道还在人德之上；但是天道生物而不能治人，唯圣人制礼然后人道得治，在这个层面上，人德又与天道相参。

2.制天命用之

人德虽与天道相参，但是仍不离天道的大原则，是圣人象天、法地、因人而制。"大天而思之，孰与物畜而制之？从天而颂之，孰与制天命而用之？"因此，人德的关键，还是在于人自己，"故错人而思天，

[①]《荀子·天论》。

则失万物之情"。圣人不去了解天的奥妙,只是"全其天功"以成人德。

(三)人德的具体表现:礼

荀子认为社会祸乱的根源在于"物寡欲多"而产生"争",因此"穷者,患也;争者,祸也。救患除祸,则莫若明分使群矣"。"分"即社会分工和等级制度,"群"即协同合作、群居生存。分群的规律即由"礼"制来体现。因此,礼是人德的具体表现,"礼者,贵贱有等,长幼有差,贫富轻重皆有称者也""故人之命在天,国之命在礼"。

礼为人德之极,"礼者,人道之极也"。其与天道相和,又立人德之至。礼之用有三,"著诚去伪""养人之欲、给人之求""上事天,下事地,尊先祖而隆君师"。总结为成己、成人、天人合一,正如孔夫子所言,"礼之用,和为贵"。

(四)道德价值判断的两个参数和三个维度

与荀子人性发展路数的内在逻辑相对应,荀子对善恶的道德价值标准判断,天道(德)和人道(善)是其两个参数。因为人德是依天道而生,因此,依天道(德)和人道(善)两个参数,便会有道德价值判断的三个维度,分别为:违天道、毁人道(恶);合天道、不成人道(民众);合天道、成人道(善)。而礼作为天道人道的具体体现,则成为道德价值判断的细则,也是社会规范的准则,遵礼则善,违礼则恶。因此,礼成为荀子思想中极其重要的内容,是其思想的逻辑起点和理论依据。"化性起伪"则是通过"隆礼"来实现的。

四、总结

荀子虽在《性恶》篇中明确指出"人之性恶,明矣",但是通过以上分析，荀子所说的"性恶"仅是从欲的角度而言，与孟子"性善论"中的"性"并不在一个层面上，荀子的"性"除了欲，还应该包含类似于感性与理性的"心有征知"，这才能构成对"性"完整的认知。对荀子而言，"心"的"征知"能力恰恰具有先验的特征，是高于"性恶"的。只有这样，从性恶到化性起伪（善）才具有合理的发展路数。而"礼"作为荀子的核心思想，是判断善恶的道德价值标准，是合天道、成人德的，"礼"为人道之极，为荀子"性恶论"的理论依据和"化性起伪"思想的逻辑起点，正因为对"礼"的把握不同，才出现"恶人""不肖""涂人""君子""圣人"五种人格。但是时移世易，作为社会规范和准则，荀子认为圣人所制之"礼"是一成不变的，这是其思想的缺陷之处，因为圣人制礼所依不仅是"象天法地"，还要"因人"。

言与道：荀子"君子必辩"的逻辑与思想渊源[*]

曲祯朋[**]

摘要： 先秦时期，对于"言"能否达"道"，有儒家和道家两种观点。儒家认为"言"可达"道"，故重"言"用"辩"，以"六经"为圣人之言，敬畏其正统性，故"述而不作"。道家认为"道"无名无言，"言不尽意"，不能达"道"，故否定"言"与"辩"，主张"忘言"与"不言之辩"，反对儒家式的"贵书"。荀子继承儒家重"言"传统，回应道家对"辩"和"贵书"的批评，提出"君子必辩"的观点，认为"言""辩"是连接"心"与"道"的关键，也是成为君子的必备条件。

关键词： 立言；君子必辩

随着士阶层的兴起和流动，"辩"在战国时期成为政治思想领域的重要形式，尤其是诸子之间的相互辩论，也被称为百家争鸣。无论是惠施与庄子的"濠梁之辩"、孟子与告子的"人性之辩"等辩论活动，还是墨家"墨辩"、名家的逻辑等辩论方法，再有义利之辩、王霸之辩、名实之辩、人禽之辨等重要辩题，无不透露出整个思想文化领域

　　* 本文为北京市社会科学基金青年项目"《礼运》篇大同、小康与大顺理想社会研究"（20ZXC006）、陕西省社科年度项目"黄老学说中的国家治理思想研究"（2020C007）的阶段性研究成果。

　　** 曲祯朋，清华大学人文学院历史系博士研究生，研究方向为出土文献与思想文化史。

的"辩"思潮的兴起。所以有学者指出，"诸子百家在战国时代也一改春秋时期较为温和的传道态度，采用了更为激进的话语方式，展现出百家争鸣的局面。也就是在这个时期，名家、墨家、纵横家等学派从维护各自所属利益集团的利益出发开展论辩，进而影响到本来遵循'讷言'传道方式的儒家"①。

但是"辩"这一形式也并非完全得到整个思想界的认可，诸子对此也有不同的看法。伍晓明指出，"在先秦时期，在中国文化传统的源头，就已经存在着某种对于辩有所保留的谨慎态度"②。史哲文认为，先秦时期的君子形象存在着从"讷言"到"必辩"的思想转变，其中孔子从言行关系角度出发，主张"君子讷言""慎言"，到孟子、荀子时，才对"君子必辩"加以肯定，确立了辩言的正统性和合理性③。李贤中认为原始儒家不用"辩"，到孟子才用"辩"，至于荀子才关注"辩"的方法、原则等④。苏晓冰则指出荀子除"君子必辩"的思想外，也存在着"君子至德，嘿然而喻"的论断⑤。另外，余卫国等学者从"言不尽意"对《易传》《老子》《庄子》等否定"辩言"的思想进行了梳理⑥。从这些研究可看出，先秦时期，"辩"也经历了一个发展的过程，其中诸子对"辩"持否定的态度。诸子的主张也有其内在的逻辑和思想渊源，不可概而论之，对这一复杂问题的讨论，必须有一个直接且明确的切入点，本文拟从"言"的角度，对荀子"君子必辩"的逻辑以及思想渊源展开讨论，并对其君子形象加以梳理。

---

① 史哲文：《论先秦君子"讷言"与"必辩"思想转变及其后世影响》，《武陵学刊》2020年第5期。

② 伍晓明：《〈论语〉中的"论辩"与孔子对言的态度》，《中国文化研究》2008年春之卷。

③ 史哲文：《论先秦君子"讷言"与"必辩"思想转变及其后世影响》，《武陵学刊》2020年第5期。

④ 李贤中：《孟荀辩论观比较》，《重庆工学院学报(社会科学版)》2008年第7期。

⑤ 苏晓冰：《言辩与沉默：荀子的言辩思想》，《宜宾学院学报》2015年第9期。

⑥ 余卫国：《〈易传〉"立象以尽意"思想发微》，《周易研究》2006年第6期。

一、立言与述德：儒家重"言"的传统①

言行关系是孔子"言"论的重要内容，学者一般认为孔子将"君子"与"言"联系起来，认为君子应当追求言行一致。但在言与行的比较中，尤为突出行的重要，加之对"天何言哉"的注解，认为孔子最高的追求是"无言"，如伍晓明认为，"孔子的最高理想是不辩和无言。不辩和无言是理想的秩序。中国传统对言的态度在此既形成孔子的这一立场，但同时也为孔子的这一立场所加强和延续"②。那么事实是否如此呢？笔者认为，儒家并非主张否定"言"，恰恰相反，儒家十分重视"言"。

首先，从言行关系看。在对言与行的论述中，孔子提出君子要"敏于事而慎于言"③"言不可不慎"④"慎言其余"⑤"讷于言而敏于行"⑥"仁者，其言也讱"⑦，无论是"慎言"还是"讷言"，都体现出孔子谨慎对待言语的态度。同时，孔子认为君子"慎言""讷言"的目的是保证能言行一致，《论语·子路》记载孔子言，"故君子名之必可言也，言之必可行也。君子于其言，无所苟而已矣""先行其言，而后从之"⑧"君子耻其言而过其行"⑨。《礼记》也有相似记载，"居其位，

①注：此"重言"乃重视"言"之义，非《庄子》所论"三言"之"重言"。
②伍晓明：《〈论语〉中的"论辩"与孔子对言的态度》，《中国文化研究》2008年春之卷。
③《论语·学而》。
④《论语·子张》。
⑤《论语·为政》。
⑥《论语·里仁》。
⑦《论语·子路》。
⑧《论语·为政》。
⑨《论语·宪问》。

无其言，君子耻之；有其言，无其行，君子耻之"①"君子寡言，而行以成其信"②。那么，以上观点是否可看作是对"言"的否定呢？笔者认为并非如此，孔子认为理想状态下的君子追求的是言行一致，表里如一，那么"言"也是君子的构成要素之一，否则只要求"行"即可，无须二者统一了，所以孔子言："君子名之必可言也，言之必可行也。"③伍晓明也注意到孔子对于"言"的矛盾心理，"一方面，孔子有对言的某种深刻的警惕，但另一方面，他又必然把言放在第一位""言才是一切，而且就是一切。行——至少是人之行，社会之行——不可能独立于言，更不可能先于言"④。这些都可以看出，在孔子思想中，"言"同样具有十分重要的地位。

其次，从言与德的关系看。《论语·学而》中言"巧言令色，鲜矣仁"，《论语·卫灵公》"巧言乱德"，那么，是否可以说明"言"与"德"对立，而孔子否定"言"呢？笔者认为这是以偏概全的观点，因为这里明确提到的是"巧言"，即花言巧语，而非出自内心的真实想法，这种"言"既不是言语的全部，也不符合言语的目的和初衷。其实，孔子认为真实的"言"是合乎"德"，且有助于发挥"德"的。这主要体现在两点，其一，孔子将"言语"与"德行"等并列为"四科"，乃是学生学习的重要内容。而《左传》则将其列为"三不巧"之一，即"太上有立德，其次有立功，其次有立言"。其二，《论语·宪问》言："有德者必有言。"郭店楚简《成之闻之》亦谓："民不从上之命，不信其言，而能念德者，未之有也。"孔子认为，君子应当言行一致，同时也应当言德一致，"言"是用来表现和发挥"德"的。

另外，"言"通过"文"来表达"志"。《左传·襄公二十五年》

---

① 《礼记·杂记下》。

② 《礼记·缁衣》。

③ 《论语·子路》。

④ 伍晓明：《〈论语〉中的"论辩"与孔子对言的态度》，《中国文化研究》2008年春之卷。

载:"言以足志,文以足言。"诗即是"言"所形成的"文",而所谓"诗言志",其实就是指"言"是人之"志"的表达方式。如此,孔子言"不学诗无以言",也可看作是对"言"的重视。

那么,如何理解孔子的这种"言"论呢?首先,儒家的"言"并不是一般的言语,而是一种符合儒家之道的"德言","'言'不是脱离思想的空洞言辞,而是负载着礼乐文化思想和道德精神的'言',是'德言'。而另一方面,'德'缺少文采的形式也难以久远,难以产生广泛的影响,因此春秋时代的所谓'立言',不是一般的'言',本质上是'文言',是富有道德内容和艺术光彩的'文言'"①。

另外,通过"述而不作"也可以理解儒家为何如此重视"言","言"并非一般的"言",而主要是"德言",也就是"君子之言""圣人之言",所以孔子认为,"君子有三畏:畏天命,畏大人,畏圣人之言。小人不知天命而不畏也,狎大人,侮圣人之言"②"君子有三变:望之俨然,即之也温,听其言也厉"③。"圣人之言"通过"文"的形式来体现圣人之志、圣人之道,所以对其要有敬畏之心,这种"畏圣人之言"实际上是对圣人传统以及圣人流传下来的经典的敬畏之心,也正是这种情感使得人们不敢妄自篡改或书写经典,只能是采取"述而不作"的方式去传承这种"言",这也就开创了儒家"六经"经典体系。也正因此,相较于其他学派,儒家更重视经典文献的学习与传承,也更加重视经典的权威性。

---

① 傅道彬:《春秋时代的"文言"变革与文字繁荣》,《中国社会科学》2007年第6期,第182页。

②《论语·季氏》。

③《论语·子张》。

二、忘言与意象：道家"不言之辩"

与儒家重"言"不同，老、庄道家和《易传》则对"言"并不信任，认为"言不尽意"，即通过"言"无法达到"道"，所以主张"无言""忘言"。对"辩"也持否定态度，认为世俗之"辩"只是囿于是非之论，固执己见地争口舌之胜，所以主张"不言之辩"。

老子认为"道"是不可道说与命名的，那么通过"言"是不能准确体悟"道"的。老子描述"道"无形，"其上不皦，其下不昧，绳绳不可名，复归于无物"[①]"道之为物，惟恍惟惚。恍兮惚兮，其中有象"[②]。老子描述"道"不可名，"有物混成，先天地生。寂兮寥兮，独立而不改，周行而不殆，可以为天下母。吾不知其名，字之曰道，强为之名曰大"[③]。王弼《老子指略》言："名必有所分，称必有所由。有分则有不兼，有由则有不尽；不兼则大殊其真，不尽则不可以名。""道本无名"[④]"道隐无名"[⑤]"道常无名"[⑥]，所以，老子认为世人所谓辩论都只是在"言"和"名"上的争论，不是真正的符合"道"的辩论，他主张"不辩"或"不辩若讷"，"大直若屈，大巧若拙，大辩若讷"[⑦]"善者不辩，辩者不善"[⑧]。

庄子继承并完善了老子"大辩若讷"的思想，进一步提出"不言之辩"与"忘言"。首先，庄子也认为"道"不可言，《庄子·齐物

①《老子·第十四章》。
②《老子·第二十一章》。
③《老子·第二十五章》。
④《老子·第十四章》。
⑤《老子·第三十二章》。
⑥《老子·第四十一章》。
⑦《老子·第四十五章》。
⑧《老子·第八十一章》。

论》："道不可闻，闻而非也，道不可见，见而非也；道不可言，言而非也。知形形之不形乎？道不当名。""孰知不言之辩，不道之道？"《庄子·秋水》："可以言论者，物之粗也；可以意致者，物之精也；言之所不能论，意之所不能察者，不期精粗焉。"

其次，"言"不可靠体现在"言"只是工具、手段，真正的目的是"意"。"言"既不是唯一的，也不是最好的手段，且在庄子看来，手段也并不重要，把握符合"道"之"意"才是关键，所以他提出"得意忘言"的思想，"筌者所以在鱼，得鱼而忘筌。蹄者所以在兔，得兔而忘蹄。言者所以在意，得意而忘言"[1]。

再次，与儒家重视圣人之言而形成的经典传统不同，庄子认为这些经典只是得其言语，而不得合乎"道"的"意"，意不可言传，言也不能传意，所以在《天道》言："世之所贵道者书也，书不过语，语有贵也。语之所贵者意也，意有所随。意之所随者，不可以言传也，而世因贵言传书。"世上的人们都重视流传下来的书籍，但这些传承不过是"言语"的传承，而不是"意"的传承。同时，根据《天运》中孔子和老聃的对话可以获知，庄子其实是在对儒家重视六经传统质疑："孔子谓老聃曰：'丘治《诗》《书》《礼》《乐》《易》《春秋》六经，自以久矣，孰知其故矣，以奸者七十二君，论先王之道而明周召之迹，一君无所钩用。甚矣夫！人之难说也，道之难明邪？'老子曰：'幸矣，子之不遇治世之君。夫六经，先王之陈迹也，岂其所以迹哉！今子之言，犹迹也。夫迹，履之所出，而迹岂履哉！'"从这一点看，将孔子等早期儒家与庄子等道家的"言"思想均视为一类是不准确的[2]。

最后，庄子皆认为"辩"是一种"争"，这与道家主张"不争"的

---

[1]《庄子·杂篇·外物》。

[2] 如史哲文认为，"春秋时期儒家和道家都朴素地认识到天地自然的无言之道，从而肯定谨慎言说的必要"。见史哲文：《论先秦君子"讷言"与"必辩"思想转变及其后世影响》，《武陵学刊》2020年第5期，第27页。

思想相违背。"无为""不争"乃是道家思想的精髓，《老子·第二十二章》："夫唯不争，故天下莫能与之争。"庄子对"言"及"辩"都持有否定的态度，他认为"辩"只是一种口舌争胜，如公孙龙等人不过是逞一时口舌之快，而并不是真正的合乎"道"的辩论，"桓团、公孙龙辩者之徒，饰人之心，易人之意。能胜人之口，不能服人之心：辩者之囿也"①。这只是言语上的胜利而已，并不是真正的胜利。语言具有其规定性和局限性，"此亦一是非，彼亦一是非"，辩论只是坚持己是他非，如儒墨之争，并没有真正的胜者。真正的辩论乃是"不言之辩""大辩不言"②"圣人行不言之教"③。

《周易·系辞》："书不尽言，言不尽意，然则圣人之意，其不可见乎？"既然"言不尽意"，那应当如何去把握"意"呢？《系辞》进一步发展了这一思想，通过"言""象"来实现对"意"的把握，即"立象以尽意"。王弼《周易例略·明象》言："夫象者，出意者也。言者，明象者也。尽意莫若象，尽象莫若言。言生于象，故可寻言以观象。象生于意，故可寻象以观意。意以象尽，象以言著。故言者所以明象，得象而忘言。象者所以存意，得意而忘象。"按照王弼所言，"象"成为"言""意"之间的中介。匡钊言："当口头言语和书面文字均不能充分表达所思之'意'的时候，我们仍然可以有一个凭借其达到'意'的符号化的方案——象。"④杨隽言："在'言—象—意'的话语结构中，'意'是'象'的向导，是语言的目的，主宰着'文言'实践的话语内涵，决定了'立言'的终极价值。"⑤所以关键是"意"，但作为方

①《庄子·杂篇·天下》。

②《庄子·内篇·齐物论》。

③《庄子·外篇·知北游》。

④匡钊：《从"言意之辨"看〈易〉"象"的功能》，见王中江、李存山：《中国儒学》（第8辑），中国社会科学出版社，2013年版，第81—90页。

⑤杨隽：《诸子"立言"与"言—象—意"话语方式的形成》，《江苏社会科学》2017年第6期。

法的"言"和"象"却不能轻易放弃，所以也不可轻言"忘"，这是与庄子区别之处。

但不可否认，《系辞》"言—象—意"的结构明显是对庄子"言"论的继承与发展，从根本上而言，依然是在否定"言"功能的基础上，提出的补救措施。陈鼓应指出，"老子提出'无名''无言'之论，庄子发挥了'言不尽意''得意忘言'之旨；《系辞》继之也提到了'言''意''象'三者的关系""在'言''意'关系的论题上，亦为同一思路之发展"①。我们可以看出，老子只是单纯否定通过"言"来到达"道"，而庄子进一步提出可通过"忘言"到达"道"，但如何"忘"却又不甚清晰，至于《系辞》则建立起了更加清晰的沟通的桥梁——象。

三、仁心、学心、公心：荀子论"君子之辩"

老庄等道家"言""辩"思想深刻地影响了当时的社会思潮，甚至整个社会都对"辩"有着偏负面的认识，以至于孟子面对"好辩"的质疑，都不得不做出自我辩护："我亦欲正人心，息邪说，距诐行，放淫辞，以承三圣者，岂好辩哉？予不得已也。"②他人指责或者批评孟子"好辩"，孟子自解说是"不得已"而辩，可知，时人对"辩"仍持较消极的看法。但到荀子则直言"君子必辩"，"辩"反而成了君子的一个标志特征。"君子必辩"的思想是荀子批评杨墨、非十二子的正当性基础，也由此抛弃了孟子"实与名不与"的扭捏心态，同时确立了

---

① 陈鼓应：《易传与道家思想》(修订版)，商务印书馆，2007年版，第83页。
② 《孟子·滕文公下》。

坦荡无畏、犀利敢言的君子形象①。李贤中指出，"孟子的'不得已之辩'和荀子的'君子必辩'，对孔子'君子无所争'的主张有所超越""孟荀辩论观的差异在于，孟子虽然使用辩论方法，却没有把辩论作为探讨对象。荀子则不但使用辩论方法，还探讨辩论自身的相关问题"②。孟荀继承了孔子以来儒家的"言""辩"思想，也受到当时社会思潮的影响，从儒家立场来回应诸子的批评，但显然荀子更进一步。

　　荀子这一转变的依据是什么呢？为解决这个疑问，我们必须了解荀子如何看待"辩"。他在《正名》中对"辩"的兴起和作用做了详细说明，"实不喻，然后命，命不喻，然后期，期不喻，然后说，说不喻，然后辩"。当事实无法使人明白的时候就需要命名，命名不清楚的话就需要人们去约定俗成，如果约定了还不清楚的话，那就需要辩论。"辩"可以使得事物更加清晰，使混乱归于秩序，这样对于社会治理，"辩"起着至关重要的作用，所以荀子将其一起列为"用之大文""王业之始"。由此，荀子提出"君子必辩"的观点也就不足为奇了。荀子"君子必辩"一词三见于《非相》篇，但其思想却散布《荀子》全书，如《正名》《正论》《非十二子》《解蔽》等都属于"君子必辩"思想的发挥。首先来看荀子对"君子必辩"的论述：

　　法先王，顺礼义，党学者，然而不好言，不乐言，则必非诚士也。故君子之于言也，志好之，行安之，乐言之。故君子必辩。凡人莫不

---

　　①有学者认为荀子反对辩论的同时，受到名家论辩思想的影响，如郭湛波指出荀子继承了孔子的"正名"思想，反对辩论。对惠施、邓析等辩者也加以训斥。但荀子虽然反对辩论，但其"正名"学说却受到了辩者的影响。一方面继承了儒家思想，含有伦理的政治意味；另一方面受辩者学说影响，其方法是"辩学"，却有论理的意味。（见郭湛波：《先秦辩学史》，上海古籍出版社，2015年版，第117—118页）荀子的确是继承了孔子以来的儒家思想，受到名家辩者的影响，但是正如孔子"重言"，荀子也并不反对辩论，荀子对名家的批评也只是反对当时的辩者多属诡辩之流，无益于治道。

　　②李贤中：《孟荀辩论观比较》，《重庆工学院学报（社会科学版）》2008年第7期。

好言其所善,而君子为甚。①

君子必辩。凡人莫不好言其所善,而君子为甚焉。是以小人辩言
险而君子辩言仁也。言而非仁之中也,则其言不若其默也,其辩不若
其呐也;言而仁之中也,则好言者上矣,不好言者下也。故仁言大矣:
起于上所以道于下,政令是也;起于下所以忠于上,谋救是也。故君
子之行仁也无厌、志好之、行安之,乐言之;故言君子必辩。②

对"君子之辩",有两个问题需要厘清:一是君子为何"必辩",
二是君子如何"辩"。

那么,荀子为何要求君子"必辩"呢?首先,从时代特征来看,
孟荀有相似之处,杨墨学说盛行,名、法等学派对儒家也多有冲击。
面对这种情况,孟子以"圣人之徒"自任,以"能言距杨墨""正人
心,息邪说"③为己任。这一点荀子与之相似,其言:"今圣王没,天
下乱,奸言起,君子无埶以临之,无刑以禁之,故辩说也。"④所谓
"奸言",也就是杨墨、宋钘、公孙龙子的人的辩题,如"见侮不辱"
"圣人不爱己""杀盗非杀人也""山渊平""情欲寡""刍豢不加甘,大
钟不加乐"等,这些被荀子称为"三惑""邪说辟言""袄辞"⑤。荀子
的目的是通过"正名"使得这些言论消息,重归儒家圣王之论,"以务
息十二子之说"⑥"以正道而辨奸,犹引绳以持曲直。是故邪说不能
乱,百家无所窜"⑦。

荀子回应诸子时,对"辩"的一些批评也必须做出回应。如荀子

---

①《荀子·非相》。
②《荀子·非相》。
③《孟子·滕文公下》。
④《荀子·正名》。
⑤《荀子·正名》。
⑥《荀子·非十二子》。
⑦《荀子·正名》。

注意到老庄等否定"辩"时以"辩"为"争"的观点，荀子则将二者区分开来，主张君子"辩而无争"，《不苟》："君子……辩而不争，察而不激。"君子有辩但是无争，君子之辩，不以言辞说人，而是以理服人。《荣辱》："辩而不说者争也……此小人之所务，而君子之所不为也。"若是辩论者都面红耳赤，双方因为辩论而不欢而散，这不是君子所追求的，而是小人的行径。君子应当"有所止矣"①，辩而不争即是"有所止"的体现。如此既继承了孔子"君子无所争"②思想，又回应了庄子的批评。

其次，"言"与"辩"在荀子思想体系中具有十分核心的地位，荀子继承儒家重"言"传统，建立起"言"与"道"之间的联系。一方面，荀子认同孔子"言"与"君子"联系起来，对于合乎礼义的"辩"称为儒家所认可的辩，即"君子之辩"，而将墨家、名家等辩者的"辩"单独列出，称为"小人之辩"，与之相应，"言"也被分为"君子之言"与"愚者（小人）之言"③。如此，荀子便将君子、言、辩统一起来了，而如"巧言"等负面的"言""辩"则划分为小人所有。荀子所论"君子之辩"有两个标准，一是是否合乎礼义与圣王之道，如其在《不苟》《非相》《非十二子》批评惠施、邓析之流，"山渊平，天地比，齐秦袭，入乎耳，出乎口，钩有须，卵有毛，是说之难持者也，而惠施、邓析能之；然而君子不贵者，非礼义之中也""凡言不合先王、不顺礼义，谓之奸言，虽辩，君子不听""不是先王，不法礼义"等。二是是否有益于治道。其在《非相》批评"小人之辩"，"听其言则辞辩而无统，用其身则多诈而无功""上不足以顺明王，下不足以和齐百姓，然而口舌之均，噡唯则节，足以为奇伟偃却之属，夫是之谓奸人之雄"；在《非十二子》批评惠施、邓析，"甚察而不惠，辩而无

①《荀子·儒效》。
②《论语·八佾》。
③《荀子·正名》。

用，多事而寡功"，《解蔽》言"惠子蔽于辞而不知实"。这样，荀子便将"言"与君子联系在一起，合乎礼义的"言"成为君子的一项必备能力。另一方面，相比较孔孟，荀子更具体地指出"言"与"道"之间的联系为何，这也是针对庄子等对"言"的否定态度以及儒家"言"论之不足而做出的回应与发展。与《系辞》通过"象"来沟通"言"与"道"不同，荀子依旧坚持儒家"言"可达"道"的思想，并进一步指出"言""辞"是表达合乎"道"之"心"的，"辨说也者，心之象道也。心也者，道之工宰也。道也者，治之经理也。心合于道，说合于心，辞合于说"①。"心"可以通过"言"来合于"道"，"言"不但可以达于"道"，而且还是"心"的"代言者"，这与老、庄、《系辞》所论"言不尽意"是完全不同的，足可见"言"之地位之重。

那么，君子应当如何"辩"呢？简单来说就是"以仁心说，以学心听，以公心辩"，荀子在《正名》中提出"三心"说，也正是将"言""辩"与"心"联系来。他说：

> 辞让之节得矣，长少之理顺矣；忌讳不称，袄辞不出。以仁心说，以学心听，以公心辩。不动乎众人之非誉，不治观者之耳目，不赂贵者之权埶，不利传辟者之辞。故能处道而不贰，吐而不夺，利而不流，贵公正而贱鄙争，是士君子之辨说也。②

用"仁心"去解说道理，用"学心"去听取意见，用"公心"去辩论是非，其实"说""听""辩"都属于辩论的一个环节，三者一体，所以荀子所论"君子之辩"的关键就是"仁心""学心"和"公心"。所谓"仁心"，是指"言""辩"的内容要合乎仁德，《非相》："言而仁之中也，则好言者上矣，不好言者下矣。""好言者"所言的内容就是

①《荀子·正名》。
②《荀子·正名》。

"仁"，否则只是如惠施之流，无益于治道。所谓"学心"，是指以求知之心去听，而不是单纯用耳去听，"学心"也是一种态度，《文子》言："上学以神听，中学以心听，下学以耳听。"所谓"公心"，就是要公正，《正论》："凡议，必将立隆正。"其标准即是否合乎"礼义""中道""理"。《儒效》："言必当理，然后君子之所长也……凡知说，有益于理者为之，无益于理者舍之，夫是之谓中说……知说失中，谓之奸道。"

四、言与道：语言的局限与规避

语言在人类文明的历史进程中的作用不言而喻，在各大文明的早期文献中也有说明。德国哲学家恩斯特·卡西尔在《语言与神话》指出，"所有神话的宇宙起源说，无论追根溯源到多远多深，都无一例外地可以发现语词（逻各斯）至高无上的地位""在几乎所有伟大的文化宗教的创世说中，语词总是与至尊的创世主结成联盟一道出现的；要么它是主使用的工具，要么它就是第一源泉——主本人"①。但是从中国传统来看，虽然有重视"言"的传统，但一直也都存在各种否定的声音，如"言"能否达"道"成为诸子争论的话题。那么，是什么原因导致这种分歧呢？

马克斯·韦伯指出汉字作为象形文字，某种程度上却造成了中国文明轻视言语、辩论与言说。"由于中国文字一直保留着图像的特色，并未理性化为地中海商业民族所创造出来的拼音字母的形式，所以，中国的文学作品同时诉之于眼睛与耳朵，并且主要诉之于眼睛。"②

---

① 恩斯特·卡西尔：《语言与神话》，于晓等译，生活·读书·新知三联书店，1988年版，第70—71页。

② 马克斯·韦伯：《儒教与道教》，洪天富译，江苏人民出版社，2003年版，第104页。

"一方面，中国的语言尽管有其逻辑的特性，但中国的思维还是一直停滞在相当具体形象（直观）的状态。另一方面，这种纯粹的文字教育使得思想与表情（即表达动作）相分离，其分离的程度，较之任何其他具有文献性质的教育，来得更大些。"①在这种情况下，"中国的语言，部分由于它具有异常理性的结构，所以它无法为诗与系统性思维服务，也无法促进演说术的发展""演讲从根本上讲就是乌合之众的把戏""演说在官方文献中便无关紧要""中国哲学家的思维方式是极其实践的、务实的，其思想工具固守着一种形态，这种形态——恰恰表现在某些被认为是孔子所言的真正精妙的格言里——以其隐喻的寓意性使人觉得更接近印第安酋长的表达方式，而非理性的论证"②。

诚然，我们无法完全否认韦伯所提到的问题，尤其是务实、实践的思维方式，导致中国传统对逻辑、辩论的轻视。但从中国传统思想的立场来看，"言"自身的局限性也是造成这一局面的重要原因，如无论儒道，其最终目的都是到达、领悟"道"，只是对于"言"能否"达道"具有分歧，这也显示出语言能否传达的矛盾与局限，人类享受语言的便利，也被语言所限制，宋协立指出："语言既帮助人们认识客观世界，同时却又限制了人们认识客观世界的深度和广度。这就是语言文字'为之役而亦为之累焉'。"③另外，我们也必须看到如孔子、庄子所论述的那般，语言具有欺骗性，"巧言乱德"④"道隐于小成，言隐于荣华"⑤，即便是提出"君子必辩"的荀子也无法忽视这一点，故而

---

① 马克斯·韦伯：《儒教与道教》，洪天富译，江苏人民出版社，2003年版，第105页

② 马克斯·韦伯：《儒教与道教》，洪天富译，江苏人民出版社，2003年版，第104、105、107页。

③ 宋协立：《"言意之辨"：语言的局限性与文学的重要性》，《文史哲》1994年第2期。

④《论语·卫灵公》。

⑤《庄子·内篇·齐物论》。

提出了"愚者之言"与"小人之辩"①。同时，语言也具有不确定性，语言所表达的内容涉及价值意义的指涉，即是非，但是非标准却有时是因人而异的，正如会有儒墨之争论。

就荀子"君子必辩"而言，荀子并非没有发现"言"与"辩"的诸多局限，但其并没有就此因噎废食，如道家去否定"言""辩"，而是将合理的与不合理的因素以君子、小人之别来区分开。荀子通过对"辩"的内容、方式、标准等施加条件限制，荀子在对"言"和"辩"的论述和规定中，始终没有忘记儒家立场，坚持以礼义为核心的圣王之道，以裨益当时社会治理为出发点，扬长避短，使之成为充分发挥儒家思想——传"道"的必备工具，也成为君子形象的重要条件。

---

①《荀子·正名》。

《系辞传》与君子人格的养成和实践

易楚越*

摘要：《系辞传》作为《易传》的重要组成部分，有发明《易经》义理的重要作用，其中特别阐发了《易经》对人事的指导意义，这与君子人格的构建与养成有着密切的联系。君子作为儒家理想人格的典范，其理想人格的实践进路大抵是从政治理想的实现与伦理道德的修养两个方面展开的，而要在现实世界实现政治理想就需要对现实世界运转规律有着深刻的把握。《系辞传》正是发明《易经》中蕴含的客观世界基本规律的主要文本，《系辞传》将这一系列的规律进一步凝练概括成事物的"阴阳"关系，并认为这种"阴阳"关系囊括了天地之间的一切变化，其功用是没有界限的，因此圣人用它来发扬道德，而后世的君子更可以《系辞传》中描述路径为指导，以圣人为榜样，践行自己的君子之道。

关键词：君子；系辞；时中

一、《系辞传》与君子理想

张载提出的横渠四句大致上可以作为君子理想人格的一种观照，对内追求伦理道德品质的修养，对外追求王道政治的实现，如孟子所

* 易楚越，浙江大学哲学学院博士研究生，研究方向为易学。

说，"穷则独善其身，达则兼善天下"①。独善其身代表着个人对道德品质的顽强坚守，而"兼善天下"则是一种崇高的理想追求。崇高的人生追求是君子人格在现实中的具体表现，也是一种超越功利主义的理想实践和君子理所应当的道义自觉。在儒家看来，"兼善天下"的形式并不拘泥于某一种功业的实现，而是着眼于对天道的追求，如孟子所说，"存其心，养其性，所以事天也。夭寿不二，修身以俟之，所以立命也"②。"事于天"是君子践行理想人格的最高境界，在通向这一境界的修养历程中，能否正确把握"天道"自然就成为能否达成这种理想状态的关键。言及"天道"，《系辞传》作为《易经》的通论③，其中蕴含的道理自然就为君子修养身心，把握"天道"提供了启发与指引。

《易经》以阴阳哲学为主要形态的"易理"来解释世界，并认为自然与社会是一个互联互通的整体，由此自然可以通过对自然规律的观察和总结，将相关哲学道理运用在人类社会的经营和治理中。《系辞传》就是对《易经》的内容做进一步总结、解说和完善，例如关于圣人作《易》的原因，《系辞传》就做了更完整的说明：

> 圣人设卦观象，系辞焉而明吉凶⋯是故君子，所居而安者，《易》之序也；所乐而玩者，爻之辞也。是故君子，居则观其象而玩其辞，动则观其变而玩其占。是以自天佑之，吉无不利。④

关于《系辞传》的这个章节，朱熹在其《周易本义》中做了进一步诠释，"《易》之为书，卦、爻、彖、象之义备，而天地万物之情

---

① 《孟子·尽心上》。
② 《孟子·尽心上》。
③ 朱伯崑、李申、王德有：《周易知识通览》，中央编译出版社，2017年版，第206页。
④ 《易经·系辞上传》。

见，圣人之忧天下来世其至矣"。圣人因为忧虑天下来世之兴替，故而作《易》教化后人，从而帮助后人更好地应对世事变迁，持盈保泰。《礼纬含文嘉》曰："伏牺德合上下，天应以鸟兽文章，地应以《河图》、《洛书》，伏牺则而象之，乃作八卦。"可见《易经》所载乃圣人归纳总结的自然运转变化之理，后周文王又观卦爻之象，进一步"系属其辞"以"明吉凶"，所谓"明"即为明《易经》之中所归纳的万物运转规律，能明"易"方能明"吉凶"，如东汉荀爽所说："因得明吉，因失明凶也。"①而"明"的关键就在于卦与爻之间，君子应明辨圣人所设之卦象，做到"居则观其象而玩其辞，动则观其变而玩其占"。君子若能洞明卦爻之辞的变化，领悟蕴含在爻辞变化之中的要义，自然能明辨卦爻变化之机，天人合一之旨，在人事动静之间都以《易》中蕴含的智慧作为指导，方能无往不利，故而朱熹总结说："此章言圣人作《易》，君子学《易》之事。"②

既然圣人作《易》是为了给后世治理国家和社会留下思想指引，那么君子学《易》的目的是什么呢？《系辞传》中说：

> 神农氏没，黄帝、尧、舜氏作。通其变，使民不倦，神而化之，使民宜之。《易》穷则变，变则通，通则久。是以"自天佑之，吉无不利"。黄帝、尧、舜垂衣裳而天下治，盖取诸乾、坤。

伏羲作《易》之后，传于神农，神农之后又传于黄帝、尧、舜。尧、舜是儒家理想政治人物的典范，其代表了儒家思想中践行王道政治的完美案例，尧、舜在身份上是君主，在人格层面上是君子，这是儒家理想君子人格的典范。尧、舜"通其变"，这里可以理解为尧、舜通晓了《易经》中阐释的自然事物运转变化之理，正因为能"通其

---

① 李鼎祚：《周易集解》下，九州出版社，2003年版，第533页。
② 朱熹：《周易本义》，廖名春点校，中华书局，2009年版，第225页。

变"，故而能够"自天佑之，吉无不利"，进而达到"使民不倦""使民宜之"的效果，这是先世之君子学《易》而造就的伟大历史功绩，也是后世之君子应该不倦追寻的榜样。

《系辞传》举出圣贤运用易理治国的例子，既是为了说明《易经》之功用，更是为了强调《易经》的传承与发展。《易经》中蕴含的"易道"在政治实践方面追求的是一种社会整体和谐可持续的发展理念，这种立足于整体和谐、共赢的治理观念与儒家所主张的德治，道家所主张的善治是息息相通的，是儒家理想君子人格"为万世开太平"场景的具体描绘。《易经》浓郁的人文情怀与使命意识和具有极大包容性与普适性的哲学视野，与历代君子勇敢追寻的圣人之道相容并举，就如孟子所说的那样，舜与文王"世之相后也，千有余岁。得志行乎中国"①。于是，一种特殊的，来自理想世界的共鸣在《易经》与历代君子之间发生，《易经》的无限价值在这一代又一代的接续传承与践行中不断发掘和完善，也正是在这个过程中，君子理想人格塑造得以完成。

二、《系辞传》对君子理想人格的塑造

《系辞传》对君子理想人格的塑造主要从两个方面入手，同时也是君子践行理想人格的具体方式，一是伦理道德的修养，二是政治理想的实现。

（一）道德伦理的人格涵养

《系辞传》致力于阐释《易经》之中的哲学思想，主张要将包含自然与社会运转规律的纯粹理性认识积极转化为现实行动，特别是与人

---

① 原文为："舜生于诸冯,迁于负夏,卒于鸣条,东夷之人也。文王生于岐周,卒于毕郢,西夷之人也。地之相去也,千有余里;世之相后也,千有余岁。得志行乎中国,若合符节。"（《孟子·离娄下》）

的政治活动紧密相连，主张要主动地将相关的规律运用在人类社会的经营和治理之中。《系辞传》中包含的这一主张折射出的是一种对国家和社会长治久安的忧患意识，这种忧患意识同样也是《系辞传》涵养人格的基础，以胸怀天下之大，兼顾个人善恶之小。《系辞传》并不以苍白的德性说教来实现以天下苍生为念的理想情怀，而是将人的德性发现合并于自然规律的阐释中一并展开，例如《系辞传》说：

> 一阴一阳之谓道，继之者善也，成之者性也。仁者见之谓之仁，知者见之谓之知，百姓日用而不知，故君子之道鲜矣。

在《易经》的阴阳哲学系统中，"一阴一阳"就包含了世间万物所有的周流变化，这便是统摄天地人物的"道"。"道"对于身在其中的"人"来说无疑是具有支配性的，也是具有客观性的，是不以人的意识为转移。但是"道"与人之间并非冰冷无情的支配与被支配的关系，相反"道"可以为人所认识，为人所把握，如后文所说，"继之者善也，成之者性也"。"继之"反映了人相对于"道"而言是一种继承关系，这不同于对物质规律的复制或服从，而是人经过对天地阴阳变化规律的体察，自觉地对天地之"道"，"天道"之德的总结与继承。正是因为如此，"善""性"是为人所独有的道德伦理特性，是人从沉默的"道"中继承而来的具有人文色彩的伦理自觉，它既为"道"统属，又为人独创。

这就将人的德性价值提高到与"道"的支配地位一致，将人性与物性区别开来，反过来肯定了人在宇宙中不可替代的重要地位和特殊价值。这种特殊性进一步体现在"道"可在人的创造下发生不同的转换，"道"的范畴是无穷的，进而人的德性修养也是没有极限的。《系辞传》于此处举例说："仁者见之谓之仁，知者见之谓之知。"换言之，人性之中的"仁""义""知"等人性之美，是人依据于"道"的主动选择，是人以"天道"之"大"为启发，洞明"人道"道德伦理之"小"，因此也就强调了人对于人类命运的主宰意义和人对于自然世界的责任担当。同时，也进一步指出现实生产生活中，百姓"日用不知"的现状，强调君子依据"天道"发明"德性"的特殊使命，这就又将君子的德性修养与道义担当统一起来了。

那么《系辞传》具体是怎样解释"天道"，并启发人的德性修养的呢？

《易》与天地准，故能弥纶天地之道。

与天地相似，故不违。知周乎万物而道济天下，故不过。旁行而不流，乐天知命，故不忧。安土敦乎仁，故能爱。

所谓《易》与天地准，朱熹说："《易》书卦爻，具有天地之道，与之齐准。"①"弥纶"就是"终竟联合""选择条理"之意，《易经》一书所阐释的天道就是天地之道，就是万物生灭运转之机。而"知周乎万物而道济天下"则为"天道"运转的结果，是天地盛德的现实体现。"天道"恪守于"中"，不偏不倚故而"不过"。天地万物一视同仁，生生不息，这便是道济于天下，是天地之至"仁"。朱熹注此节时说："天地之道，知仁而已。"②既知天地之仁，人间之仁无过于此，故能"知命"而"不忧"，能常怀仁义之心，成仁义之用，不因环境和际遇的变化改变初心，就叫"能爱"。如孔子所云："君子无终食之间违仁，造次必于是，颠沛必于是。"③可见，在《系辞传》看来"天道"之德就是"万物并育而不相害，道并行而不相悖"④。天地一视同仁，使万物生生不息即为天地之仁。人应当以天地之仁为榜样，在人类社

①朱熹：《周易本义》，廖名春点校，中华书局，2009年版，第226页。
②朱熹：《周易本义》，廖名春点校，中华书局，2009年版，第226页。
③《论语·里仁》。
④《礼记·中庸》。

会治理中，寻找到一条能够处理复杂矛盾，帮助国家治理长治久安、繁荣和谐的中正之道，这就是圣人之仁。

《系辞传》在宏观价值层面强调人应当将自身放在与"天地"相似的位置去自我审视和要求，同样也强调人在德性修养方面应该发扬锐意进取的精神，依据人自身能动性和创造性，在遵循宇宙基本规律的同时，以一种强烈的伦理自觉去发掘人类独有的善性，《系辞传》说：

> 夫《易》，圣人所以崇德而广业也，知崇礼卑，崇效天，卑法地，天地设位而《易》行乎其中矣。成性存存，道义之门。

这段中的"崇效天，卑法地"是对宇宙基本规律的总结和遵循，而"成性存存，道义之门"则说的是对人的自我善性的发掘，这种主动的自我觉悟式的伦理追求是以天地为视角审视自我的伦理建构，具有广博的宇宙视野和温煦的人文情怀，这同样也是一种由内而外充实君子人格厚度的道德修养路径。

总的来说，《系辞传》传递的伦理思想观念要比儒家一般的道德伦理教化更为开阔，它是以阴阳变化规律为基础建立的哲学理论，是在儒家天命观念的基础上进一步解答了"天"的状态，但是又避免了"蔽于天而不知人"[1]的淡漠，转而在儒家和道家之间找到了一种囊括天人、贯通物我的超然状态，这种状态既避免了单纯探索自然发展规律及边界的冷漠，又避免了局限于人的主观感受而导致的脱离实际，在延展宇宙意识的同时又饱含人文情怀，是自然主义与人文主义的有机结合。这就建构了一条连通物我的天人合一道路，兼顾了向内道德性的人格建构和向外开拓性的规律把握，将人的伦理之性与天地的生生之德统一起来，将天地之大德作为人的价值源泉，使人的人格建构具有超越道德教条、连通宇宙博大的非凡意义。

---

①《荀子·解蔽》。

（二）政治理想的实现

《易经》中蕴含的阴阳哲学不仅仅是对客观世界运转的一种理性把握，更与人类活动特别是政治活动紧密相连，具有强烈的政治实践功能。总体而言，《易经》主张一种追求社会生活整体和谐，政治活动总体有序的治理观念。它致力于缓解各个时期不同政治制度下的矛盾，并力图通过化解由政治体制造成的冲突与矛盾，进而形成总体和谐可持续的发展状态，从而推动社会治理的长治久安。正如《系辞传》中说："夫《易》何为者也？夫《易》开物成务，冒天下之道，如斯而已者也。是故圣人以通天下之志，以定天下之业，以断天下之疑。"①所谓"开物成务"就是通达万物之理，进而成就事业，在具备"开物成务"的能力之后，就应该效仿圣人之志，以谋定天下，开辟太平为业，这既是《系辞传》概括的圣人之志，也是后世君子应当追求的理想人格。《系辞传》中既描绘了《易经》在政治实践中推崇的和谐状态，也为君子的政治实践提供了路径遵循。

从《易经》理想的政治理念上看，《易经》主张从"人事"入手，解决政治问题。大抵上，中国历史上长期的政治体制是自秦以来一直奉行的君主专制的中央集权制度，这种体制的构建基础源于秦朝根据法家思想变法而形成的一整套带有专制主义色彩的法制思想，即通过国家暴力机构保障法制权威，再通过法制权威保卫君主专制制度并有效治理国家。法家的这一套治理观念与《易经》的政治理念最大的分殊在于对人的关系的认识上，如韩非子所说："下匿其私，用试其上；上操度量，以割其下。故度量之立，主之宝也；党与之具，臣之宝也。臣之所不弑其君者，党与不具也。"②这是将君与臣的关系锁定在相互利用，互相竞争的关系上来分析，正如韩非子在这里说的，臣子之所

---

①《系辞上传》。
②《韩非子·扬权》。

以不弑杀其君，不是不想，而是暂时不能。因此君主为了保住自己的地位和性命就必须时时刻刻"上操度量，以割其下"，这与孟子倡导的"君之视臣如手足，则臣视君如腹心"①的君臣和睦、信任的政治状态完全相左，这代表法家对人性善论的彻底否认。因此，法家认为要防止人类社会走向混乱与崩溃就必须通过人心的恐惧来制定一套严酷的规则体系以治理国家，甚至完全地否定道德建构的价值意义。相比于法家对人性善的极端否定和儒家对君臣互信、君臣共治的美好愿景，《系辞传》则提出了新的认识方式：

> 易则易知，简则易从。易知则有亲，易从则有功。有亲则可久，有功则可大。可久则贤人之德，可大则贤人之业。

从此节来看，《系辞传》并不将政治活动看作为仅某一利益团体牟利的政治阴谋，也不将政治活动转化为君主与臣下知遇之恩或人格魅力的人情合作，而是脱离人的利益关系和情感好恶，从谋及天下圣人之业的高度来思考政治问题，提出"以易破难"的实践观。其认为在明确政治实践的总体方向以后，应当去繁就简，从而使人"易从"，所谓"易从"是使人明白其所作所为的意义，能够较为容易地执行与合作，进而能够团结大多数人，故而能"有功"，即有所成绩，进而将人人为己的利益关系，转变为"我为人人，人人为我"的合作关系，在这种条件下方能"久""大"，从而可成就"贤人之德"与"贤人之业"。

将《系辞传》的这一观念与法家和儒家的政治理念相对比可以得出三个方面的特征，一是《系辞传》主张民本主义的思想观念，其政治实践是围绕圣人之业展开的，其重点在于天下人总体的利益能够长久地得到保障。而法家的政治理念则是君主专制目的下的集权主义，

---

① 《孟子·离娄下》。

是围绕君主个人的利益展开的。二是《系辞传》认为在政治事业中，君臣、官民等上下的各种相互关系是可以以一种相互理解，互相支撑转换的阴阳关系统一、团结起来，而不是依靠利益关系捆绑起来。三是《系辞传》并不否认在政治活动中存在利益关系，也不否认儒家倡导的君臣同心共治的情感联合，而是将这两者都看作政治活动客观条件的一部分，仍然以"易从"而"有功"的整体思维入手，不极端化地选择任何一种思维认识。

在政治活动中同样存在"人"品质的问题，《系辞传》专门阐释了小人与君子在这一点上的区别：

子曰："小人不耻不仁，不畏不义，不见利不劝，不威不惩。小惩而大诫，此小人之福也。"

善不积不足以成名，恶不积不足以灭身。小人以小善为无益而弗为也，以小恶为无伤而弗去也。故恶积而不可掩，罪大而不可解。

子曰："君子上交不谄，下交不渎。"

在《系辞传》看来，法家认为政治活动必须依靠以利诱之、以刑畏之的做法恰恰是见利忘义的小人之行，以这种方式开展政治活动必然吸引而来的都是小人，这些小人因小善无利而不为，故而不能成大业，见小恶无伤而弗去，故而会陷入重大的危机之中，这是以法家主导的专制政治总是陷入不可调和的矛盾的重要原因。

《系辞传》对于化解这些矛盾也提出了一套解决方案，首先从认识上，《系辞传》从《易经》中蕴含的阴阳哲学入手，用万物一体的系统观念来理解政治活动。《系辞传》认为应当借鉴天地之间万物一体，美美与共的运转规律，将君臣、父子、夫妻、社会个体之间都看成一种阴阳相济、共荣共损的统一整体，强调不同地位与身份之间的相对性，否定权力的绝对性。并通过社会长期沉淀形成的文化道德共识作为价值引导，去为这种对立统一，不断转化的统一整体提供总体遵循。在乱世之中，积极地寻求使混乱的社会现实回归到这种统一、安定、和谐的整体的方法，就是《易传》推崇和呼唤拨乱反正、安邦定国的政治尝试，推动这种政治尝试走向成功的关键在于执政者的教化，即君子。

在政治上塑造的君子人格有两类，一类是作为"臣"的君子，一类是作为"君"的君子①。在《系辞传》看来这两类君子在地位上虽有不同，但是从人格塑造的角度上却是一致的，都要对天下黎民百姓有强烈的道义自觉，都需要在复杂的政治实践中开辟出一条适合其时代发展的实践道路，关于践行君子之业的进路《系辞传》也有许多表述，例如：

子曰："君子安其身而后动，易其心而后语，定其交而后求。君子修此三者，故全也。危以动则民不与也，惧以语则民不应也，无交而求则民不与也，莫之与则伤之者至矣。"

此节为《系辞传》对于君子修身之要的概括，告诫君子修身当以稳妥为要，行事做人不能盲动冒进，与人相交不仅要观察其人言行，更要体察其用心，与人办事将心比心，自然无有不应。《系辞传》的这些表述是君子身心之学，虽然朴实但可以以小见大，用于修身齐家可无大害，用以治国可洞悉民心之变，用于安定天下可洞明世事之变，实为修身之大要。

又比如《系辞传》中说：

子曰："危者安其位者也，亡者保其存者也，乱者有其治者也。是

①彭鹏、何善蒙：《观象设教：儒家君子人格的培养径路探析》，《东岳论丛》2022年第6期。

故君子安而不忘危，存而不忘亡，治而不忘乱，是以身安而国家可保也。《易》曰：'其亡其亡，系于苞桑。'"

此节专言忧患，所谓"生于忧患死于安乐"也，君子修身、治国皆要常怀忧患意识，坚持"治未病"的系统思维。同时，这种忧患意识也是促使君子保持清醒的一味良药，时时刻刻关注到社会变化的趋势，以及变化趋势的背后是否会影响社会的整体利益。在不断观察和思考中弥合事实与期望、理想与实际的差距。坚持以长远的政治眼光落实系统性思维，不仅要谋一世太平，更要谋万世太平。深刻告诫作为政治活动主体的君子要自始至终保持畏惧警惕之心，保持审慎清醒的态度，才能在复杂的变化与矛盾面前保持机敏嗅觉与正确的判断力，进而达到保国安民、长治久安的目的。从这个角度来看，《系辞传》对君子修身的要求是极高的。除此之外，《系辞传》还提出了一套具体的实践方法：

子曰："君子藏器于身，待时而动，何不利之有？动而不括，是以出而有获，语成器而动者也。"

此节可以代表《系辞传》的实践论，讨论的是君子最终如何将自己的理想人格付诸现实行动，其核心观点是君子当"待时而动，与时偕行"，也就是"时中"。"时中"不是一种状态或者结果，而是一种应用的方法，这个方法要求人能够因时因地地根据客观条件变化而选择最为恰当的方式调整行为，解决问题，无论是向内履行伦理道德规范还是向外开物成务都有重要意义。事实上《周易》六十四卦就可以看作事物在不同时间和条件下的变化演替，社会现实和自然幻觉总是伴随时间的变化不断消长的，在变化的根本秩序中，如何把握事物发展的"不变"规律就成为践行"时中"的关键。

虽然变化是运动的客观世界永恒不变的规则，但是在变化的过程中，不同对象之间的相对关系总是相对稳定的。《系辞传》的思维方法或许提供了一种在变化中把握相对恒定的主客体关系的方式，因为"阴阳"关系是事物变化中总的关系的统一，在这种相对恒定的规律中，人可以实现相对正确的认识，从而调配合适的行为与其相适应，进而达到化解矛盾，解决问题的目的。使得君子在不同的历史时期，虽然总是面临"小人得志，君子道消"的现实困境，但是也总是可以把时局维持在不至于彻底毁灭的底线上。"时中"的思维观念同样提醒人们要时刻重视治乱吉凶的转化，持盈保泰是一种需要长期努力和坚持的方向，任何时候都不存在高枕无忧的安定状态。这是一种积极主动的化危为机的思维方式，是君子安身立命，建功立业的方法论、实践论依靠。

总的来说，"时中"的观念来自《易经》广阔的宇宙观，既然宇宙的根本秩序是基于阴阳变化时时发展的动态过程，那么就必然需要一套动态方法论与之相适应，这就形成了"时中"的基本内涵：顺时而动，与时偕行，这里面包含着"时"与"行"的统一。如《易传·象传·艮卦》中说："时止则止，时行则行。动静不失其时，其道光明。"又比如《大学》中说："物有本末，事有终始。知所先后，则近道矣。"这两句话表达的意思相近，都是要求要主动地把握事物运转的客观规律，因势利导，与时偕行，在合适的时机把握事物的规律，方可"其道光明"。在思维层面，《易传》主要将着眼点放在事物之间普遍联系的规律特点上，要能动地将事物本身与事物存在的客观环境和其他因素联系起来系统地思考问题，避免机械、孤立的认识论，这样的思维方法在政治实践领域尤其意义重大。

三、小结

《系辞传》对于君子人格的养成与实践大体上可以分为两个部分来看待，一是人自身的道德修养和胸怀气度的养成。君子之行来自君子之风，内在道德修养的涵养仅仅依靠道德教条的规范是不够的，人应该通过观察和思考感佩"天"的德性，如此才能体察了解遵守道德的意义，同时也能在这个过程中，自然具备遵守道德的能力。严格的道德规范可以规范人的行为，但却无法治愈人的心灵，而《系辞传》正是从世界运转规律的角度，引导人认识事物发展变化规律的同时，开启人包容吞吐宇宙的气度，从理解天地生生之大德的角度，认可人类社会的道德伦理建构，构建了一条合天人，通物我的修养路径。二是君子理想在现实层面的实现，这种实现主要体现在政治理想上的实现，《系辞传》提出了一套平衡儒者的政治思想，针对政治体制的矛盾，提出了一套包含缓解君臣、官民矛盾的执政理念，以合作取代对立，以共赢取代竞争。《系辞传》还蕴含着极具实践意义的实践方法，即"时中"，通过深入地把握事物变化的根本规律，把握事物的"时变"，做到唯变所适，从而解决复杂情况下的复杂问题，获得政治实践上的成功，完成君子之行向君子之业的跨越。

三畏与君子形象之确立

卢　涵[*]

摘要：经过孔子的改造，君子成为了中国思想传统中一个重要的人格形象，那么，君子的形象是如何确立的呢？关于这个话题，学界有很多的探讨，本文通过对"君子有三畏"的分析，讨论了"畏"在文中区别于"惧"和"敬"的特殊含义，并通过对三畏对象的梳理，与小人的描述对比，说明"畏天命"的重要意义及其对于君子形象塑造的根本性作用，"畏大人"的现实作用及君子对社会责任的态度，"畏圣人之言"的特殊性及君子的使命感。

关键词：君子；三畏；天命；大人

一、以"敬"言"畏"：三畏说的基本立场

在《论语》中，有多处通过君子和小人在相同情况下的对比来体现君子的特征，以及德性修养的价值，例如"君子有三畏"就是其中之一，"君子有三畏：畏天命，畏大人，畏圣人之言。小人不知天命而不畏也，狎大人，侮圣人之言"[①]。关于这一章有许多讨论，主要集中在对"畏"的解释上，因为"畏"是小人和君子行为最大的区别，明确"畏"的意思就可以说明德性修养的效果，是完善君子形象塑造的

---

　*卢涵,浙江大学中国哲学专业博士研究生。

　①朱熹:《四书章句集注》,中华书局,2014年版,第173页。

前提，但是除了"畏"的意思之外，孔子提出三畏的具体内容不仅是理解"畏"的辅助，也是君子真正的目标所在，并且根据句义可知，在面对三畏的具体内容时，君子统一为"畏"，而小人在"畏"之外，分别有不同的态度，所以"畏"的内涵也是具有不同的层次，三畏相对于唯一的道德情感和道德责任来说是由一化三更具体的要求，但同时也更神秘，这种神秘性首先来自三畏——天命、大人、圣人之言的共同特点，这三者都是抽象的，对于"命"来说，在《论语》中，孔子使用"命"多取命令之意，而不讨论命运，"子罕言利与命与仁"①，至多以为生死有命，但同时又认为君子是必知"命"的，"不知命，无以为君子也"②；对于大人来说，其与圣人的关系在儒家思想中也是模糊的，除了三畏中提及"大人"，孔子并不讨论大人的形象；对于圣人之言来说，"圣人"在孔子眼中本就是一个仅存在于可能性中概念，"圣人，吾不得而见之矣；得见君子者斯可矣"③，那么圣人之言自然不能等同于常人的言论。其次，这种神秘性来自三畏的区别——天命、大人、圣人之言，这可以对应信仰、政治和道德的划分，而在孔子的思想中，原本宗教氛围浓厚的天命实际上已经转化为道德概念，"性"与"命"具有相同的根据，只不过主动性和客观性的分配不同，由此"知天命"与顺从大人和听闻圣人之言并没有彼岸此岸的绝对分隔，但同时大人和圣人之言都有来自天的客观难知的一面，并非现实中直接听到的言辞、看到的威仪或感受到的权势那么简单。所以通过三畏的具体内容对"君子三畏"进行分析，可以对孔子用"畏"来描述君子产生更全面的理解。

如前所述，历史上各学者对该句中的"畏"多有考察，主要分为"惧"和"敬"两种解释，其实各有其合理之处，而在两者中，将其解

---

① 朱熹:《四书章句集注》,中华书局,2014年版,第109页。
② 朱熹:《四书章句集注》,中华书局,2014年版,第196页。
③ 朱熹:《四书章句集注》,中华书局,2014年版,第99页。

释为"畏惧"较多。因为按《说文解字》"畏，恶也。从田虎省。鬼头而虎爪，可畏也"，"畏"的本义与鬼、虎相关，两者都是使人产生恐怖心理的对象，所以"畏惧"应该是"畏"最基本的意思。董仲舒在《春秋繁露》中解释三畏时有言："孔子曰：'畏天命，畏大人，畏圣人之言。'……过有深浅薄厚，而灾有简甚，不可不察也。犹郊之变，因其灾而之变应而无为也。见百事之变，之所不知而自然者，胜言与！以此见其可畏。专诛绝者，其唯天乎！臣杀君，子杀父，三十有余，诸其贱者则损。以此观之，可畏者，其唯天命、大人乎！亡国五十有余，皆不事畏者也。况不畏大人，大人专诛之，君之灭者，何日之有哉！鲁宣违圣人之言，变古易常，而灾立至，圣人之言可不慎！此三畏者，异指而同致，故圣人同之，俱言其可畏也。"其"畏"主要是从灾祸来讲，因而主要引起的是人畏惧的感情。除了此段对三畏的说明，《春秋繁露》其他地方对三畏的具体内容的说明也是偏向对象占据主导性，所以将董仲舒对"畏"的解释理解为"畏惧"也是比较合适的，如在讨论"天命"时，强调其微妙难知仍处于被动接受结果的地位，"灾者，天之谴也；异者，天之威也。谴之而不知，乃畏之以威。诗云：'畏天之威。'殆此谓也"①；在讨论"大人"时，强调大人的喜怒难测，人与大人相处时须谨小慎微收敛个人的主动性，"诛求无已，天下空虚，群臣畏恐，莫敢尽忠，纣愈自贤。周发兵，不期会于孟津之上者八百，诸侯共诛纣，大亡天下"②；在讨论"圣人之言"时，强调世事混乱，真义难守，给人以无可奈何之感，"郊礼者，人所最甚重也。废圣人所最甚重，而吉凶利害在于冥冥不可得见之中。虽已多受其病，何从知之？故曰：问圣人者，问其所为，而无问其所以为也。问其所以为，终弗能见，不如勿问，问为而为之，所不为而勿为，是与圣人同实也，何过之有？诗云：'不骞不忘，率由旧章。'旧章者，

---

① 苏舆:《春秋繁露义证》,钟哲点校,中华书局,1992年版,第259—260页。
② 苏舆:《春秋繁露义证》,钟哲点校,中华书局,1992年版,第106—107页。

先圣人之故文章也。率由，各有修从之也。此言先圣人之故文章者，虽不能深见而详知其则，犹不知其美誉之功矣。今郊事天之义，此圣人故。故古之圣王，文章之最重者也，前世王莫不从重，栗精奉之，以事上天。至于秦而独阙然废之，一何不率由旧章之大甚也"①。所以尽管董仲舒在谈及三畏时有"畏敬"②的并称，但其意不可理解为"敬"，同时由上述引文可知，将"畏"解释为"畏惧"是会导致人主动性的消解以及对利益（福祸）的过度重视，从孔子设置君子有明确的道德追求以及清晰的利义先后来看有不合适之处。同样将"畏"理解为"惧"的还有朱熹，朱子在《四书章句集注》中直接对"畏"进行解释："畏者，严惮之意也。天命者，天所赋之正理也。知其可畏，则其戒谨恐惧，自有不能已者，而付畀之重，可以不失矣。大人、圣言，皆天命所当畏。知畏天命，则不得不畏之矣。"从文中"惮"可知，"忌难也。从心单声。一曰难也"，"惮"有畏难、怕麻烦的意思，换言之，是在说天命、大人和圣人之言与常事不同，尤其繁难，不易处理，结合文中又有"不敢""恐惧""不得不"等词，符合前述"畏惧"对人主动性的消除的解释，自然将"畏"之义局限在"畏惧"上。但是朱子并不认为在指出三畏的困难之后，"畏"是劝君子放弃，而是要求君子承担，"付畀之重，可以不失"，所以其"畏"并没有使君子回避到福祸等利益追求中，而是更加坚定了君子对道德的追求，并且《朱子语类》中也有相关说明："'畏天命'三字好。是理会得道理，便谨去做，不敢违，便是畏之也。如非礼勿视听言动，与夫戒谨恐惧，皆所以畏天命也。然亦须理会得天命是怎地，方得。"由此可见，朱子

---

① 苏舆：《春秋繁露义证》，钟哲点校，中华书局，1992年版，第413—414页。

② "孔子曰：'君子有三畏：畏天命，畏大人，畏圣人之言。'彼岂无伤害于人，如孔子徒畏之哉！以此见天之不可不畏敬，犹主上之不可不谨事。不谨事主，其祸来至显；不畏敬天，其殃来至暗……天殃与主罚所以别者，暗与显耳。不然其来逮人，殆无以异。孔子同之，俱言可畏也。"苏舆：《春秋繁露义证》，钟哲点校，中华书局，1992年版，第396—397页。

以为"畏"为"畏惧"，但君子之"畏"又与常人有别，常人执着于福祸利益等，各种琐事都会加重人的恐惧心理，人便容易输给畏惧的情绪，所以一般以为"畏惧"会导致回避的结果，但君子的追求不在于利益之间的琐事，而仅针对三件事，所以尽管三者的难度要远高于琐事，但由于三者具有充分的确定性，因而相比未知的恐惧，已知的困难并不会使君子回避，而是会进一步明确君子的使命。由此可见，"畏"解释为"畏惧"也具有不同层次，从而使"惧"这一解释为人所接受，但是"畏惧"这一层意思与一般的理解稍有不同。从朱子的解释来看，在说明"畏"的第二层意思时，须强调"恐惧"之前的"戒慎"，"不得不"之前的"正理"和"知"，其意与"敬"有类似之处，所以也有学者认为不如直接将其解释为"敬"，避免解释的偏差。毕竟"惧"代表的是一种消极感情的限制，而"敬"则是积极的精神，适用于对君子进行正面描述的"三畏"。

近来学者多将其解释为"敬"，因为不仅符合孔子思想的逻辑，有古训的支撑，如《广雅·释训》有"畏，敬也"，《礼记·曲礼上》有"贤者狎而敬之，畏而爱之"，郑玄注有"心服曰畏"，而且《论语》中也有内证①。所以尽管"敬"并非"畏"的本义，但在古人看来，"畏"与"敬"有类似的情感基础，其义有相通之处，如钱穆云："三畏：畏与敬相近，与惧则远。畏在外，惧则惧其祸患之来及我。畏天命：天命在人事之外，非人事所能支配，而又不可知，故当心存敬畏。畏大人：大人，居高位者。临众人之上，为众人祸福所系，亦非我力所能左右，故不可不心存敬畏。畏圣人之言：古先圣人，积为人尊，其言旨深远，非我知力所及，故亦当心存敬畏。"②李泽厚则以宗教情怀说明"敬"与"畏"的相似性："此处三畏似均宜作'敬畏'之'畏'解。它是'敬'的极度形态。儒学伦理之所以总是具有某种形上的深

① 廖名春：《〈论语〉"君子有三畏"章新释》，《孔子研究》2011年第6期。
② 钱穆：《论语新解》，生活·读书·新知三联书店，2002年版，第434页。

沉宗教意味，即来自此'畏'。'敬畏'排除了原始巫术、奇迹、神谕等等具体仪式活动，而留下深厚的'宗教'情怀'。"①从钱穆之言可见，反对"惧"的原因与上述董仲舒使用"惧"时产生的问题类似，而从李泽厚的说明来看，将"畏"解释为"敬"。不仅是因为"惧"的解释有偏差，而且两者本来就有相通之处，在哲学之前，宗教是人们精神生活的主导，所以"敬"是普遍的状态。"敬"字会意，表示以手执杖或执鞭进行敲打和督促，是"畏"的根源，而且这一解释扩大了君子的气象，以宗教情怀表达君子形象，使得其有天地之大。但是从这一说明中也可以看出"畏"和"敬"之间仍旧是有区别的，以"敬"取代"畏"与"惧"一样，会取消君子的主动性并且导致德性修养方式的偏差。文中说"畏"是"敬"的极度形态，这个极度不仅是程度上的极致，还表现在性质上的变化。从"敬"来讲，是为了保留其深沉的宗教意味，但这并不是孔子的目的，反之，孔子是要将宗教转化为哲学，社会信仰转化为道德精神，这之间的差别正是"敬"不能取代"畏"的原因，也是孔子为君子设定的重要特征。《礼记·曲礼》中有"在貌为恭，在心为敬"，一般而言，恭敬并提，多用于"礼"的描述，而"礼"是祭祀的产物，相比于"德"而言是外在的，所以"敬"尽管与"恭"相比，是一种对于不可闻见精神的内在状态，"敬"也依旧是在"礼"的层面上对人内心的描述，强调人在行礼时要有与外行相配的合适心理。换言之，"畏"的对象是天命、大人、圣人之言，而"敬"的对象可以说是"礼"。又《礼记·少仪》中说"宾客主恭，祭祀主敬"，"恭"对应"宾客"，即"人"，而"敬"对应祭祀，即"神"，所以"敬"的对象从根本上来说是"神"，且通过"神"与"人"的差别对待可知，此时"神"与"人"是二分的，也就是"敬"的原本含义有天人相分的设定。所以如果仅仅持守着"敬"，那么人受制于"礼"，是以"恭"限制"敬"的状态，人无法脱离与天相对的世

---

① 李泽厚:《论语今读》,中华书局,2015年版,第357—358页。

俗气质，人与天的关系会如人与鬼神的关系一样——"敬鬼神而远之"，是"远"的，而天人的远离使人无法为君子。但是"畏"则是对"敬"的内在性的继承和不可闻见对象的扩展，更进一步地要求人与天融合。从上述对"畏"的说明来看，"畏"不仅代表着外在对象的威胁，同样代表着自己对内心产生的异己感的觉察，这种异己感源于天人合一的视角下人德性修养完满之前的状态，两者的差异会给人带来恐惧，而两者合一的可能又会将此转化为人时刻谨慎紧迫的动力，此时天命、大人、圣人之言不是浮于表面的对象，不是可以略表敬意即可一带而过的东西，而是自己缺少的部分，就像恐惧一样自发且深刻那样真实，"畏"说明三者是贴近于个体生活的，若不对此有明察真切则会产生危机。所以与孔子提出"仁"将道德转化为人内在的部分类似，"畏"在当时孔子描述君子时也具有人蜕变的重要意义，只不过当今人无畏的时间长了，对生活不仁，连"敬"和"恭"都丧失了，更无所谓"敬之极致形态"的体会，或对"畏"之于君子的特殊意义的理解，所以以"敬"言"畏"相比单纯的"惧"更能提升个人的责任感。

二、畏天命：君子人格的宗教性维度

若说"畏"是儒家深沉宗教意味的来源，那么按宗教祭祀或者礼乐制度的严格等级划分，所畏三者中"天命"应当是离君子最远的部分。不过，从上面对"畏"的解释来看，孔子认为"君子"应当是不需要牵扯到宗教也能自然地达到"敬"的极致，因为最平实的生活中就已经包含着需要畏惧谨慎的一切，所以孔子不言神但是谈天，三畏的顺序也是由"天命"到"大人"再到"圣人之言"。按照三畏的说法，"天命"为首，表明了天命的重要和亲近。从亲近这一方面来说，"命"用来描述人的一生，是每个人都具有的，但是天命与命不同，本身与个体并没有一体性，而天命与人产生距离的关键在于"天"对命的限制。在宗教意味中，"天"具有人格性，和人一样具有意志，同时对人有控制权，所以"命"作为"命令"，人作为服从者，此时"天命"表达的是人接受安排。因而，在礼乐分明的政治活动中，"天"也可以指天子，在君权神授的观念下，"君主"的合法性来自"天"，"天子"与"天"有一致性，天命可以视为天子的使命。但是从以上描述来看，"天命"并不与普通人直接关联，仅从天命之大和有力来看，"畏"只能用"惧"来解释，所以此处最关键的在于在孔子思想中，通过"天命"意义的转化，用"畏"表达君子的形象，如前述，从道德哲学的角度来看，"天命"并不是什么宏大高远只关于神明或天子的事，"天"是德之善的代表，"天命"应该体现为人实践"德"的自然性和绝对性，因而人性中的仁义才是天命的体现。"天命"以其道德内涵在每一个生命上呈现，成为每个人自身内在的部分，对君子来说，甚至比通过外在事物交往体现的"命"更为亲近："天命"具有稳定性，"命"反而会受外物的影响而具有不确定性。从重要性上来说，孔子提到在"天命"这一"畏"中，须有"知"作为前提，在讨论"畏"的内涵时，说到"畏"相比于"敬"更有对内在的知觉，因而"畏天命"具有确定"畏"的意义的重要性。人要知"天"的道德含义才能发觉自己内在仁义的价值，人只要知天在自己身上，"天命"才能由外入内，"畏"才能超越"惧"的意义，所以孔子强调"知天命"，朱子强调"知其可畏"。因为"知"是"天命"能否落在个体身上，"敬"能否转化为"畏"的关键，所以"畏天命"也成为君子产生的条件，成为划分"君子"与"小人"的标准。君子由"知天命"而能将一切行为（三畏）都由"畏"来规定，而"小人"则因"不知天命"，产生"狎"和"侮"等各异的不正当行为，所以对于"天命"只有"知"与"不知"。"知"便是一切道德的根基，有"知"，一切行为都能得到统一，而"无知"则只能恭行其礼而不能知行合一，因而从"知"的重要性可知，"智"必然是君子德性的要求之一，王孙贾问曰："与其媚于奥，宁媚于灶，何谓也？"子曰："不然，获罪于天，无所祷也。"①

从"无所祷"的角度来说，人在天命强大的客观性和绝对性面前是不得不畏惧的，但是从"获罪"的角度来说，人却是有主动性的知。孔子提出了"知"和"智"的一体，意味着人与天是可以通过这种方式合一的，但人却选择了"媚"与"祷"这种不知的行事方式，此时不可说是停留在"敬"而不知"畏"，在君子是现实的情况下，只能说这是小人主动与天相远，选择了"媚"和"祷"这类对象性的行为，只求个人利益，拒绝与万物共生。而且"智"不仅有道德的规范作为前提，还包括行事所需的智慧和知识储备，可以引出"天命"的另一层含义，即"天"除了"德"善之外的"道"的规律性，"天命"在"命"之前，同时包含"命"，即对万事万物的规定，"知"是进入对"天命"规律性了解的手段，"天何言哉？四时行焉，百物生焉"②，一切都是天命的呈现。所以"智"（知）最完整且无所局限的指向就是天命，"知其可畏"就是知道"天命"与"命"之间正确的逻辑关系，从而有正确的人生追求和明确的指导方向。

所以在孔子的哲学中，人应当为君子才能称得上是一个完整的人。君子有选择的主动性，并且做出了正确的选择，这可以从君子行事的方方面面见得，但总结来说不过是"不怨天，不尤人"③。"不怨不尤"代表君子通过"畏"明确了自己在天地之间的位置，选择了承担道德的绝对责任，而"天"和"人"则代表着君子对内外的认知。在南子一事时，孔子面对子路的质疑用天起誓；在颜回逝世时，孔子发出被天厌弃的感慨；在困于匡时，孔子依凭对天命的信心而坚持下去。可见对孔子来说，天一直是明明白白展现在眼前的，不需要装神弄鬼，

---

① 朱熹：《四书章句集注》，中华书局，2014年版，第65页。

② 朱熹：《四书章句集注》，中华书局，2014年版，第181页。

③ 朱熹：《四书章句集注》，中华书局，2014年版，第158页。

也不是半遮半掩仅对一部分人公开的。天不可欺，知天者则无人可欺，知天的关键在于不自欺，坦然地接受起伏得失甚至生死，就如同知事事都有先见一般，生死富贵一目了然。所以"天"不在外，"人"不在内，君子对于社会中外化之"天"依旧保持宗教般的虔诚，并与现实中小人为私保持距离。

三、畏大人、畏圣人之言：政治规范与道德担当

"大人"在郑玄《论语郑氏注》中意为"谓天子诸侯为政教者"。在君子盛起之前，大人指向的大概要算天子这一等级的人物，所以对"大人"之"畏"不仅是对权力的屈从，更是对属德的政权归属的认可。何晏《论语集解》："顺吉逆凶，天之命也。大人即圣人，与天地合其德者也。深远不可易知测，圣人之言也。恢疏，故不知畏也。直而不肆，故狎之也。不可小知，故侮之也。"此后大人的道德意味更重，以至于有权位者反而多被斥责为小人，"说大人，则藐之，勿视其巍巍然"。虽有权位而为大人，实则德性不足称其位，与之对话时并不能提起尊敬之情。问："'大人'，是指有位者言之否？"曰："不止有位者，是指有位、有齿、有德者，皆谓之'大人'。"[1]但无论何种解释，大人都是必须有位在先的，而如果把大人当作是权位取胜的角色，那么"畏"大人的政治意味很明显，也就是君子对政治权力所有者的遵从，由此能使政治活动更加顺利地开展，倘若臣下七嘴八舌，没有权力集中者能下决断，那么对一个措施的实施来说也是不利的，当然，庶人不议应是有道之世的情景。从事实上也可见孔子从礼乐的角度出发对所谓"大人"的尊重，即便"大人"略有失误，也谨守臣子的礼数，这符合孔子对传统的继承和治世的追求。

反观小人的态度，也可以清楚地看出在"大人"这一畏中的现实

---

[1] 黎靖德：《朱子语类》第3册，王星贤点校，中华书局，1986年版，第1173页。

性，与"畏天命"中所体现的哲学、道德意味相比，孔子以小人之"狎"与君子之"畏"进行对比，其中直接讨论的不是智慧或德性，而是权力和利益，在人身上就是欲求的问题。"狎"的意思有亲昵，亲近而不庄重，不重视或不注意的意思，而《说文》以为，"狎，犬可习也"。也就是说"狎"是指狗有亲近人，容易驯化的特点，类比来看就是以狗喻小人，在儒家思想中，动物与人虽都为生物，但人性与动物本性有巨大的差异，而这正是人能培养道德、学习知识创造文明的关键，所以小人若主动选择为"狗"，就自动被排除在人之外，被取消成为君子的资格。并且小人不知天命并不是不知礼数，在讨论畏天命时，小人仍有恭行的状态，但是当其为"狎"时，便是知而不行，在与大人交往的过程中，无视等级和礼数，是社会秩序的混乱根源，而其目的显然是为了自己的私欲和利益，因为大人代表的主要是小人所没有的权位。既然可以通过"狎"表达小人和大人的关系，那么大人主要承担的便不是道德角色。所以"大人"的内涵虽然不断与"圣人"靠近，但在现实中大人权力下的赏罚才是最直接的社会标准，规范封建的礼制还是将层级区分印在"畏"大人中，这是在纯道德的"圣人之言"之外不可忽略的。这是个人听闻学习以修养道德之外的实践仁义的（仁政）方式，圣王难得，但是礼制依旧可以持守。

所以从君子的角度来看，"畏天命"说明了个人道德责任的绝对性，而"畏大人"则是其社会责任的一个重要具体体现，因为君子所"畏"不是具体的大人，而是礼乐制度。对于孔子来说，由君子构成的社会不仅指个人有正确的性命观，社会有良好的道德标准，而且须是礼乐文化下的等级社会，所以君子对大人代表的等级制度的遵从也是不可缺少的，同时这也可视为是其哲学现实性的体现。

何为圣人？在《论语》中提到圣人仅有4次，"圣人，吾不得而见之矣！得见君子者斯可矣！"[1]圣人是完美道德的象征，繁体的"聖"

---

[1] 朱熹：《四书章句集注》，中华书局，2014年版，第99页。

从耳，呈声。左耳，右口。即善用耳用口。"五十而知天命，六十而耳顺，七十而从心所欲不逾矩。"①耳顺即为圣，《说文解字》中圣即通，因而圣人是听天命，而且达到了圆通的境界的人。那么与耳听同等重要的口言即特别提出的第三"畏"——圣人之言，"有德者必有言，有言者不必有德"②，有口之人皆可言，但是并不是所有人的"言"是对天命的传达，所以必是"圣人之言"，而对"言"的执着也体现了孔子对传递天命的重视，以及对教育的关注，否则就不需要在天命之外再列出一项圣人之言作特别的讨论。实际上，"畏"天命和"畏"大人都是从个人生活的不同层面来说的，天命是生活的归宿，而大人作为政治的代表是生活的直接内容，但是圣人不应该像大人一样作为另一个异己的对象而存在，否则圣人就成为了神，这正是孔子否定的。所以圣人不能直接作为"畏"的对象，但是圣人之言则不同，圣人之言正是何为道德，如何修养道德的依据，这才是如同天命、大人一样充斥着个人生活的部分，而且从天命到大人再到圣人之言是天命循环流通的过程，也就是到圣人之言这一层是显微无间的状态，既是人最直接需要面对的，也是人能达到的终极。虽然说圣人之言就是言所谓的天命，但是由耳及口的过程是一个人化的过程，在圣人耳顺之前，天命或者天道作为人的追求是潜在性的，只有当圣人可以口言之后，人对天道的追求才成为显性的。

对比小人的态度，在面对圣人之言时，既不是不知，也不是"狎"，而是"侮"，其含义主要是轻慢。《说文》以为，"'侮'，伤也"，又《四书章句集注》中有"侮，戏玩也。不知天命，故不识义理，而无所忌惮如此"。也就是说相比于不知和"狎"，"侮"对其对象是有伤害性的，比如戏玩可能导致对象的损坏、扭曲等，例如小人对于圣人之言的随意解释和否定，会对天命传递、道德教育产生破坏，

---

① 朱熹：《四书章句集注》，中华书局，2014年版，第54页。
② 朱熹：《四书章句集注》，中华书局，2014年版，第150页。

因为小人不以为天命与自己有关，也不知道文化人化（圣人由耳及口的过程）的价值，并且天命、大人都是较为稳定的对象，不容易变更或模仿，但"言"则不同，虽为圣人之言，但当其以"言"的形式传播时，就使每个人都有替换的权利。圣人有耳、口，人也有，所以小人视圣人之言与自己的巧言一样，没有一定的标准。但是从前述可见，天命最后的落实不在于由天到人，而是由人到人，只有圣人之言才能使"天命"在人世中由微到显，为人人所知。"言"作为人与人交流的最普遍方式，具有最强大的影响力，因而君子之"畏"的重要性就体现在对"圣人之言"的保护上。"敏于事而慎于言""多闻阙疑，慎言其余"，君子慎言便是"畏"的体现。又如"述而不作，信而好古"，亦是"畏"的体现。孔子以"忠信"为"言"的标准，便是在"畏圣人之言"的基础上提出的，唯有"畏"圣人之言，才能从"畏"中体会到人要通过理解圣人之言承担的责任之重，才有君子任重道远的觉悟。

四、结语

总的来说，"三畏"对于君子的价值既在于"畏"，又在于这三个特殊的对象。从"畏"来说，通过小人和君子的对比可以发现，小人的行为方式具有多样性，面对不同的对象，小人会有不同的反应，但君子的行为却统一为"畏"。这并不是说君子的行为是固定不合时宜的，因为相比于"知""狎""侮"，"畏"不是一个具体的行动，而是一种内心状态。"畏"也不是一种单纯的情感，不是仅由"惧"和"敬"可以概括的，"畏"具有丰富的层次，代表了君子精神境界的转变和道德意志的坚定。所以用"畏"概括君子的行为，说明君子的行为受到"一"的规定，与天道具有一致性，在社会生活中，君子具有稳定标准的行为方式（畏）是维持政治秩序的必要条件，而小人反复的动作则是混乱的根源。从这三个对象来说，三者可以视为"畏"确定为君子行为标准的依据。三者若由其他对象替换则会导致君子形象的不完整，以及"畏"内涵层次的缺失。首先是"天命"，君子三畏的起点在于"天命"，小人之三不畏的根源也正是在于不知天命，"此三句，要紧都在'畏天命'上"。曰："然。才畏天命，自是于大人、圣言皆畏之。"问："固是当先畏天命，但要紧又须是知得天命。天命即是天理。若不先知这道理，自是懵然，何由知其可畏？此小人所以无忌惮。"[①]所以正是"天命"具有"知"的特性：不仅是一个认知对象，更是一种觉醒，使得人能产生由"敬"到"畏"的一个极度的转变。从"礼"到"德"，产生了"君子"这一新定义，小人不知"天命"，便是不"人"。其次是"大人"，是"畏"对君子行为的具体指导，进一步说明了"畏"和具体行动的差别，"大人"代表着礼乐秩序，这是君子"畏"的对象。"大人"又指有位之人，是具体的人物，具有不同的性格和职能，君子以"畏"与大人相处是要产生具体的社会效用的。所以"畏"包含着一切符合"礼"的行为，其内容远远超越"狎"的对立，代表着君子对"礼"的内化。最后是"圣人之言"，是"畏"核心目标。尽管从"知天命"来说，知行合一已经包含了对道德实践的要求，但是缺乏外化的具体行。比如可能导致完全内化的德性修养，而"圣人之言"是"教"与"学"的主要内容，在人与人之间传播，从而使得仁义道德不局限在个体的知觉中，不受个体差异和时空的局限，因而"畏圣人之言"是在"畏大人"的基础上，对"畏天命"的具体化，三者之间是一贯的，在精神上知觉天人的意一致行，在政治上维持礼乐秩序，在文教上传承仁义，三者有始有终，构成了君子的人生追求。

---

① 黎靖德：《朱子语类》第3册，王星贤点校，中华书局，1986年版，第1173页。

论魏晋玄学对君子人格的消解与建构

张盈盈*

摘要： 君子人格是人们所追求的人格圭臬，对君子内涵的塑造成为先秦至两汉儒家学者的"必修课"。然而，"君子"人格在魏晋时期发生了较为明显的变化。本文试图从君子之名、君子之质、君子之本、君子之归四个方面，以"援道入儒"的思路勾勒出君子人格在魏晋"玄学化"的面貌，通过魏晋玄学化的"君子"，看到了儒家君子于不同思想投射下的因革损益。

关键词： 君子人格；魏晋；玄学化

从宏观的角度看，魏晋南北朝这一段历史约为370年，正始、竹林、元康各阶段的玄学各有特色。玄学思潮之所以复杂，不在于玄家们对庄子的崇尚，而在于他们虽然崇尚道家，但是纵观魏晋思潮，又有清晰的儒学主线。王弼有《周易注》，阮籍有《通易论》，关于《论语》，不论是何晏、王弼、郭象都有相关著作。南朝皇侃的《论语集解义疏》是集魏晋二十几家《论语》注而成，足以说明魏晋士人对儒家思想的重视。魏晋时局难测，民生涂炭，士人有不能扭转乾坤的无奈之感，这种痛苦驱使人在任重道远、使命感重的儒家和明哲保身的道家之间往返，使得玄学家的思想呈现多维的面向，时而冲突，时而对立，时而又兼容并蓄，故而激荡映发了格调独特、面目多样的理想人

---

* 张盈盈,安徽省社会科学院哲学与文化研究所副研究员。

格。儒家的君子人格是裹挟在其中发展的，士人们一方面以玄意解构了儒家的"君子"，另一方面又建构了独特的"玄学化"的君子。

一、君子之名：褒义与贬义

学界通常认为，以"风流"著称的魏晋时代，"君子"一词在士人口中落寞了很多①。一般人对魏晋名士的认识，都会与"任诞不羁""傲世轻俗""放浪形骸"联系起来。这对君子或多或少有点误解。汤用彤说："魏晋时代的一般思想的中心问题为：理想的圣人人格究竟应该怎样？"②理想人格是一个多层次结构组成的价值体系，在这个体系中，圣人处于最高位置，"人有五仪，有庸人，有士，有君子，有贤人，有大圣"③。从先秦到魏晋，圣人都是人们所追求的最高的理想人格。以儒家的理论而言，"君子"与"圣人"同为理想人格，二者的差别在于境界的高低，"君子"是成圣的前提，君子同样被视为儒家精神世界中的让人追慕向往的理想人格。《中庸》说："君子动而世为天下道，行而世为天下法，言而世为天下则。"君子也具备为天下后世法的存在价值。所以，儒家思想认为君子与圣人都具有理想人格意义，只是君子相比圣人是次一级的理想人格。

然而，在魏晋的文本中，"君子"一词出现的频率并不低。从词汇学的角度上看，君子作为一个词语在使用的过程中，含义会随着使用者的意指产生变化。君子的指称是多样化的，像"士""仁者""大人""大丈夫"等观念有时和"君子"观念互通。魏晋时期，儒家的"君

---

①儒家经典中的君子大多兼用"德""位"之含义，学界从"德""位"分析君子的定义很多。萧公权认为，"《论语》中'君子'一词，有指地位者，乃因袭《诗》《书》；有指品性者，乃孔子自创；亦有兼言地位与品性者，乃因袭旧用而略变其旨"。旧义倾向于就位以修德，孔子则侧重于重德以修取位。

②汤用彤：《魏晋玄学论稿》，上海古籍出版社，2005年版，第95页。

③《荀子·哀公》。

子"有很多种使用情形，最常见的是"君子"与"贤人"的通用。例如曹操的《求贤令》"岂尝不得贤人君子与之共治天下者乎"中的"贤人君子"。桓范《世要论·谏争》："贤人君子，不忍观上之危，而不爱身之殆。""贤人"实际上与君子之义异曲同工。《傅子·举贤》篇云："贤者，圣人所与共治天下者也。故先王以举贤为急。举贤之本，莫大正身而壹其听。身不正，听不一，则贤者不至；虽至，不为之用矣。古之明君，简天下之良财，举天下之贤人。"宗炳《山水画序》所言"圣人含道应物，贤者澄怀味象"。可见，无论是"贤人""贤人君子""士君子"，它们与"君子"是一回事，指涉相同，这充分说明魏晋士人对儒家君子人格的重视。

"君子"一词在魏晋通常是褒义的正面词汇。刘劭在《人物志·自序》中说："是以圣人著爻象，则立君子小人之辞。"又说："惟博识君子裁览其义焉。"刘劭自称作《人物志》是依照圣人的教导，去研讨人才理论，希望能使之系统完成以备忘，希望知识广博的君子阅读指正。他在《八观》篇中说："是以君子接物，犯而不校，不校则无不敬下，所以避其害也。小人则不然。"观察能否谦恭，来区分君子与小人。还有《释争》篇中"是以君子举不敢越仪准，志不敢凌轨"，也将"君子"与"小人"对比，君子不仅在行动上不违反社会准则，在思想上也不会越轨。以上的例子，"君子"都是正面的形象，与儒家"君子"之义是一致的。

但是，魏晋士人对"君子"的负面评价更为突出。如果追溯起来，对君子抱有不屑的负面态度，始于东汉末年。那时的社会，在多种力量的冲击下，名教之治的弊端爆发，于是出现了两个方面的景象。一种是一些刚正不阿的士人（君子）为挽救朝纲，这些真君子们践履名教不惜捐躯。范晔说："夫称仁人者，其道弘矣！立言践行！岂徒徇名安已而已哉，将以定去就之概，正天下之风，使生以理全，死与义合也。"①所谓仁者就是君子的别称，"节"是儒家主张的君子所具有的独立不移的德操，汉末士大夫如陈蕃、李膺、杜密等愿以君子之德操与腐朽的社会势力抗衡。另一种是一些假名士、伪君子将名教变成功名利禄的工具，沽名钓誉，纷纷做出不近情理之"壮举"。魏晋名教破产，社会风气江河日下，人怀苟且，儒家所倡导的君子人格受到沉重的打击。在阮籍八十二首五言诗中，有一首这样写道："清露为凝霜，华草成蒿莱。谁云君子贤，明达安可能。乘云招松乔，呼噏永矣哉。"②"华草"是《山海经》记载的植物，他以"华草"比喻"君子"，表明对"君子"的认可。然而，"华草"在清晨凝霜时却变成了蒿莱即野草，比喻在魏晋乱世，"君子"不再贤明通达。如果说，这种温和的比喻说明了传统的儒家"君子"在阮籍的思想中产生了变化，那么在《大人先生传》中，阮籍通过"大人先生"对"君子"作了毫不掩饰的嘲讽与批判。他说：

　　且汝独不见夫虱之处于裈中？逃乎深缝，匿乎坏絮，自以为吉宅也；行不敢离缝际，动不敢出裈裆，自以为得绳墨也；饥则啮人，自以为无穷食也。然炎邱火流，焦邑灭都，群虱死于裈中而不能出。汝君子之处区之内，亦何异夫虱之处裈中乎？

　　阮籍将"君子"比喻为"裈中之虱"，认为君子活在世上，和虱活在裤裆之中，没什么不同。这些虱子逃到裤子的深缝里，藏匿于破败的棉絮之中，其行动不敢离开裤缝、裤裆，是指君子遵循礼法。"饥则啮人"是讽刺"君子"斥责他人不遵守礼法。他又说："汝君子之礼法，诚天下残贼、乱危死亡之术耳，而乃目以为美行不易之道，不亦

---

　　①《后汉书·李杜列传》。
　　②逯钦立：《先秦汉魏晋南北朝诗》，中华书局，1998年版，第506页。

过乎！"①从此处可以看出，阮籍厌弃的君子，实则为批判"礼法"。实际上，阮籍对君子的负面态度也可以理解为他对道家"非名"的吸收。

嵇、阮对虚伪礼法持有激烈的抨击态度。嵇康有"越名教而任自然"的主张，他以"仁义"为腐臭，将人们累世奉行的名教典籍"六经"视为"污秽"，痛诋那些遵循名教的"礼法之士"是打着名教的幌子嗜利求荣。总之，凡与名教相关的东西，都不过是"丙舍"（厕所）"鬼语"和"腐臭"。嵇康对礼法的蔑视与阮籍对"君子"的不屑是一回事，都是对名不副实的乱象难以容忍。嵇康认为君子"不容伪薄之言"。《论语·子路》中，孔子提出"正名"的观念，"君子名之必可言也，言之必可行"，在魏晋乱世，名不副实的现象比比皆是。阮籍对"君子"的负面评价，实际上采用的是以道家"非名"为手段，实际的目的则是儒家"正名"的体现，"正名"即导正名称，是为成事。

二、君子之质：才性与德性

所谓君子之质，即君子之"材"，这是就人天赋所生的气禀而言。所谓"质胜文则野，文胜质则史。文质彬彬，然后君子"，所谓"质"即内在的仁义，"文"是外在的礼乐。"德性"与"才性"是讨论人性论的两个系统，是传统儒家君子以"德性"为主形成的道德人格。"才性"，就是自然生命之事，人与人之间存在着差别。孟子上承孔子，对于人的道德行为与本质之间的关系有着自觉的阐释，并建立了儒家德性人性论的基本框架，人的生命价值落在人性的呈现上。所以在儒家看来，君子异于一般人的理由是"君子以仁存心，以礼存心"。魏晋时期"唯才是举"，以"治平尚德行，有事赏功能"为要义。在曹操的《求贤令》中，"仁孝"之德与"有治国用兵之术"的"才"之间，互补约束。

---

①《大人先生传》。

　　然而，儒家传统的德才关系是德才兼顾，有德者必有才智才干，德越高才干越全备。董仲舒认为，一个人"必仁且智"方能使人之才能施之必当。可见人们追慕的人物不只是儒家传统的道德人格，一位德行一般而才情甚高的人也可称为人们仰慕品评的对象。魏晋的人物品鉴，也是名士间的一种风流活动，品评的内容如何，反而居于次要。从《后汉书》《三国志》《晋书》的列传可知，知名之士所必备的能力之一是人物品鉴。"名士风流"的本质则在人物之"才"，"才"是人物一切技艺能力的基础，是人的外在风采。他们注重人物的风格与才情，不重视人物的政治、学术、操行的成就。同时，从品鉴角度看，魏晋人重视人的本身价值，尊重个性。人的个性都有其独特的价值意义，不能轻易地以一种客观标准来衡量。

　　从才性的角度看，圣人天资异禀。圣人的"中庸之质""纯粹之德"，或"清节家"一律简称为"德行高妙，容止可法"，均指人的自然禀赋所致的一种特质。儒家认为圣人是"修己以安百姓"的救世主，圣人的使命是"天下得序，群物安居"①。虽然如此，但先秦儒家并没有因为"圣人"是最高人格理想就将其视为高不可攀的存在。无论是孟子的"人皆可以为尧舜"还是荀子的"涂之人可以为禹"，都试图从理论上和逻辑上证明圣人并不是难以企及的。但是，魏晋士人对"圣人"的一致看法是圣人不可学而至。例如，何晏的《论语集解》中，《论语·季氏》："孔子曰：君子有畏惧，畏天命、畏大人、畏圣人之言。小人不知天命，而不畏也。"何晏解释说："顺吉逆凶，天之命也。大人即圣人，真天地合其德。深远不可易知测，圣人之言也。"圣人深不可测，真天地合其德，可见圣人天成。王弼在《论语释疑》解释《论语·述而》中的"圣人吾不得而见之，得见君子者斯可矣"这句话为"此为圣人与君子异"。王弼明确区分圣人与君子之异，此"异"即圣人不可学不可至。《世说新语·言语》载："圣人生知，故难企慕。"

----

①《韩诗外传》卷三。

王充认为"圣人不学自知",所以"圣人卓绝与贤者殊也"①。在圣人"不可学而至"的背景下,"君子"是可学、可塑、可达的理想人格,这让君子人格在魏晋时期显得别具意义。

君子与"学"之间密不可分。《论语·子张》载:"君子学以致其道。""学道"有其正面意义,是指道德主体的养成与君子人格的实践。刘劭将人物分成三类:圣人,德行与偏才。圣人是一全才之人,圣人有圣人的天资。但是,他又说:"夫学,所以成材也。恕,所以推情也。偏材之性,不可转移矣。"②在这种情形下,圣与凡的鸿沟似乎难以跨越。王弼认为"不学而能者,自然也。喻于不学者过也。故学不学,以复众之所"③。他将认知分为两种,一种是明察之智,这一类只是"为学日益";另一种是自然之智,这一类是"为道日损"。相比之下,何晏并不完全否定"学"。孔子讲"我非生而知之者,好古敏以求之者",何晏在《论语集解》中采取郑玄注"言此者,劝人学"。

"才性"在这一时期比较凸显,根据《世说新语》所载,晋代的风流领袖,如早期的山涛、王戎、王衍、乐广、王导等人,后期还有王羲之、孙绰、谢安等人,经常参与人物品鉴,或主或客,这些名士好尚清谈,他们着重谈"才","才情"庾公目中郎:"神气融散,差如得上。"④还有一些"神姿高彻""神意闲畅"等,充分说明魏晋名士风流超逸不羁的内涵。《人物志》不全然废弃德行,处处都能看到"德"的字眼,但在"才性"之下的"德行",只好被视为才质的一种。

君子能够于凡人有欲之事,诸如名利上无心为之,但仍企望圣人的境界。相对来说,风格与才情不可分析,甚至不可描述,只可意会,所以在魏晋的品藻中,其描述只有一二字来概括。因为风格与才情是

---

① 《论衡·实知篇》。

② 《人物志·体别》。

③ 《老子注·六十四章》。

④ 《世说新语·赏誉》。

当时品鉴人物的一个普遍一致的要求。名士在赏誉他人时，常用"谈才""才情""神色"，这些描绘大多是日常生活中对个人才艺表现刹那间的种种姿态的形容和赞叹。所谓人物风流的本质在于"人物"之才。《世说新语·赏誉》悠然深远、璞玉浑金、瑶林琼树等等，这些都是以各种美的自然物来比喻极具人格美的词汇，大体都是才性美，不是德性美，从而实现了君子人格审美的转变。

但是，从君子人格的角度看，才性与德性不可偏废，如果当下的自然生命，只能辉映出其天禀独受的风华异彩，而没有直探道德内涵，便无法进一步体现君子人格的道德生命。

三、君子之本：贵无与体道

君子之为君子，通常被认为是有道德和践行道德的人。《白虎通义》对"君子"的定义为"或称君子者何？道德之称"，这一点在魏晋时期并没有变。但是在理想人格的追求上，魏晋士人王弼在对比"圣人"和"君子"后，认为二者都是"有德者"之通称。魏晋玄学的开创者何晏、王弼学说的宗旨是"以无为本"，因此，他们心中的理想人格自然也被赋予了"新义"。《晋书·王衍传》说："魏正始中，何晏、王弼等祖述老、庄，立论以为天地万物皆以无为本。无也者，开物成务，无往不存者也。"庄子思想的融入，使魏晋时期理想人格内涵发生了较大的转变，不但使得圣人观具有玄学化的倾向，其对"君子"的诠释也含有玄意。

王弼认为，圣人有"茂"于人的神明，最重要的特质是"体无"。"圣人体无"是王弼在回应裴徽的问题时提出的观点。"圣人体无"即圣人以虚为主，抱一清神，遂能通"无"之道体。关于"道"和"无"可归为两种，一类强调其道是境界义的冲虚观照，另一类是一切存在之依据，属于本体论范畴①。所以，"圣人有情"却能入乎"有"境而无伤，应物而无累于物。东晋王脩曾与人谈论"贤人有情与否"，他认为"贤，有情之至寡"，这里的贤人与"君子"同义，可见，贤人亦超乎常人之上。这可以在《论语释疑》的《述而》篇中找到相应的解释。《论语·述而》原文是"志于道，据于德，依于仁，游于艺"，王弼解释为："道者，无之称也，无不通也，无不由也。况之曰道，寂然无体，不可为象。是道不可体，故但志慕而已。"

但是，君子不是圣人。圣人能够"应物而无累于物"，君子不能像圣人一样"体无"，但是君子亦有君子之道。荀子说："道者，非天之道，非地之道，人之所以道也。君子之所道也。"②人之所以"道"之"道"的内涵是"礼义"，君子之道就是学礼义，行礼义。韩康伯在《辩谦》中将君子的特性概括为"有累而存理者，君子之情"，有累即有私，有己。"至理在乎无私"，所以有累是指君子并没有达到圣人体无的境界，"至理的境界"。君子虽然有私己，但是能够"存理"而行。韩康伯《注》说："君子体道以为用也，仁知则滞于所见，百姓则日用而不知，体斯道者，不亦鲜矣。"

我们来看王弼对《周易·困卦》所作的注。原文为"象曰：泽无水，困。君子以致命遂志"，王弼注曰："泽无水，则水在泽下，困之象也。处困而屈其志者，小人也。君子固穷，道可忘乎？"显然，这里的"道可忘乎"与韩康伯的"君子体道以为用"具有异曲同工之妙。一方面具有玄学的意味，另一方面包含着儒家倡导的仁道原则之道。人们只看到了君子的仁德，而不知其来源，它是体认"道"的结果，"体道"即坚守"不违其中"和"道同则应"的原则。君子内涵的玄意在嵇康的君子观中更为显著。他以"老子庄周为师"，嵇康说："夫称君子者，心无措乎是非，而行不违乎道者也。"坚持虚静之本心，行为

①郭梨华：《王弼之自然与名教》，文津出版社，1996年版，第120页。
②《荀子·儒效》。

就不会违道，便能"遇物而当，足则无余"，可见君子人格是"贵无"和"体道"的统一。

四、君子之归：消解与建构

儒家的君子之道呈现在实际行动中是有为和担当。然而，在魏晋朝不保夕的时局下，士人们成为"君子"的理想逐渐消逝，保身才是要务之首。士人不世务的成因很多，如司马氏于现实政治空间的压缩，不论是嬗代之际对稽阮有识之士的刻意压迫，或晋武帝的赏罚不共所引起的失望，以及八王之论造成的恐慌。

魏晋玄风逐渐发展为放荡之风，这种风气不是元康时横空出世，是风气之积习与贵无风气的一同深化。《晋书·儒林传序》载：

有晋始自中朝，迄于江左，莫不崇饰华竞，祖述虚玄，摈阙里之典经，习正始之余论，指礼法为流俗，目纵诞以清高，遂使宪章弛废，名教颓毁，五胡乘间而竞逐，二京继踵以沦胥，运极道消，可为长叹息者矣。

经过玄风的洗礼，儒家的"君子"内涵或多或少被注入了道家元素。根据《晋书》王衍传记载，王衍是当时士人景慕效仿并"以为称首"的对象，王衍受何、王贵无思想的影响，引领了矜高浮诞的风气，对"君子"的诠释有所不同。王衍比较崇尚孔子弟子中的"子贡"，而不是历来推崇最多的颜回，这说明当时的"君子"典范不再是颜回一类的人物。因为子贡善于言语、政事以及货殖经营。在《史记》之《仲尼弟子列传》《货殖列传》中，子贡被视为"身名俱泰"的典范。"七十子之徒，赐最为饶益"，孔子认为子贡是瑚琏之器。所以说，追求"身名俱泰"是当时士人中的普遍现象。潘尼著的《安身论》说：

"故君子不妄动也，动必适其道；不徒语也，语必经于理；不苟求也，求必造于义；不虚行也，行必由于正。"从求"自全"的角度看，潘尼未必符合自己所言"动必适其道"的理想，只是实践论政治上的自全。

此外，庄子思想的盛行，让魏晋隐逸风气更为兴盛，君子人格的影响力在一定程度上受到了影响。隐而不仕的人越来越多。我们将怀抱道德与政治理想而出仕经世者称为"仕"，将"怀道遁世者"称为"隐"。诸如"高士""处士""隐逸"等相关概念比比皆是。"无道"的社会与政治状况，在人人自危的恐怖气氛里，隐居不出仕才为上策。

但是，魏晋士人这些关于君子人格的原始意义并未丢弃。何晏的《论语集解》中对《学而》中"人不知而不愠，不亦君子乎"的解释为"凡人有所不知，君子不怒"。《里仁》篇的"君子去仁，恶乎成名？君子无终食之间违仁，造次必于是，颠沛必于是"，何晏解释为"时有否泰，故君子履道而反贫贱。此则不以其道得之，虽是人之所恶，不可违而去之"。何晏说："喻凡人处治世，亦能自修整，与君子同。在浊世，然后知君子之正不苟容。"此处的君子，是就道德义诠释，指出君子与凡人的区别，以及对于道德理想的坚持。《人物志·释争》中说："善以不伐为大，贤以自矜为损。"不论何种角度何种立场，《论语》中的君子意涵皆有指标性的意义。阮籍对"君子"的定义是"君子者何也，佐圣扶命，翼教明法，观时而行，有道而臣人者。因正德以理其义，察危废以守其身"。稽康在《家诫》中倡导君子要"立志"，提到"达能兼善而不渝，穷则自得而无闷""故君子百行，殊途而同致，循性而动，各附所安"，与《孟子·尽心上》的"得志，泽加于民；不得志，修身见于世。穷则独善其身，达则兼济天下"提法一样。但是，刘劭、阮籍、稽康等人的"君子观"在此时显然已没有感召力了。

裴頠和郭象都有矫正当时士人"不以物务自婴"的意图，在一定意义上以道家的"无为"建构了君子人格。裴頠认为，君子"思不出其位"，要人君与人臣各守其所。这实际上是"无为而治"，是指圣人君主"逸于使能，分业既辨，居任得人"，并且作为臣下的君子，思不出位，各守其所，各司其职，才能使治道隆，颂声举。他这基本上沿袭"无为而治"的政治理念。《庄子·天下》中所讲的"天人""神人""至人""圣人"，郭象注曰："凡此四名，一人耳，所自言之异。"郭象大谈其迹冥圆融的玄理，本着"为之出乎无为"谈"治之由乎不治"的政治理想，无为、不治是指"各任其性，各当其分"。他说："侔于天者可谓君子矣。"君子侔于天，服膺发于内的名教，亲躬于事，以不治治之，即本身遵守自然之理，而使人归于天理自然。所以说，君子以不治治人。实际上是指君子能顺于天机，对于圣人之迹的服膺，能合于时宜，或可称其所服膺者。

郭象的这种建构不仅唯圣人如是，亦可为贤人君子立身之法。君子所服膺的"仁、义、礼、乐"即圣人之"迹"，这些正是儒家名教所提倡的伦理规范。在郭象看来，圣人之"迹"的内容是以治天下或立名教为目标，同时，也是臣下士人的理想人格"君子"所服膺。清人马国翰从皇侃的《论语义疏》中，辑出九条郭象《论语》注，其中只有一处论及"君子"，"夫君子者，不能索足，故修己者索己。故修己者，仅可以内敬其身，外安同己之人耳。岂足安百姓哉？百姓百品，万国殊风，以不治治之，乃得其极"。《晋书》卷四十九载：

> 然贤人君子虽居庙堂之上，无异于山林之中，斯穷理尽性之妙，岂有识之者邪？是故不婴于祸难者，非为避之，但冥心至趣而与吉会耳。

所谓贤人君子不必隐居山林，只要能够冥心至趣，在庙堂之上无异于山林之远。

君子若能如此变通，自然能遗名而自得，自然不会执着于圣人之迹，而能通过其所以迹，掌握为其所当为的无为原则。此外，君子明

"无为"之理，自然也能安其性分。这实际上是郭象对君子人格的建构较为圆融。一方面，君子服膺名教，恪尽职责，这符合儒家君子的内涵；另一方面，君子又合于"自然之性分"，持"无为"之道，这又通道家精神。

五、结语

儒家君子人格在魏晋时期的玄学化，究其所由，与时人所关怀的特殊关切相关。本文探索的意义不仅显示了魏晋时期君子人格的内涵，涵融了魏晋人对理想人格特质的探索。从内涵来讲，玄学化的君子不同于儒家传统刚健有为、非礼弗礼的"君子"形象，也异于道家心齐坐忘的有道者，而是汇通了儒、道，改造了儒、道思想而形成的君子样态。通过魏晋玄学化的"君子"，看到了儒家君子于不同思想投射下的因革损益，同时也呈现了魏晋人的心灵特质。

君子教育的当代价值

儒家君子人格的当代意义*

——以孔孟"君子"说为论域

蒋国保**

摘要：孔孟将理想人格分为现实的理想人格与可能的理想人格。现实的理想人格，是通过切实的道德实践真的能成就的高尚人格。君子被孔孟归于现实的理想人格。孔孟所谓君子人格，集中体现了儒家所提倡的好人品德，诸如志道、为仁（爱人）、怀德、守义、知耻、诚信等。当代人为了纠正其以功利价值为首尚的人生偏差，消解意义危机、存在危机，迫切需要从儒家君子人格汲取三个方面的精神营养：以君子人格作为塑造理想人格的现实榜样，将理想人格的塑造与培养落实在现实人的现实要求上，避免理想人格塑造上的假大空；注重发扬孔孟君子人格所体现的道德为尚、功利为轻的生命精神，重在以道德实践体现人生的根本意义，而不是以功利成就作为人生根本意义的体现；充分认识羞耻意识对于人之存在的本质意义，真正树立以不知耻为人之本质上的可耻这一做人必不可缺的道德意识。

关键词：孔孟；君子；理想人格；人格塑造；道德；当代

笔者一直从"当下生活的时代"这一意义上使用"当代"这个词，以便将我们当下所生活的时代与我们前辈所生活的时代从价值取向上区别开来。我们所遭遇的"当代"，与我们的前辈所遭遇的"当代"，虽然在价值取向上同是以现代价值为诉求，但诉求的目的与重点不同：

* 本文为孔学堂2015年研究项目（kxtyb201507）阶段性成果。

** 蒋国保，苏州大学哲学系教授、博士生导师。

我们的前辈之价值诉求精神大于物质、理想重于现实；而我们的价值诉求可能是物质大于精神、现实重于理想。如果更重视物质价值、现实利益，那么功利价值很可能会成为优先的、主导的价值，左右我们的价值取向。价值取向一旦为功利原则所主宰，则势必物欲横行、造成精神价值的失落，导致意义危机、存在危机。那么，如何克服意义危机、存在危机？对于这个问题，笔者愿意以见仁见智的态度，提出自己的见解：也许可以从以儒家君子人格为榜样找到解决这一危机的出路，因为儒家君子人格根本就是一个拒斥功利原则的形象。本文之所以要以孔孟"君子"说为论域来探讨儒家君子人格，就是希望能阐述上述见解。

一

《论语》中君子出现107次[1]，将三个弟子共提及的13次[2]以及属于"问君子"的3次除外，为孔子所提及的共有91次，共涉及51章。《论语》51章中的"君子"之用法不尽相同，但大致可分为四种情况：

（1）比如《述而》第26章中的"子曰：'圣人，吾不得而见之矣；得见君子者，斯可矣'"，是将君子悬设为一种现实之人格榜样符号，却不赋予其实在的角色形象与行为内容。

（2）比如《宪问》第5章中的"南宫适出，子曰：'君子哉若人！尚德哉若人'"，是以君子作为一种道德人格榜样来评价一个人，至于该人究竟道德如何，仅凭此评价却不得而知，只知他是一个有道德的人。

（3）比如《公冶长》第16章中的"子谓子产，有君子之道四焉：其行己也恭，其事上也敬，其养民也惠，其使民也义"，是以君子为如

---

① 根据杨伯峻《论语辞典》中的统计。
② 其中子夏8次、曾子3次、子贡2次。

同子产那样在政治上居于高位者，而政治地位高贵者所以称为君子，不是因为其政治地位高，而是因为其有道德，具体讲就是能够做到恭、敬、惠、义这四大政治道德准则。

（4）比如《里仁》第11章中的"君子怀德，小人怀土；君子怀刑，小人怀惠"，是以君子为一种道德高尚人格，其道德之高尚与小人道德之低下正相反。

孔子的"君子"说，侧重论述的就是第四种君子人格，这不但体现在他关于"君子"的论述绝大多数是论述这类君子，而且体现在他全面揭示了君子人格当然具备的道德品格与应然奉行的道德准则。

孔子指出，作为君子，其当然具备的道德品格就是"知命"与"安仁"①，所以孔子既指出"不知命，无以为君子"②，又强调"君子去仁，恶乎成名"③。"知命"意味君子确立了主体意识，能自觉自己生命价值之所在；"安仁"则意味着君子能顺着人之固有的德性（仁德）彰显其生命力，显现其角色（人格），实现其生命的客观化（成名）。

孔子使用"命"范畴，主要被赋予两义，一指天命，例如"畏天命"④云云，就是用此意；另一指人难以靠主观努力去扭转的人之必然的遭遇（命运），例如"死生由命"⑤，便使用该意，因为此句并不是要表达人之生死取决于天命，而是要强调生死是人之必然的遭遇，人是生还是死，不是人靠主观努力就能选择的，自有其客观必然性。人之生死所体现的人之生命之客观必然性就是人的命运。君子"知命"，不是说君子当然的能体知"天命"，因为孔子明确指出"天命"乃君子

---

① 《论语·里仁》。
② 《论语·尧曰》。
③ 《论语·里仁》。
④ 《论语·季氏》。
⑤ 《论语·颜渊》。

当敬畏的对象①，它不是君子当体知的对象。"知"之所以有别于
"畏"，是因为"知"意味理性，而"畏"则意味非理性。既然对"天
命"要去"畏"而非要去"知"，那么孔子又是从什么意义上讲他"五
十知天命"②？笔者认为，孔子这么说只是要表达他到了五十岁就弄懂
了之所以要敬畏天命的道理，并不是在表达他到了五十岁就能自觉地
敬畏天命。明白了敬畏天命的道理而又不真的去敬畏天命，与孔子持
"敬鬼神而远之"③的宗教态度有密切关系。坚持这一宗教态度，天命
固然被预设为敬畏的对象，但对其是否真的作为至善的实体而真实存
在着又存疑不论，所以他既不轻侮天命、丧失敬畏之心，也不真的对
天命顶礼膜拜，诚惶诚恐。君子之"畏天命"，也当如此理解。君子既
然不是真的恐惧天命，则相对于"畏天命"，"知命"对君子更具有本
质意义。所谓"知命"，如"赐不受命"④，是指君子明白什么是自己
不可避免的遭遇而又不被自己的命运所束缚，敢于自己主宰自己的
命运。

　　孔子强调，君子能否自己主宰自己的命运，不是取决于其是否拥
有权力与财富，而是取决于其是否"安仁"。"安仁"是相对"利仁"
来强调的，"利仁"是以功利的态度践行仁德，行不行仁，要先看行仁
能不能带来利益，而"安仁"则不计利益，就如同人之困了就睡、渴
了就饮一样，并不刻意去计较行仁的利弊，只是安然地顺其仁德而行。
孔子之所以强调"君子去仁，恶乎成名"⑤，将践行仁德作为君子显示
其角色的本质体现，正是因为他将君子归在"仁者"范畴，以为"仁
者安仁"⑥亦适用君子，君子也能安然地践行仁德。"樊迟问仁。子曰：

---

① 《论语·季氏》篇有云："君子有三畏：畏天命，畏大人，畏圣人之言。"
② 《论语·为政》。
③ 《论语·八佾》。
④ 《论语·先进》。
⑤ 《论语·里仁》。
⑥ 《论语·里仁》。

'爱人。'"①所以对于君子来说，一旦忽视了爱心的付出，就有违做人之本质，只能"无终食之间违仁"②，所以在任何时候、任何场合都要付出爱心。孔子又说："君子学道则爱人。"③强调君子不但能够内在当然的"安仁"，而且外在的"学道"也能以爱人为目的，将学习知识，落实在爱人上。这用孔子自己的话说就是"君子博学于文，约之以礼"④。

孔子以"知命""安仁"规定君子人格的当然本质，目的在于将君子确定为高尚的人格，但孔子以为君子之高尚难匹圣人，难以达到圣人那般"内圣"与"外王"的高度一致⑤，只体现在道德上的无与伦比。而君子道德之高尚，在孔子看来，主要就高尚在"君子怀德"⑥"君子固穷"⑦。对这两句中的动词，即"怀"与"固"字，都不可轻看。对君子之"怀德"，不能仅简单地理解为君子具有道德，当更深一步地理解为：仁德对于君子来说是内在的，因而君子"为仁由己"⑧，其践行仁德是自律的，用不着外在的律条约束。君子之"固穷"，也不能仅简单地理解为君子能甘于贫穷，当更深地理解为：贫穷是伴随君子而来的君子原本就有的生存状况，君子既"怀德""义以为质"⑨"义以为上"⑩，则当"喻于义"⑪，自觉地以道义为担当，而不必孜孜以求利，将改变自己的物质生活状况挂在心上。这用孔子自己的话来

---

① 《论语·颜渊》。
② 《论语·里仁》。
③ 《论语·阳货》。
④ 《论语·雍也》。
⑤ 因为君子不具备高贵的政治地位。
⑥ 《论语·里仁》。
⑦ 《论语·卫灵公》。
⑧ 《论语·颜渊》。
⑨ 《论语·卫灵公》。
⑩ 《论语·阳货》。
⑪ 《论语·里仁》。

说，就叫作"君子食无求饱，居无求安"①。

在孔子看来，正因为"君子怀德"，所以能"行己有耻"②，将内在的道德自觉，转化为外在的道德自律。君子之道德自律，总而言之，可谓"立于礼"③，就是自觉地用"礼"规范自己的言行，以"礼"立身。君子以"礼"立身，具体分为"修己"与"克己"。"修己"着眼于身内，"克己"则着眼于身外，借用宋儒的说法，就是一个（修己）是从"未发"讲，一个（克己）是从"已发"讲。孔子说："修己以敬。"④以"敬"作为君子自主道德修养的根本功夫。"恭近于礼，远耻辱也"⑤，一旦以"恭敬"守身，君子便远离耻辱，显示出其人格的高尚。对君子人格显在的高尚之处，孔子有种种描述，或曰"人不知，而不愠，不亦君子乎"⑥，说君子即便不为他人所理解也决不会恼怒；或曰"君子坦荡荡"⑦，说君子心胸坦荡，光明磊落；或曰"君子泰而不骄"⑧，说君子泰然处世，不骄不傲；或曰"文质彬彬，然后君子"⑨，说君子气质优雅，文质彬彬。

"克己"的目的在于"复礼"，"复礼"即依据"礼"践行。践行当有"道"可循。君子所循根本之道，就是"孝悌"。孔子说："君子务本，本立而道生。孝悌也者，其为仁之本与。"⑩强调君子既然行事务求根本，就要讲孝悌，孝顺父母、敬重兄长，因为孝悌乃实践仁德的根本，君子如不讲孝悌，就不知从哪里去践行仁德。此外，君子还有

①《论语·学而》。
②《论语·子路》。
③《论语·泰伯》。
④《论语·宪问》。
⑤《论语·学而》。
⑥《论语·学而》。
⑦《论语·述而》。
⑧《论语·子路》。
⑨《论语·雍也》。
⑩《论语·学而》。

随时随地当循之"道"。对此类君子之行为准则，孔子有诸多的论述，但概括之，不外乎三类：

（1）例如"君子所贵乎道者三：动容貌，斯远暴慢也；正颜色，斯近信矣；出辞气，斯远鄙倍矣"①，又如"子曰：君子道者三，我无能焉：仁者不忧，知者不惑，勇者不惧"②，都是以"道"范畴统括"不忧""不惑""不惧"等三种道德准则。

（2）比如"君子有三戒：少之时，血气未定，戒之在色；及其壮也，血气方刚，戒之在斗；及其老也，血气既衰，戒之在得"③，又如"君子有三畏：畏天命，畏大人，畏圣人之言"④，都是以动词"有"统提诸原则。

（3）诸如"君子欲纳于言而敏于行"⑤"君子不忧不惧"⑥"君子和而不同"⑦"君子易事而难说"⑧"君子不可小知而可大受"⑨"君子成人之美"⑩"君子矜而不争，群而不党"⑪"君子贞而不谅"⑫"君子无所争"⑬等等，都只是随机指示君子当如何言行，并不进而以"道"规范之，或以其他概念统称之。

---

①《论语·泰伯》。
②《论语·宪问》。
③《论语·季氏》。
④《论语·季氏》。
⑤《论语·里仁》。
⑥《论语·颜渊》。
⑦《论语·子路》。
⑧《论语·子路》。
⑨《论语·卫灵公》。
⑩《论语·颜渊》。
⑪《论语·卫灵公》。
⑫《论语·卫灵公》。
⑬《论语·八佾》。

二

在《孟子》里，"君子"共出现81次①，其用法亦同于孔子，即作为对立于"小人"的范畴使用。与小人既指政治地位卑下者亦指道德品质低下者正相对，君子一方面指政治地位高贵者，另一方面指道德品质高尚者。但正如孟子所说，高贵地位之获得②与否，取决于外在的因素，"皆我所不为也"③，非我等成就道德性君子所应该关注的，所以孟子的"君子"说也就自然地继承了孔子的思想传统，侧重论述道德性的君子之高尚。

孟子与孔子一样，强调"君子之志于道"④，但有别于孔子侧重从"立于礼"⑤"据于德、依于仁"⑥来规定君子所指向的道，孟子关于君子之当然与应然，主要强调了三点：

（1）"君子亦仁而已矣，何必同"⑦。这一句是说君子虽各有个性，不必求其同，但君子有根本的共同之处，即他们都具备仁德。孟子主张人性本善。从这个认识出发，具备仁德适用于一切人，不必特意强调具备仁德对于君子的本质意义。但孟子既这么强调了，就一定有他的道理。道理何在？笔者认为，孟子欲借之⑧以强调人固然都具备仁德，但唯君子能自觉人的本质，践行仁德。君子能自觉践行仁德，用孟子自己的话说，就谓之"夫义，路也；礼，门也。惟君子能由是路，

---

① 据杨伯峻《孟子辞典》中的统计。
② 意味具备成就为政治性的君子之资格。
③《孟子·尽心下》。
④《孟子·尽心上》。
⑤《论语·泰伯》。
⑥《论语·述而》。
⑦《孟子·告子下》。
⑧ 代指"君子亦仁而已矣"，即君子的本质就体现在其具备仁德。

出入是门也"①。孟子用能否自觉践行仁德区别君子与普通人，并不背离其关于人之本质的规定，因为惟君子能仁，是就人自身之比较而言的，而惟人能仁，是就人与禽兽②而言的，前者是讲人与人之间的差别，后者是讲人与其他动物的差别。因为君子毕竟是人，所以即便讲唯君子能仁也不会导致人不能仁的结论。

（2）"君子深造之以道，欲其自得之也"③。"仁也者，人也；合而言之，道也"④，孟子是在人伦关系上使用"道"范畴，即以"仁"作为处理人际关系的根本准则。这一句话的意思是说：君子以仁为原则深入塑造自己，但以仁为原则，不是来自外在的压力或诱惑所致，而是"自得"，是君子自主的选择。这种自主选择仁德，在孔子那里，被说成"我欲仁，斯仁至矣"⑤，而孟子则说仁德"非由外铄我也"⑥，更是以哲学语言深刻地表达了君子内在具备仁德，故其对仁德的坚守，是自律的。

（3）"君子所以异于人者，以其存心也"⑦。照上面所说，君子异于常人在于唯君子能仁，那么君子何以具有此道德理性？孟子就以这一句来回答：君子异于常人，就在于常人会因外在的压力与诱惑丢失良心，君子则"不失其赤子之心"⑧，能在压力与诱惑面前保住人之良心，不使它丢失。孟子以"不放心"解释君子之所以异于常人，对发展孔子的"君子"说有理论意义。因下面将论及这一点，这里暂不分析。

①《孟子·万章下》。
②代指人之外的其他动物。
③《孟子·离娄下》。
④《孟子·尽心下》。
⑤《论语·述而》。
⑥《孟子·告子上》。
⑦《孟子·离娄下》。
⑧《孟子·离娄下》原文是"大人者，不失其赤子之心"。这里之所以用以指君子，是因为就道德的层面论，君子与大人在孟子的哲学范畴里，含义是相通的。

与孔子面面俱到细致的叙述足以显示君子之高尚的道德有别，孟子关于君子当自律的道德准则（道），只大致地强调了几点：

（1）孟子说："声闻过情，君子耻之。"①强调一个君子要以自己的名声大于其实际的品行与才能为耻。这与孔子所谓"君子耻其言而过其行"②相比，显然更强调知耻意识对于君子的存在意义已超出了言行一致范畴，属于君子人格决不能缺失的自觉意识。孟子之所以这样强调，其实是根源于他关于人就本质讲不能缺失羞耻意识之深刻认识，因为他认为"耻之于人大矣"③，将羞耻意识作为人之最重要的主体意识。因此"人不可以无耻"④，不能丧失羞耻意识；人一旦丧失羞耻意识，就会不知羞耻；而这种"无耻之耻"⑤，对于人来说，真可谓"无耻也"⑥，是本质意义上的不知羞耻。

（2）孟子说："君子莫大乎与人为善。"⑦强调一个君子最看重的就是与人一起做善事。君子之所以要以助人为善作为最宝贵行事原则，是因为君子作为普通人的道德榜样，其榜样的力量就在于其行善，如果其"与恶人言"⑧，助人为恶，就完全失去其榜样的作用，从根本上失去其存在意义。

（3）孟子说："君子远庖厨也。"⑨强调一个君子要远离厨房。表面看不出孟子这样强调的深意，但孟子之所以如此强调，其实与他对孔子仁爱说之深入扩展有密切关系。孔子讲仁爱，只局限在人群论仁爱的普遍价值，并没有将对人的仁心推至禽兽，不要求付爱心于人之外

①《孟子·离娄下》。
②《论语·宪问》。
③《孟子·尽心上》。
④《孟子·尽心上》。
⑤《孟子·尽心上》。
⑥《孟子·尽心上》。
⑦《孟子·公孙丑上》。
⑧《孟子·公孙丑上》。
⑨《孟子·梁惠王上》。

的动物。而孟子从"人皆有不忍人之心"①的认识出发，要求君子远离厨房，以免听到家禽被杀时哀凄的叫声而于心不忍。君子不忍心听家禽哀凄的叫声，说明君子能够做到将对他人的仁爱"推恩"②至其他的动物。

（4）孟子说："君子不亮，恶乎执。"③"亮"通"谅"，即诚信。君子的操守之所以要靠诚信来坚守，是因为君子"居仁由义"④之内在生命精神是靠诚信为人所理解，获得客观意义。

三

将上述孔孟"君子"说加以比较，不难看出，孔孟"君子"说有同亦有异，其同在于他们关于君子人格的本质属性，诸如君子志于道、君子怀德、君子固穷、君子喻义、君子有耻等，有相同的认识。其异在于他们关于君子人格之表现特征的认识，不尽相同，甚至有别。其同意味着孟子对孔子思想的继承，其异则意味着孟子对孔子思想的发展。就孟子发展孔子的君子说而论，孟子对孔子思想之最有理论价值的发展，不在于上面所论及的那些思想内容上的丰富与扩展，而在于提出并回答了下面三大问题：首先是君子何以本质上异于常人。孔子以仁德为君子根本德性，但正如孟子所强调的，没有仁，"非人也"⑤，仁德应该是一切人固有的德性，不是君子独有的德性，那么君子与普通人，在德性上的区别体现在何处？对这个问题，孔子未做出回答，孟子却做出了明确的回答。孟子指出，君子固然与普通人一样性本善，具有一样的仁德，但君子毕竟异于常人。而"君子之所以异于人者，

---

①《孟子·公孙丑上》。
②《孟子·梁惠王上》。
③《孟子·告子下》。
④《孟子·离娄上》。
⑤《孟子·公孙丑上》。

以其存心"①，君子与普通人的区别，归根于君子能够"不放心"，保持善良的本心，普通人却因后天影响，常常"放其良心"②，丢失自己的仁德。而君子之所以不会丧失自己的"良心"，又因为君子具有自觉的道德理性，与圣人一样懂得"心之同然"③，即了解仁义道德对于人的本质意义。

其次是君子应该确立怎样的主体意识。主体意识是人自觉自己之存在价值与意义的意识。孔子除了指出君子当以仁为己任④，对君子当立怎样的主体意识，没有再作具体的论述。孟子则不然，他一方面说"君子亦仁而已矣，何必同"⑤，指出君子不必为求同而抹杀个性，要树立明确的主体意识，要有圣人尧舜"彼是人，我亦人"的自觉，以"舍我其谁"⑥的抱负，担当自己的文化使命；另一方面他又再三强调，"君子有终身之忧，无一朝之患"⑦"穷则独善其身，达则兼济天下"⑧"恭敬而无实，君子不可虚拘"⑨"富贵不能淫，贫贱不能移，威武不能屈"⑩，对君子独立的人格精神做出了具体的规定，以凸显君子主体意识的独特性。与张扬君子主体意识相一致，孟子强调君子要有政治批评勇气，"说大人，则藐之"⑪。孟子强调君子主体意识当突出政治

---

①《孟子·离娄下》。

②《孟子·告子上》。

③《孟子·告子上》。

④据《论语·泰伯》的记载，士当"以仁为己任"，为曾子所说。这里之所以作为孔子的观点用，出于两点考虑：孔子以君子为"士"之理想人格，则"士"所"志"自然不属君子所"志"范畴；曾子是孔子高足，他固然可以发展乃师思想，但在诸如"士"之使命之类的基本思想方面，应是继承孔子。

⑤《孟子·告子下》。

⑥《孟子·公孙丑下》。

⑦《孟子·离娄下》。

⑧《孟子·尽心上》。

⑨《孟子·尽心上》。

⑩《孟子·滕文公下》。

⑪《孟子·尽心下》。

批评精神，而孔子却要求君子"畏大人"。如此一比，就显出孟子所谓君子更具有政治独立意识。正是因为孟子认为君子政治上当独立，"有言责"①，对现实政治持批评态度，所以孟子一再指出，君子当与权贵保持距离，不当接受的馈赠决不接受，不正当的求见决不去见，正当而不恭敬的求见亦决不去见，始终保持政治上的独立性。当有人批评君子以"志于道"谋食是吃白食，孟子依据社会必须分工的理论予以反驳，说君子获得物质利益是完全合理的，因为君子尽言责，对社会道德风尚的形成与培养起到了作用，社会就应该根据君子所发挥的改良社会之好的作用效果，予君子以物质报酬。这同请工匠盖房子，不是凭工匠的动机付工钱而是凭效果（盖好房子）付工钱是一样的道理。所以君子不必以"劳心"②谋生感到愧疚。以往总是将孟子所谓劳心者"食于人"③，劳力者"食人"④批判为鼓吹不劳而获，是宣扬剥削合理性的腐朽思想。但这一批判因为将"劳"仅仅理解为体力劳动，不承认精神劳动的价值，且完全不顾及孟子是基于社会分工理论来阐述"劳心"谋食的合理性，所以是错误的。

再次是君子是否会偶然地背离本性。对这个问题，孔子明确的回答是："君子而不仁者有矣夫，未有小人而仁者。"⑤从字面上解，孔子这句话无非是说，小人没有一个人会为别人付出爱心，君子则只有几个人不会为别人付出爱心。问题是，如果这样照字面理解，势必使孔子的君子说陷入理论困境：既然"去仁"就不足以称为君子，则"不仁者"又何以称为"君子"。为了不使孔子的这一说法限于自相矛盾，笔者以为对之只能做这样的理解：相对于小人本质上必然不可能实践仁德，君子固然本质上必然能实践仁德，但偶然也会忽视爱心的付出，背离其本质存在。

①《孟子·公孙丑下》。
②《孟子·滕文公上》。
③《孟子·滕文公上》。
④《孟子·滕文公上》。
⑤《论语·宪问》。

但即便这样理解，也不足以掩盖孔子这句话给自己的"君子"说造成了不小的理论困境：即便极少的君子偶尔不践行仁，但既有君子会偶尔不为仁，从理论上讲就不能从整体上定义唯君子能为仁，否则有违理论上的逻辑自洽。由此看来，孔子"君子"说由于明确肯定少数君子也会偶尔不为仁而背离其本性，给后人留下了一个难解的重要问题：君子偶尔不"为仁"是否有悖于君子作为君子的本质存在。孟子以私淑孔子为荣，自觉有责任解决孔子的理论困境，推进孔子学说。但在这个问题上，孟子的说明并非十分清晰，有必要借分析以明之。他固然说仁德"非由外铄我也"①，强调君子仁德自我具备，又说唯君子"存其心"，强调君子可以做到"不失其赤子之心"。从这两个方面的强调来推断，孟子似认为君子绝不会有谁偶尔不为仁。但是，他又明确地讲人会"放其心"。君子毕竟是人，那么孟子这么说，似乎又以为君子也会偶尔不为仁。不过，孟子还强调，人可以"求放心"，将暂时丢失的良心重新恢复。然而能做到将暂时丢失的良心自觉恢复起来，似乎不是对普通人讲的，而是对君子讲的，因为他还说过普通人丢了鸡尚知道找回来，却不知道找回丢掉的良心。综合以上分析，可以得出以下结论：孟子不认为君子真的会偶尔不为仁、暂时丢失良心，但在他看来，即便从道理上假设君子也会偶尔不为仁、不想付出爱心，但这也不会影响君子之所以为君子的本质存在，因为它毕竟出于偶然，况且君子既为君子就会由于其自觉的道德理性而能自觉地"求其放心"②，恢复因外在原因而偶然忽视的爱心。

四

我们探讨孔孟"君子"说之同异，不是出于纯粹的学术、理论兴趣，更不是为了发古之幽情，而是希望为今人端正为人的价值取向提

---

① 《孟子·告子上》。
② 《孟子·告子上》。

供启示。要发掘古代学说对当代的启示，其切入点在于以当代的要求去把握古代学术有哪些价值，而不应该以古代学说有哪些价值去规定当代应该有哪些要求。就当代社会要求消解意义危机、存在危机而论，孔孟君子人格所体现的道德为尚、功利为轻的生命精神，对于今人崇尚功利价值，不啻有力的棒喝。具体地讲，孔孟"君子"说对我们当代人确立人生意义、存在意义，主要可以提供如下启示：

其一，以君子人格作为我们塑造理想人格的现实榜样，将理想人格的塑造与培养落实在对现实理想人格的导向上，避免理想人格塑造上的假大空。孔孟所倡导的理想人格，诸如仁人、贤者、君子、圣人，是有层次之分的，而其根本的区分，是将理想人格分为现实的理想人格与可能的理想人格。所谓现实的理想人格，是指普通人通过切实的努力，最终真的可以成就的理想人格；所谓可能的理想人格，是指一种理想人格目标，对于普通人来说，其意义在于朝向它的不懈努力之生命精神张扬，而最终未必真的能成就为该理想人格。具体就仁人、贤者、君子、圣人这四种理想人格来分的话，仁人、圣人属于可能的理想人格，而贤者、君子则属于现实的理想人格。贤者与君子都是仁（道德理性）和智（知识理性）兼优者，但贤者之优长更突出在"智"，君子之优长则更突出在"仁"。造就"智"之更优长，是"士"（知识分子）所能做到的，如要求广大的普通人也都能做到，却没有可能，太不现实。因此，孔孟虽然树立了各种理想人格，但作为适用于一切人之现实的理想人格，他们更强调成就君子人格对于人之塑造理想人格的现实意义。既然如此，我们今天想要从孔孟"君子"说汲取精神营养，就当首先铭记孔孟的这一强调，切实地学着君子榜样去做人，切实培养诸如爱人、守义、知耻、诚信之类平实的道德品质，切不可将理想人格的塑造引向"希贤""希圣""希天"之不正确的道路。这样说，并不是排斥"希贤""希圣""希天"对于理想人格塑造之价值与意义，只是说它们对当代人解决意义危机、存在危机，因非迫切需要，所以没有现实意义。

其二，既以君子作为我们塑造与培养理想人格的榜样，则我们的人格塑造就要注重发扬孔孟君子人格所体现的道德为尚、功利为轻的生命精神，重在以道德实践体现人生的根本意义，而不是重在以功利成就体现人生的根本价值。这样说，当然不是出于泛道德主义，唯道德为上、唯道德为优，而是出于我们对当代的基本认识。从当代即"当下生活的时代"这一意义讲，我们当下所生活的时代，与我们的前辈所生活的时代，在价值取向上存在不同。我们欲克服意义危机、存在危机，求得合乎人之本质的合理的自身发展，以塑造健康而高尚的人格，就必须从功利价值的迷失里警醒。警醒需要榜样的召唤。由于孔孟君子人格不啻尚道德、轻功利的典型形象，因此其榜样的召唤力量是巨大的。除非有人不听从孔孟君子人格的榜样召唤，一旦听从，他们在人格塑造上就一定能纠正过度的功利执着，回归合乎人之本质存在的道德诉求。

其三，既以君子为榜样塑造自己的理想人格，我们就要真学君子，视"不知耻"为自己之本质的可耻，"行己有耻"，牢固树立羞耻意识。一些人迷失的根源在于功利诉求过度。而极度轻视甚至排斥精神价值，使人格塑造轻视道德诉求，从而造成道德危机。但透过现象，不难发现其所反映的道德危机，就是"不知耻"，即羞耻意识的缺失。说一些人之"不知耻"、缺失羞耻意识，不是说他们所作所为，都属于可耻范畴，而是说他们对什么是可耻的、不可耻的，对该做什么、不该做什么，失掉应有的警惕，以至于将可耻的事当作不可耻的事去做。要想弥补羞耻意识的缺失，我们就有必要认同孔孟君子人格之"莫大于知耻"。只要能真正认同之、实践之，我们也会"行己有耻"，将自己塑造为君子。

儒家君子人格要义及当代价值研究*

丁成际　郑　娟**

摘要： 每一时代都有该时代的烙印，对理想人格构建的步伐从未停止。儒家思想中对"君子""君子人格"的多番论述，体现了儒学所追求的完美理想人格和崇高精神境界。儒家君子人格历经历史洗礼，与新时代的内在价值观一致。本文通过探索儒家君子人格的历史、现实、理想三重维度，对其思想中的当代理论价值与现实意义做出简单梳理，力求取之精华用以推动君子人格的当代养成，从文化自信、童蒙之教、高校德育以及终身学习等多方面来构建新时代的君子人格。

关键词： 儒家；君子；人格；价值

始于春秋末期，在总结夏、商、周三代尊尊亲亲传统文化的背景下，儒学应运而生，而其思想精华更是延续至今，影响着当代思想价值体系的建构。从古至今，对君子人格的追求一直没有停止，这种人格的完满性是人在必然性基础上自由性的体现。在当代，如何让传统君子人格继续发挥价值，提升社会成员自身的道德修养，对于实现中华民族伟大复兴的中国梦具有深远意义。

---

* 本文为省级研究生教育教学改革研究项目"中华优秀传统文化融入高校思政理论教学研究"（2022jyjxggyj142）阶段性研究成果。

** 丁成际，安徽大学马克思主义学院教授，主要从事思想政治教育与哲学研究；郑娟，主要从事中国传统文化和思想政治教育研究。

一、儒家君子人格的三重维度

中国古代君子思想由来已久，诸子百家都对君子文化做出不同的阐述，以不同的君子观表达自己的立场和主张，其中儒家君子思想可谓集大成者，将君子人格完善至美。君子一词是中国古代对具有高尚品质与卓越才能的人的统称。孔子说："君子道者三，我无能焉：仁者不忧，智者不惑，勇者不惧。"①朱熹将其注解为"犹云自谦"，同时也刻画出一个"仁者乐天知命，知者明于事，勇者折冲御侮"的君子形象。先秦儒家对君子的论述最为充分，据统计，在《论语》中出现"君子"一词一百余次，足以见得君子人格理想在儒家思想中占据重要位置。人格是人之为人的基本特征和秉气之性，它呈现的是个人自内而外散发出的气质。人格在哲学层面，特别是在中国哲学中具有重要价值，它不仅仅局限于心理学的情感、意志和能力，也不同于法学中的法律人格权利与义务。在中国哲学中，人格存于义理、人伦关系之中，离不开社会价值体系、自然环境、人际关系的制约与调节，可以说君子人格生于历史洪流，存于现实土壤，成于理想境界。

（一）君子人格的历史之维

要想了解儒家君子人格思想，首先应探寻儒家君子人格的历史之维。儒家学说是中华传统文化的主流思想，它强调人伦关系、天命义理，理之以序，协之以和，始崇孝悌，本乎道德。《说文解字》对"君"一字作解："君，尊也。从尹，发号，故从口。"显示了其天下至尊的地位。根据现有历史文献记载，"君子"一词最早出现在《尚书》中，《虞书·大禹谟第三》载："禹乃会群后，誓于师曰：'济济有众，咸听朕命……君子在野，小人在位，民弃不保，天降之咎，肆予以尔

①《论语·宪问》。

294

众士，奉辞伐罪。'"①夏商周时期，君子观的思想主要体现在自然环境中形成的地位，郑玄注《礼器》云："君子，谓大夫以上。"而后又出现在《诗经》和《左传》中，主要包括对天子诸侯、士大夫及品德高尚的仁人志士，即具有地位崇高、德性品质和人格魅力的群体的一种敬称。《诗经》不下180次提到"君子"一词。《春秋左传·襄公九年》里的"君子劳心，小人劳力，先王之制也"，主要体现出君子地位之高。《小雅·南山有台》："乐之君子，邦家之基。乐之君子，万寿无期。南山有桑，北山有杨。乐之君子，邦家之光。乐之君子，万寿无疆。南山有杞，北山有李。乐之君子，民之父母。"对此《毛传》云："《南山有台》，乐得贤也。得贤则能为邦家立太平之基矣。"短短几句诗词描写出君子的高尚品质，可以见得君子与德性具有密切关联，并非特指身居高位的上层阶级。孔子对《诗经》的总结是："《诗》三百，一言以蔽之，曰：'思无邪。'"②程子注曰："'思无邪'者，诚也。"③这体现出从夏商周三代到春秋早期的君子思想已经由外在的阶级地位过渡到内在之质。而后在蕴含丰厚君子文化思想的儒家经典著作《论语》中，孔子将君子和小人做了明确区分，并更加强调君子的人格品质，从言谈举止、思想品性等方面为我们展现了一位"乐得其道"的圣人君子形象。儒家鼓励每个人去追求内心的仁，是为内圣而外王之道，将自己的人格修养同政治抱负结合，肯定每个人在付出努力后都有能力、有资格去成为君子。君子内涵的不断丰富和完善，离不开当时社会客观环境的影响。这种由天命之性过渡到气质之性的君子人格折射出儒家思想的"和合"理念，君子这一形象融入了自然、社会因素，自内而外呈现出天地人和之境。

---

①《尚书·虞书·大禹谟第三》。

②《论语·为政》。

③ 朱熹：《四书章句集注》，中华书局，2011年版，第55页。

（二）君子人格的现实之维

君子形象在现实社会的文化环境中不断充盈、饱满，在这一层面可以将其看作儒家君子人格的现实之维。从周末到春秋战国，从奴隶制到封建制，从动荡到安定，从"礼崩乐坏"到"克己复礼"，随着人在认识和改造自然、治理社会中的作用得到进一步的体现，人们开始从讨论天命转而讨论人自身，不断探讨人性。由人性出发，不同学派对人的主观能动性、个人道德修养以及人格理想的追求便逐步显现出来，这才有了儒家对君子人格的总结与升华。当一个社会急切呼唤、塑造一个完美的高尚人格形象之时，也正是这个社会开始批判自身、反思不足之际。周末王室衰微，诸侯纷争，统治者求贤若渴的急切心情使得士及士大夫的地位得到较为明显的提高。朱熹将那时的君子定位为"贤士大夫"。显然，在朱熹看来，君子地位堪比士大夫阶层，一个"贤"字从侧面反映出君子已经具有了上层知识分子的形象。在春秋战国争霸之际，统治者对于贤人志士的渴求则愈发明显，也愈发重视仁德与礼法，对君子的人文素养提出了更高的要求。这也进一步促进了儒家君子思想的发展与完善，君子不仅仅要有智谋与勇气，更要能知法懂礼，将仁德内化于心。

（三）君子人格的理想之维

儒家君子思想随着客观环境的变化，也在不断更新和扩充其内涵与外延。但究其根本，君子人格作为人们追求的一种美好品质，是人们一直渴望达到的最高境界。它包括内省慎独的内在德性，智勇义理的天下情怀，具有理想性和完美性，这里便涉及儒家君子人格的理想之维。具体来看，其一，君子之仁。我们知道儒家对人性做过深刻探究，既有性本于善的善端发源，也有"化性起伪"的后天去恶。孔子也对"仁"做出了明确界定，孔子回答樊迟问仁时仅用"爱人"二字作答，已勾勒出一个富有仁爱之心、克己复礼的君子形象。孔子用反问的方式点明了"人而不仁，奈此礼何，人而不仁，奈此乐何。此即不仁之人必不能行礼乐"①的至理名言，点明了仁与礼乐之间的关系，仁为根，礼乐发枝而出。君子以公正之心对待众人，没有半分私利，这也是亲仁的表现。孟子也肯定了人与仁具有一致性，他说："仁也者，人也。合而言之，道也。"②这里的道可以看作人道，也就是以仁立道。其次，君子之德。《礼记》中指出，六德即"知、仁、圣、义、忠、和"③，将德内化于心，就体现在君子的品德、人格上。君子作为天下、国家之才，既要有仁德之心，又要有明辨是非的智德，"德者，性之端也"④，作为人性的发端，德即得，也就是性得于身，德性是心性的延续⑤，这种德性要在现实生活中化为德行。再者，君子之智。君子作为国家与民族的精英人才，其才智也高，智者不愚不惑，说明君子能洞察时事，察言观色，看清迷局，为国家发展指明方向。君子对自身的发展也有精确的定位，孔子说的"君子不忧不惧"，说的就是君子会举一反三地反省自己，内省而不愧疚，何惧之有？最后，君子之礼。《说文解字》有云："礼者，履也。"儒家所强调的"复礼"不能简单理解为恢复周礼，其根本目的则是让礼教文明深入人心，将礼内化于行。面对"告朔饩羊"，孔子只说了一句："尔爱其羊，我爱其礼。"是谓一语中的。子曰："兴于诗，立于礼，成于乐。"⑥这指出了礼以恭敬辞逊为本。礼的践行需要通过行动，履而行之方可称之为礼。孔子通过自己的一举一动、一言一行，践行着"礼"的基本要求，为礼乐

---

①《论语·八佾》。

②《孟子·尽心下》。

③《周礼·地官司徒》。

④《礼记·乐象》。

⑤ 李长泰：《天地人和——儒家君子思想研究》，人民出版社，2012年版，第205页。

⑥《论语·泰伯》。

制度正名。

二、儒家君子人格的当代价值

人格是人的灵魂，理想的人格聚着真、善、美这三种最纯粹的特质，正是对美好生活的向往才赋予人格巨大的魅力。儒家君子文化中的三重人格理想维度体现出古人对人性探索的不断深入，试图通过这种君子人格的培育来达到人与社会、自然关系的和谐共生。在当代，特别是处在这样一个深刻变革的新时代，儒家君子人格思想仍具有其价值和可取之处。

（一）提供当代人格教育的理论资源

现代社会以改革创新为驱动力，这决定了社会所需要的人才不仅要有能力与智慧，更重要的是拥有高尚的人格，这是现代人格教育面对时代呼唤所做出的重要抉择。崇尚阳刚，追求壮美，是传统文人的重要价值取向[①]。教育、学习，皆与修身养性有关，体现其对"修学即是修身"的观点的肯定。儒学将人与外部环境统一起来，对内强调"内圣"之德，以此习得美好的道德品格；对外通过"外王"之道，实现政通人和的大同盛世。能"托六尺之孤，寄百里之命，临大节不可夺"[②]，君子品质中的智、勇、才、德等品性，则是内圣的最高境界。儒家君子重视德性的培育，以慎独修身为己任，而后推己及人，这便是忠恕之道和务实之本。立人而后达人，君子德性的高尚性充满着张力与推力，这种人格的力量在当今开放性的市场特征下显得尤为珍贵，进而对当代人格教育提出了新的要求。在教育的过程中不但要注重培

---

① 田庆国、李晓静、李洪珍：《人格教育论》，山东教育出版社，2005年版，第98页。

②《论语·泰伯》。

养个人的品德修养，更需注重人的一种外化影响力。"人皆可以为尧舜"①，说明通过内在道德修养的培养与外在客观环境的熏陶，不难完成成功的人格教育。不同时代都有与其相匹配的理想型人格，而儒家君子人格中崇尚的义理、仁德、和合，适用于任何时代。当代青少年的人格教育必须得到重视，君子人格的培育有助于驱除自我意识中的不良倾向，为塑造一个健康的社会人格奠定理论基础。

（二）推动"和合"理念的现代转化

和合思想一直以来都是中国传统文化的核心思想之一，仔细研究其中奥妙，不难发现中国传统文化一直强调天、地、人三个维度的平衡发展。溯其源头，中华民族通过不同民族文化交流和文化融合，逐渐形成了融合国家社会发展，成就一体的多种文化模式。这种"融合与共生"的理念主张人与社会、自然，还有人与人之间的和谐，存在于中国传统文化中的"和合理念"，是中国文化传统里最基本的价值取向之一。这也从侧面反映了中国传统文化和谐理念的充分包容与公平，强调天人合一，达到天、地、人三者和谐共生的局面。孔子思想中的天命即"道之将行也与，命也；道之将废也与，命也"②，并非消极地听天由命，而是竭尽己力，成败在所不计。又如"不知命，无以为君子也"③，君子遵从天命规律，顺心而作，和而不同，才能实现正命。从君子人格的现实性与理想性出发，不难发现君子人格的形成与发展离不开社会与自然环境的相互作用，张载说："性于不善，系其善反不善反而已，过天地之化，不善反者。"④这三者的相互融合也体现出君子人格中包含着敬天爱人的特性。这种对生命的敬畏与天地的和谐，

---

① 朱熹：《四书章句集注》，中华书局，2011年版，第317页。

②《论语·宪问》。

③《论语·尧曰》。

④ 张载：《张载集》，中华书局，1978年版，第23页。

与党的十九大报告中倡导的建设富强、民主、文明、和谐、美丽的社会主义现代化强国的目标高度吻合。人类社会的发展同自然界的发展是密不可分的，人类一方面依赖且消耗着自然界所提供的资源和环境，另一方面又在同步地去改造自然界，改造我们赖以生存的环境。现在把生态文明建设纳入"五位一体"总体布局之中，更是体现了追求人与自然高度和谐的追求目标。孔子也说"不怨天尤人，下学上达"①，只要能够合乎天命，随心所欲不逾矩，与天地融合，此种和乐之景才能称得上真正的和谐社会。

（三）发挥人的全面发展的主体价值

君子作为社会人才的代表，通天地之灵气，所谓君子不器，气与不器，通与不通都是相对的，关键在于君子人格体现的就是入世学习的积极人生态度。孔子还说"志于道，据于德，依于仁，游于艺"②，现在社会高等教育将文理分开教学，往往导致人文知识丰厚而缺乏基本自然科学知识的了解，反之，只知实验数据原理而对人文知识了解甚少，这些都不利于人的全面发展。《礼记·乐记》中还讲："君子乐得其道。"在社会实践中，人的主体性则集中体现为人的自主性，特别是如何更好地发挥创新性和创造性，可以看成一条主体性的判断准则。真正的主体性应该包含丰富的创造能力和创新精神，人才不仅仅是专才，更要有海纳百川的博大胸襟与抱负。彰显儒家高度生命主体意识的"横渠四句"——"为天地立心，为生民立命，为往圣继绝学，为万世开太平"贯通人和，天地一心，体现君子人格中的积极入世态度。这种"天下兴亡，匹夫有责"的高度社会责任感与当时复杂的社会环境有关，也是孔子在周礼遭到严重破坏时所发出的感叹。"山梁雌雉，

①《论语·宪问》。
②《论语·子张》。

时哉时哉"①，君子懂得审时度势，将自己的命运与国家生死紧密联系，不因祸福而避之。在此过程中自己的才华才得以充分显露，自己的气质之性也在实践的过程中得到提升。因而在当代继续倡导培育君子人格，是发挥人的主体性价值的体现，是推动人的全面发展的必然选择。

（四）助力实现民族复兴的中国梦

党的十九大报告开篇提出"不忘初心、牢记使命"的大会主题，这是全国各族人民团结奋斗、不断创造美好生活的新时代，也是全体中华儿女勠力同心、努力奋斗实现中国梦的新时代，更是我国更加靠近世界舞台，展现大国风范的新时代。作为国家发展的重要资源之一，人才是兴国、强国的基础，重视人格培养在当今大国的竞争中也是关键一环。正如古代君王对贤士、君子的求贤若渴，这样一个新时代的发展更加离不开仁人志士的才德推动。伟大复兴中国梦的实现离不开个人的力量，点滴智慧汇聚强大精神支柱，这种人格魅力所带来的动力不容忽视。曾子曰："士不可以不弘毅，任重而道远。"②君子将天下兴亡作为己任，这种为民族、同胞生死存亡所忧心不安，又鞠躬尽瘁死而后已的君子人格精神，在我们决胜建设小康社会、全面深化改革的现代社会中，代表着理想信念的光明。同时，君子塑造的这样一种正能量形象，更是一个时代的符号和印记，他能够引导社会意识形态中的价值取向，通过君子人格中的价值导向，加强公民对社会对社会主义核心价值观的理解与践行。习近平总书记所做的关于坚定理想信念的重要讲话，是将马克思主义信念在新的历史时期进行了创造性的转化，坚定共产主义和社会主义信仰的中国其他重大理论和实践问题，将带领人民在新的科学指导思想武器的历史起点上实现新的目标。用

---

①《论语·乡党》。
②《论语·泰伯》。

"批判的武器"来武装我们的头脑，充实我们的灵魂，君子遵循天理，用行动来实践自己的信仰。每个人的理想和信念都与中国梦息息相关，将自己的命运与国家繁荣昌盛联系起来，从而实现政通人和。

三、儒家君子人格的当代养成

中华民族富有道德精神、德教传统，逐渐形成了追求"仁、义、礼、智、信"的价值诉求。这种价值取向和审美追求成为当代中国文化建设与思想道德建设中弥足珍贵的思想资源。只有将内化与外化相结合，才能使君子人格真正成为当代人的优秀人格品质。

（一）坚定文化自信，弘扬君子文化

德国的教育家乔治·凯兴斯纳说："文化是一种成就，是一种或者关于天天去占有它，或者它会天天被遗失的一种成就。"[1]所谓的文化就是以文化人，君子文化作为中华民族特有的精神标识和文化概念，在历史发展潮流中逐渐形成了中国人独特的理想人格。当前，对于中华优秀传统文化的继承与创新是强调文化自信和繁荣中华文化的应有之义和必由之路。党的十九大报告指出，坚定文化自信，推动社会主义文化繁荣兴盛[2]。中华民族富有德教传统，同时，中华民族又追求艺术审美之趣。与此相应，中华民族也极其深刻地领悟了美与善、道德与艺术之间的内在关系，逐渐形成了以善为本、尽善尽美的价值取向和审美追求，它是我们全面理解中华民族德教传统的重要视角和重要方面，也是当代中国的文化建设与思想道德建设珍贵的思想资源。先

---

[1]（转引）沈壮海：《思想政治教育的文化视野》，人民出版社，2005年版，第83页。

[2] 习近平：《决胜全面建成小康社会夺取新时代中国特色社会主义伟大胜利——在中国共产党第十九次全国代表大会上的报告》，《人民日报》2017年10月28日。

秦儒家重"德"，他们追求至善至德的理想人格。孔子设教，授六经，习"六艺"，教礼乐，被尊称为"圣人"。他博学而又谦逊，他的一言一行无不践行着君子人格。《礼记·中庸》曰："君子尊德性而道问学……敦厚以崇礼。"中国文化发展几经周折，但它固守初心，并不断创新和发展。在文化发展的过程中，中华民族始终保持着强大的民族自信心和强大的恢复力，这需要理想和信念的支持，并依靠这种强大的理想与信念，又进一步赋予我们对中华文化的信心。

（二）加强高校德育，积极培育人格理想

高校德育是思想政治教育在高校的重要表现形态，也是意识形态教育的重要阵地。我们的祖先很早就懂得"建国君民，教学为先"的道理，商周便设有国学、乡学之教，到了汉代私学与官学并重发展。正如乔治·韦尔斯所说，当罗马帝国尚未明白教化人民的重要性时，中国已经在汉朝建立起了统一的学校教育制度。作为思想政治教育对象的人，其生存、发展无时无刻不受到社会环境的影响和制约。在面对新兴事物的时候，由于大学生自身生理和心理结构的特点，世界观尚未定型，对于良莠不齐的信息化世界更是往往存在着一种盲目性和趋众性，这对大学生自己的道德价值观的正确引导产生了一定的障碍，君子与小人只在一念之差。"君子周而不比，小人比而不周"[1]，周、比二者皆有与人亲厚之意。这就要求高校加强人格教育。高校在德教上要注重理论与实践的结合，增强创新性与跨学科交流，注重教育内化机制的发挥，经历感性认识到理性认识的飞跃，从自主地去接受、选择教育资源开始，受教育者在内化过程中对与那些同自身原本的思想品德结构相符合的内容会予以同化和吸收，从而形成新的品德成分。发挥教育主体的能动性，对于高校思想政治教育工作者来说，至少要保证他们的教育观念能够与时俱进，不断更新，同时要借助互联网技

---

①《论语·为政》。

术，利用这种大众传播手段丰富校园文化，满足学生身心发展的需要，帮助他们净化心性、陶冶情操，提高自己的思想道德水平。古人强调的天人合一，则把环境与人的关系上升到更高的层面。将君子人格视为至善境界，给人们的道德修养提供终极的追求目标与典范，尽心、知性、知天，才能自明而诚。

（三）传承优秀家风，注重启蒙童蒙人格

明道先生曰："君子教人有序。先传以小者近者。"环境对人的影响作用很大，家风作为家庭教育的一个重要因素，往往影响一个人一生的命运。在孩童教育活动中树立教化，对其进行引导是教育的第一步，也是关键一环，孔子肯定了人人都有机会都可能成为君子仁人。从传统家训家规中获取优良家风的滋养，将成人与成才相结合。家庭是社会的最小单位，家训家规的传承是培养后代道德品质和高尚人格的重要途径，"向善背恶去彼取此，此幼学所当先"，教其洒扫应对进退之礼。对于礼教的培育应从蒙教开始，重视孩童时期对孩子的教育，礼就是合于道德理性的规定[①]，也就是说凡事要立规矩，行规矩。在家庭关系中，孝悌之礼尤为重要，家风家训的形成也是由这种血缘亲情衍生出来的。尊师敬长时理应做到颜色舒缓，语气轻柔，这才是对待长辈应有之态。在中华五千年的悠久文化中，这种血缘纽带关系加强了家国关系，在所倡导的人伦亲亲关系中，"身体发肤受之父母"，子女若要尽"孝"则更不应伤之毁之。另外，培养礼教修养也是家训的重要内容，我们常说的"食不语，寝不言"在古人眼中除了是规矩的体现，更是符合休养生息的自然规律。正如朱熹所注："圣人存心不他，言语非其时也。"[②]由此看来，圣人君子都是好养生和重礼节的。

[①] 彭林：《礼乐文明与中国文化精神》，中国人民大学出版社，2016年版，第21页。

[②] 朱熹：《四书章句集注》，中华书局，2011年版，第114页。

所谓"非礼勿视、勿听、勿言、勿动"①，凡是非礼者，皆是一己之私。行孝悌懂规范是做人的基本要求，玉不琢难以成器，人不学习非能知义，人只有通过学习才能懂得为人之礼数，明白人情与世故。君子更是知礼行礼的代表。作为道德典范的君子，尊崇德性而从事学问，致力于广博而又尽心于精微，敦实笃厚用以崇敬礼仪，把礼德看得高于自己的生命，这才是君子之道。

（四）坚持终身学习，树立自身理想信念

子夏说："博学而笃志，切问而近思，仁在其中矣。"②君子广学立志，脚踏实地，学以致仁蓄德，不学无以知天命，君子所学在于一以贯之，坚持自己内心的信仰。中国自古以来就有追求人生价值、树立崇高理想、坚定理想信念的优秀传统。古人把理想称为"志"，即志向，体现了理想具有方向性和意志力的特征，而理想和信念的坚定则为人类的生存和发展提供了精神动力。在生活中，理想信念能够使人摆脱思想的贫乏，在绝境中传递光明与希望，将梦想变为现实。子曰："吾十有五而志于学，三十而立，四十而不惑，五十而知天命，六十而耳顺，七十而从心所欲，不逾矩。"③此志之高远意味着要用一生去践行和努力，不违天命，坚定自己的理想信念。孔子主张的每个阶段的人生状态都是不同的，所拥有的心境也是不同的，主动接受新知识、新理念，人非生而知之，要想获得真理，离不开学习和辨识，并学会内省，见贤思齐，将外在教化内化为自身品性的一部分，成为自己心中的道德律。在现代社会中，作为社会体系中的每一个人，要想在社会中学会生存，首要一步就是要学会学习，而要学会生存就离不开终身学习这一课题。在终身学习中提升自己的内在修养，学无止境，同

①《论语·颜渊》。

②《论语·子张》。

③《论语·为政》。

时在学习中学会反思，学思结合才能驱除内心迷惑与无知。学习能主导一个人的品行，"正心修身齐家"应该是我们的责任所在，这也是君子人格中的高度责任感的体现。

四、结语

儒家学问可以说是研究生命之学问，其内核则在于教人如何成就人格，同时将这种理想人格践行到日常生活中去。这一过程涉及两个方面，即形上与形下的内外兼修，一方面要提高个体自身的道德人格境界，另一方面则要将道德人格日常生活化和实践化。孔子君子人格思想作为儒家理想人格的重要组成部分，既具有美好品德的理想性，又有扎根现实的生活性，这就为探寻其当代价值与现代转换提供了契机。儒家君子人格与天、地、人相生相息，君子用其一身去践行自己的志与理，在当代社会具有重要的理论价值与指导意义。我们应借鉴与转化君子人格价值，促进传统君子人格的当代养成，构建新时代的人才培育观，努力推动人自由全面地发展。

新时代中华君子文化的价值定位

马爱菊[*]

摘要："君子"是中华传统文化的核心概念，君子形象是中国人的代表形象。君子人格是儒家追求的理想人格，也是中华儿女的理想人格，彰显了人格的尊严，反映了中华民族的精神追求。君子文化是中华优秀传统文化的重要组成部分，君子文化是共同的文化基因、血脉谱系，已积淀成为中华民族最深层的精神追求，对中国特色社会主义精神文明建设及社会主义核心价值观的涵育有着重要的理论价值和现实意义。

关键词：中华君子文化；君子；道德；价值

党的二十大报告指出，"坚持和发展马克思主义，必须同中华优秀传统文化相结合。只有植根本国、本民族历史文化沃土，马克思主义真理之树才能根深叶茂。中华优秀传统文化源远流长、博大精深，是中华文明的智慧结晶，其中蕴含的天下为公、民为邦本、为政以德、革故鼎新、任人唯贤、天人合一、自强不息、厚德载物、讲信修睦、亲仁善邻等，是中国人民在长期生产生活中积累的宇宙观、天下观、社会观、道德观的重要体现，同科学社会主义价值观主张具有高度契合性"。君子文化是中华优秀传统文化的重要组成部分，蕴含着丰富的哲学思想和道德理念，"可以为人们认识和改造世界提供有益启迪，可

* 马爱菊,浙江大学亚洲文明研究院宋韵与文明互鉴研究中心研究员,研究方向为儒家哲学、中国思想史。

以为治国理政提供有益启示，也可以为道德建设提供有益启发"[1]。

一、君子文化的内涵

"君子"一词，广见于先秦典籍，无论是传世经典还是出土文献，"君子"的出现频率都很高。经过笔者统计，"君子"一词在《论语》中出现107次，《孟子》中出现82次，《易传》中出现84次。在先秦典籍中，"君子"多指"君王之子"，着重强调权位的显赫。春秋战国时期，"君子"一词被赋予了道德的含义，后经历代学者的发展演绎，其人格典范意义一直传承至今。在汉代，"君子"被写入《白虎通义》："或称君子者何？道德之称也。"可见汉王朝对道德的重视，以及对君子道德情操的肯定。在源远流长的华夏历史中，君子一直扮演着重要的角色，在家庭、社会乃至国家治理方面，君子不仅发挥着榜样作用，还发挥着社会教化的作用。

君子形象是中国人的代表形象。君子作为中华儿女的道德理想人格，自然有其适宜的外在形象特征和言行举止。这些对君子仪表的相关描述在典籍中都可以找到，孔子认为，"子温而厉，威而不猛，恭而安"[2]"君子正其衣冠，尊其瞻视""俨然人望而畏之"[3]，君子容貌温润兹和，即"望之俨然，即之也温"，威仪是君子外在形象特征和举止言行的概括。孟子说："其生色也；睟然见于面，盎于背，施于四体，四体不言而喻。"[4]在孟子那里，君子堂堂正正，特别是眼神更能表现君子不怒而威，威而不猛。荀子在《非十二子》中对士君子的容貌进行了描述，"士君子之容：其冠进，其衣逢，其容良；俨然，壮然，祺

---

① 习近平：《在纪念孔子诞辰2565周年国际学术研讨会暨国际儒学联合会第五届会员大会开幕会上的讲话》，人民出版社，2014年版，第7页。

② 《论语·述而》。

③ 《论语·尧曰》。

④ 《孟子·尽心上》。

然，韡然，恢恢然，广广然，昭昭然，荡荡然，是父兄之容也。其冠
进，其衣逢，其容悫；俭然，恀然，辅然，端然，訾然，洞然，缀缀
然，瞀瞀然，是子弟之容也"，这是先秦儒家对君子外在形象的系统性
描写。可以说，君子外在形象和言行举止都是文质彬彬、温文尔雅的，
君子的威仪是自内而外的，君子的言行举止都显示了其内在教养及精
神状态，举手投足都符合礼的规范。君子的仪表和修养是绝大多数中
国人的价值标准。

　　君子人格是中华儿女的理想人格。儒家君子以"仁""义""礼"
"智""信"为价值取向，先哲常将君子和小人对比，比如"君子怀德，
小人怀土：君子怀刑，小人怀惠"①"君子喻于义，小人喻于利"②
"君子上达，小人下达"③"君子有勇而无义为乱，小人有勇而无义为
盗"④，这就更加凸显君子的德性与修养。1914年11月，梁启超在清
华学堂做了一个非常著名的演讲，题目叫"君子"。他以"自强不息，
厚德载物"勉励学子修成君子，要学习君子"天行健，君子以自强不
息；地势坤，君子以厚德载物"⑤的发愤、自强精神，争做时代的中流
砥柱。时至今日，君子人格对于当代社会人格养成仍具有重要的实践
意义和现实意义。儒家君子崇尚正义、好勇正直、知恩回报、贵和尚
中、仁民爱物、仁爱孝悌、自强不息、成己成人、达己达人的理念精
神，会潜移默化地影响当代人的人生观树立和人格养成。保持"敖
（傲）不可长，欲不可从（纵），志不可满，乐不可极"⑥的谦逊精神，
树立"富贵不能淫，贫贱不能移，威武不能屈"⑦的志向，立志实现儒

---

① 《论语·里仁》。
② 《论语·里仁》。
③ 《论语·宪问》。
④ 《论语·阳货》。
⑤ 《易经·乾卦》。
⑥ 《礼记·曲礼上》。
⑦ 《孟子·滕文公下》。

家所向往的"为天地立心，为生民立命，为往圣继绝学，为万世开太平"人生理想，这是中华儿女的人生追求。

综上所述，君子是中华传统文化的核心观念，承载着中华民族对现实生活的理想追求，君子人格是中华儿女的理想人格，君子文化是中华文化的精髓命脉，编织出中华民族的血脉与精神谱系，已积淀成为中华民族最深层的精神追求。

二、君子文化在传统文化中的特殊意义

君子既是传统文化中理想精神品格的代表，又是中国人独特而意蕴丰富的理想人格，还是中华民族特有的文化观念。在源远流长的华夏历史中，君子都扮演着重要角色，这就使得君子文化在中国传统文化中有着特殊的意义，其意义主要体现在：其一，君子文化是中华优秀传统文化的重要组成部分；其二，君子文化是中华民族的精神标识与价值标杆；其三，君子文化是社会发展进步的价值源泉。

君子文化是中华优秀传统文化的重要组成部分。习近平总书记在纪念孔子诞辰2565周年国际学术研讨会上指出："中华优秀传统文化的丰富哲学思想、人文精神、教化思想、道德理念等，可以为人们认识和改造世界提供有益启迪，可以为治国理政提供有益启示，也可以为道德建设提供有益启发。"中华传统文化对新时代治国理政和道德建设的逐步开展、深入大有裨益，对中国特色社会主义精神文明建设及社会主义核心价值观的涵育有着重要的理论价值和现实意义。中华君子文化具有深邃的内涵与丰富的资源，如"君子时中""君子有三畏"的哲学思想；如"君子博学于文，约之以礼"的教化思想；又如"君子怀德""与人为善"的道德理念与人文精神。君子人格彰显了人格尊严的高贵，它不仅是儒家推崇的理想人格，也是中华儿女的理想人格，君子的价值取向反映了中华民族的精神追求。君子文化所推崇倡导的

价值观念与中华优秀传统文化的精神特质相契合，可以说君子文化是中华优秀传统文化的重要组成部分。

君子文化是中华民族独特的价值标杆与精神标识。中华民族勤劳勇敢、吃苦耐劳、爱国奉献的民族性格与儒家君子自强不息的进取精神、忧患意识及"仁以为己任"的责任意识相互交织。以忧患意识为例，《周易·系辞下》载："君子安而不忘危，存而不忘亡，治而不忘乱，是以身安而国家可保也。"作为当政者的君子要做到心怀忧患意识，不忘危亡自身才可以平安，不忘祸乱国家才可以安定清明。这就是孟子所说的"君子有终身之忧，无一朝之患也"[1]。孟子说的"君子有终身之忧"，即担心自身修养未能达到理想的道德境界，故常怀警惕之心督促自己。君子之忧还体现在忧道不忧贫，君子忧虑的是道义是否能够畅行，而不是谋求一己的丰衣足食。《周易·乾卦》曰："君子终日乾乾，夕惕若，厉无咎。"君子心怀忧患意识，在于君子洞悉事物发展规律，以人为鉴、以史为鉴，居安思危，才能未雨绸缪，防患于未然。君子心怀忧患意识的现实意义就在于，一方面要求人们要有正义感和责任心，为构建当代和谐社会贡献绵薄之力；另一方面要求人们以"己欲立而立人，己欲达而达人"的标准审视自身和外部世界，并时刻警醒自身，时时处处以仁存心、以礼存心，提高个人修养，以正确的方式处理人与人的关系，做到不怨天尤人。时至今日，君子文化作为中华民族独特的精神标识和价值标杆，在民族性格涵育、国家命运发展上发挥着重要的引导作用，引领当代青年为中华民族伟大复兴做贡献。

君子文化是社会发展进步的价值源泉。习近平总书记在庆祝改革开放40周年大会上的讲话中提道："自古以来，中华民族就以'天下大同''协和万邦'的宽广胸怀，自信而又大度地开展同域外民族交往和文化交流，曾经谱写了万里驼铃万里波的浩浩丝路长歌，也曾经创造

---

① 《孟子·离娄下》。

了万国衣冠会长安的盛唐气象。正是这种'天行健，君子以自强不息''地势坤，君子以厚德载物'的变革和开放精神，使中华文明成为人类历史上唯一一个绵延5000多年至今未曾中断的灿烂文明。"而人类历史的价值源泉就是中华优秀传统文化，习近平总书记在中国共产党成立95周年大会上指出："在五千多年文明发展中孕育的中华优秀传统文化，在党和人民伟大斗争中孕育的革命文化和社会主义先进文化，积淀着中华民族最深层的精神追求，代表着中华民族独特的精神标识。"①对待中华优秀传统文化，就要做到"深入挖掘和阐发中华优秀传统文化，讲仁爱、重民本、守诚信、崇正义、尚和合、求大同的时代价值，使中华优秀传统文化成为涵养社会主义核心价值观的重要源泉"②。君子人格挺立了人的尊严，树立了人的自信与自觉，是中华民族不懈追求的人格。君子的内圣气质和价值取向更是涵育中华民族性格和社会主义核心价值观的源泉。历史经验一再证明，君子树立了人格典范，中华文明之所以生生不息，亦在于这些君子做出的巨大贡献。中华君子文化不仅影响当下，而且在未来很长时间内，都将发挥无法估量的作用，甚至会对世界文化产生影响。

三、中华君子文化的现代价值

中华君子文化在中国传统文化中居于特殊而重要的地位，深刻影响了中国历史的进程，时至今日，依然发挥着不可估量的社会作用。中华君子文化的价值主要体现在如下三个方面：其一，君子文化在构建德治和礼法社会中发挥着重要作用。其二，君子文化对当今教育的借鉴意义非凡。君子文化在中华民族性格涵育上发挥着重要的引导作

---

① 习近平：《在中国共产党成立95周年大会上的讲话》，《人民日报》2016年7月2日。

② 习近平：《习近平谈治国理政》，外文出版社，2014年版，第164页。

用，对当代教育发挥着不可替代的作用，推动师德师风建设，引导当代青年树立正确的人生观、价值观，引领当代青年为中华民族伟大复兴做贡献。其三，君子对当今的社会风气具有向上的引领作用。

其一，中华君子文化在构建德治和礼法社会中发挥着重要作用。

儒家一直倡导"君子怀德"和"君子怀刑"的思想主张，认为君子要有"怀德""怀刑"之心，既要心怀仁德和善良，又要时刻警惕自省，以身作则匡正政治秩序。孔子的儒家教化思想为先秦社会培养了大量守卫礼乐文明的贤人君子，这些君子在匡正政治秩序上发挥了重要作用。如孔门十哲之一子贡，名著于言语科，他曾协助孔子保卫鲁国。当时，田常在齐国作乱，想借机攻打鲁国以安抚国内。孔子听闻鲁国有难，于是让弟子游说诸侯，以保卫父母之邦。当时子路、公孙龙子、子张请行，孔子不许，唯独子贡请行，孔子才许可。据《史记》记载："田常欲作乱于齐，惮高、国、鲍、晏，故移其兵欲以伐鲁。孔子闻之，谓门弟子曰：夫鲁，坟墓所处，父母之国，国危如此，二三子何为莫出？子路请出，孔子止之。子张、子石请行，孔子弗许。子贡请行，孔子许之。"[1]于是，子贡先出使齐国，令齐国攻打吴国，又到吴国让吴王夫差迎战齐国。至越国，令越王勾践协助吴国讨伐齐国。到晋国，让晋君静候齐吴之战，坐收渔翁之利。其后吴国战胜齐国，又与晋国交战，吴国胜，越国又击败吴国。子贡一出，存鲁而破齐，所以汉代人赞叹子贡的才能，说他的才能是世间少有。"有颜冉之资，臧武之智，子贡之辩，卞庄子之勇，兼此四者，世之所鲜。"[2]在中国历史上，类似子贡的贤达还有很多，很大程度上，他们在治国兴邦等方面贡献了自己的力量。

君子文化在构建礼法社会上起着举足轻重的作用。在荀子看来，

---

① 司马迁：《史记》卷六十七，见《仲尼弟子列传》，中华书局，1982年版，第2197—2198页。

② 班固：《汉书》卷八十。

君子是正法、守法的典范，荀子说："法不能独立，类不能自行，得其人则存，失其人则亡。法者，治之端也；君子者，法之原也。"①法令不可能自己存在，制度不可能自己推行，一个有序社会的礼法需由像君子这样品性高尚的人来维护，否则就失去了构建礼法社会的前提和基础，因此荀子说："有君子，则法虽省，足以遍矣；无君子，则法虽具，先天后之施，不能应事之变，足以乱矣。"②荀子把当政者君子比喻为"民之父母"，如果这一角色缺失，那么就会出现混乱，"天地生君子，君子理天地。君子者，天地之参也，万物之总也，民之父母也。无君子，则天地不理，礼义无统，上无君师，下无父子，夫是之谓至乱"③。这个当政者的角色至关重要，明代学者胡居仁说："纵有良法美意，非其人而行之，反成弊政。"④意思是即使有好的政策法规或者意图主张，如果执行者执行不当，那么好政策也会成为弊政。习近平总书记在十九届中央政治局第十七次集体学习时就引用了胡居人的观点，习近平总书记指出："制度的生命力在于执行。现在，有的人对制度缺乏敬畏，根本不按制度行事，甚至随意更改制度；有的人千方百计钻制度空子、打擦边球；有的人不敢也不愿遵守制度，极力逃避制度的约束和监管等等。要强化制度执行力，加强制度执行的监督，切实把我国制度优势转化为治理效能。""制度的生命力在于执行"，这对制度执行人提出了很高的要求，如果制度执行人有官德、有君子之风，心里时刻装着人民，那么，推动完善法治建设的过程就会使社会饱含温暖和人情味。

由此可见，无论是古代还是现代，"一个崇尚德治和礼法的社会，如果缺少君子这样品行端正的人来参与和维护，那将会失去构建德治

---

① 《荀子·君道》。
② 《荀子·君道》。
③ 《荀子·王制》。
④ 《居业录》。

和礼法社会的基本前提"①。君子文化对涵养党政官员的官德、把握社会主义法治理念、认识社会主义法治的内在要求、精神实质和基本规律，推进法治建设顶层设计、建设社会主义法治社会大有裨益。

其二，君子文化对当今的社会风气具有向上的引领作用。

君子文化对当今的社会风气具有向上的引领作用，主要体现在两个方面：一方面，君子是榜样和典范，而榜样的力量是无穷的。"君子之德风，小人之德草；草上之风，必偃"②，孔子认为君子的德行就像风一样，而小人的德行就像草，风吹过草地，草随风倾倒。孟子继承孔子思想，《孟子·滕文公上》说："上有好者，下必有甚焉者矣。君子之德，风也；小人之德，草也。草尚之风，必偃。"由此可见，孔、孟都非常重视以身作则、上行下效的榜样力量，认为君子德行能起到很好的引导和示范作用。君子是社会仰慕和效仿的典范。孔子认为，"其身正，不令而行；其身不正，虽令不从"③。季康子问政于孔子，孔子回答："政者，正也。子帅以正，孰敢不正？"④孔子意在表达统治者想让百姓成为有德之人，首先统治者自己得成为一个有德之人，成为百姓之表率。同样，一个社会是否有序、正义，源于它的治理者是否正义，孟子说："天下之本在国，国之本在家，家之本在身。"⑤又说："先王有不忍人之心，斯有不忍人之政矣。以不忍人之心，行不忍人之政，治天下可运之掌上。"⑥孟子强调，仁政来源于仁心，统治者有仁心，统治才会施仁政，统治者需要像君子这种有德的人来担当。这种例子在历史上比比皆是，如春秋楚国司马子反为保全百姓，主动放弃战争的主导权，保全了宋国百姓。君子重仁义，守死善道，亦能

---

① 钱念孙：《君子文化在传统文化中的地位和影响》，《学术界》2017年第1期。

②《论语·颜渊》。

③《论语·子路》。

④《论语·颜渊》。

⑤《孟子·离娄上》。

⑥《孟子·公孙丑上》。

反经合道。再如当宋国发生王储之争时，祭仲听从宋人，立太子突，废太子忽。董仲舒认为祭仲知权，因为假如不听从宋人，让太子忽即位，其君威不足，宋人乘隙而入，必有国难。于是立突为国君，这合乎时局。所以董仲舒说："夫去位而避兄弟者，君子之所甚贵……祭仲措其君于人所甚贵以生其君，故《春秋》以为知权而贤之。"①

　　另一方面，君子文化可以化民成俗。《子罕》篇还提及孔子想到未开化的地方居住，有人问孔子："陋，如之何？"孔子回答："君子居之，何陋之有？"为什么孔子会说有君子去居住，就不会落后呢？朱子对该句的注解是"君子所居则化，何陋之有？"②"所居则化"之"化"是何意？"化"的是什么？这是因为君子使得所到之处有礼义，有文明开。《孟子·尽心上》载："君子所过者化，所存者神。故君子居之，则能变其旧俗，习以礼仪。"朱子对"所过者化"的理解是："身所经历之处，即人无不化，如舜之耕历山而田者逊畔，陶河滨而器不苦窳也。"③这是因为君子有美好的品德，君子自身能够产生很大的社会影响力，且其影响是持久的。以春秋时期郑国大夫子产为例，孔子称赞子产为"惠人"，"有君子之道四焉：其行己也恭，其事上也敬，其养民也惠，其使民也义"④。"惠人"即有仁德的人，子产能够做到谦逊地对待他人，恭敬地侍奉君主，对待民众多予恩惠，使百姓讲究道义，孔子眼中的子产就是完人。子产为后世树立了人格典范，受到无数人的敬仰和赞美，如清代学者王源称赞子产为"春秋第一人"。君子的"善言"与"善道"可以潜移默化地影响他人，孟子说："言近而指远者，善言也；守约而施博者，善道也。君子之言也，不下带而道存焉；君子之守，修其身而天下平。"⑤君子文化可以在社会上形成一股向善

① 董仲舒：《春秋繁露》，上海书店出版社，2012年版，第126页。
② 朱熹：《四书章句集注》，中华书局，2012年版，第113页。
③ 朱熹：《四书章句集注》，中华书局，2012年版，第360页。
④《论语·公冶长》。
⑤《孟子·尽心下》。

的力量。

社会主义新时代社会风气依然需要君子的引领。在现代社会，尤其是领导机关和领导干部更需要涵养官德，为纯化社会风气贡献自己的力量，习近平总书记在"不忘初心、牢记使命"主题教育总结大会的重要讲话中指出："不忘初心、牢记使命，必须坚持领导机关和领导干部带头。领导机关是国家治理体系中的重要机关，领导干部是党和国家事业发展的'关键少数'，对全党全社会都具有风向标作用。'君子之德风，小人之德草，草上之风必偃。'在上面要求人、在后面推动人，都不如在前面带动人管用。不忘初心、牢记使命，领导机关和领导干部必须做表率、打头阵。"①只有领导机关和领导干部"做表率、打头阵"，充分发挥君子的榜样作用，在社会上形成良善风气，社会才能进步。

其三，君子文化对当今教育的借鉴意义非凡。

学君子、做君子"不是为了复古，而是为了深入人性之潜力、发展与最高境界，以作为我们现代人教育方面的借鉴与指标"②。君子文化中不仅蕴含着教育者自我教育的路径，也有教化大众的原则与方式，在成己成人的过程中走向更高的境界，对当今教育者以及受教育者的人生观树立及价值观涵育起着不可估量的作用。

一是推进教师队伍师德师风建设。党的二十大报告指出，"加强师德师风建设，培养高素质教师队伍，弘扬尊师重教社会风尚。推进教育数字化，建设全民终身学习的学习型社会、学习型大国"。中华君子文化对师德师风建设有强有力的推进作用，孔子说："其身正，不令而行；其身不正，虽令不从。"③孔子这一观点不仅适用于党政干部，对

---

① 习近平：《习近平谈治国理政》第三卷，外文出版社，2020年版，第544页。

② 傅佩荣：《人才 人格 人文——论孔子的教育思想》，《教育研究》1994年第11期。

③《论语·子路》。

教师群体同样适用。一位合格的教师，在工作中要敬重学问、传道解惑、关爱学生，在生活上更要做到严于律己、身正师范，做一位经得起检验的"大先生"。习近平总书记在全国高校思想政治工作会议中强调，"教师做的是传播知识、传播思想、传播真理的工作，是塑造灵魂、塑造生命、塑造人的工作。教师不能只做传授书本知识的教书匠，而要成为塑造学生品格、品行、品位的'大先生'"。称教师为"大先生"，原因是"大先生"之"大"在于教师人格之大，在于教师具有良好的师德师风，塑造学生良好的品格与品行，引导学生成为一个大写的人。习近平对全国工作在一线的广大教师、教育工作者寄予厚望，"希望广大教师不忘立德树人初心，牢记为党育人、为国育才使命，积极探索新时代教育教学方法，不断提升教书育人本领，为培养德智体美劳全面发展的社会主义建设者和接班人作出新的更大贡献"。严于律己、身正师范，共同推动师德师风建设，落实立德树人的根本任务，是社会主义新时代教师的使命和担当。

二是引导学生树立正确的世界观、人生观、价值观。儒家君子以"仁""义""礼""智""信"为价值取向，崇尚正义、好勇正直、知恩回报、贵和尚中、仁民爱物、仁爱孝悌、自强不息、成己成人、达己达人的理念精神，这些理念精神是中国传统文化的精粹，也是实现人生观、价值观的目标。君子文化中"天行健，君子以自强不息；地势坤，君子以厚德载物"①的发愤、自强精神，"敖（傲）不可长，欲不可从（纵），志不可满，乐不可极"②的谦逊精神，"富贵不能淫，贫贱不能移，威武不能屈"③的伟大志气，"为天地立心，为生民立命，为往圣继绝学，为万世开太平"的人生理想都会潜移默化地影响大学生的人生观树立和人格养成，对当今学生的身心健康发展有重要意义。

---

①《易经·乾卦》。

②《礼记·曲礼上》。

③《孟子·滕文公下》。

四、结语

君子文化是中国传统文化的优秀代表，是中华民族面对世界多元格局形成文化软实力的重要来源。2019年中共中央、国务院印发的《新时代公民道德建设实施纲要》提出了"明大德、守公德、严私德"，这实际上就成为构建当代君子人格的重要依据之一。党的二十大报告指出，"实施公民道德建设工程，弘扬中华传统美德，加强家庭家教家风建设，加强和改进未成年人思想道德建设，推动明大德、守公德、严私德，提高人民道德水准和文明素养。统筹推动文明培育、文明实践、文明创建，推进城乡精神文明建设融合发展，在全社会弘扬劳动精神、奋斗精神、奉献精神、创造精神、勤俭节约精神，培育时代新风新貌"。在加强新时代社会主义公民道德建设、助推社会主义文化强国建设、推动国家治理体系与治理能力现代化的过程中，继承发展中华君子文化，充分发挥中华君子文化的作用和价值，既是现实需要，又是树立文化自信和文化自觉的有效途径。

书院教育与君子之风

史哲文[*]

摘要：书院在修建之时，常会考虑到所处自然环境要与培养君子的教育宗旨相适应。不少书院内部的楹联和建筑也采用"君子"之名，以"君子"之名命名书院内部的重要崇祀建筑已成为书院传递教育观念的通例。书院培养人才、教育俊彦的重要目标是使学生成为君子或趋近君子之人。大量学者也在书院中讲学，从而将君子品德代代传承。从旧式书院到现代学校，中华文明中的书院传统不曾断绝，书院教育中注重培养君子的崇高目标也不应忘记。历经时代变迁，富有中华文化鲜明特色的君子之风在人格教育、通识教育以及国民教育中都会展现出历久弥新的价值，在融合现代文明、促进政治发展、改良社会风气等方面不无借鉴意义。

关键词：书院；教育；君子

"君子"是儒家经典中的重要概念，从孔子开始，在儒家教育体系中，培养君子人格就是传承道统、引导成长、存续文明的必要方面，到孟子时，更将教育人才置于君子三乐之一，"君子有三乐，而王天下不与存焉。父母俱存，兄弟无故，一乐也。仰不愧于天，俯不怍于人，二乐也。得天下英才而教育之，三乐也"[①]。教育人才是君子的乐趣之

---

* 史哲文，安徽省社会科学院副研究员，文学博士，主要从事明清文学与思想史研究。

①《孟子·尽心上》。

一，也是必要的行为内容。在古代教育活动中，书院扮演了关键性角色，在后世书院的设施设置、教育思想以及教育实践中，培养君子精神、君子人格、君子文化，是一个普遍而重要的内容。

一、书院设施中的君子踪迹

书院于唐代已有，不过初始时作为藏书与修书之所，而作为教育组织和教学机构的书院始于宋代，一直延续到清代，不曾断绝。宋初的石鼓书院、白鹿洞书院、应天府书院和岳麓书院号为四大书院。南宋以后，书院日益发达和完善，最著名的书院有岳麓、白鹿洞、丽泽、象山等书院。元代对书院采取利用的方针，使之官学化。明代书院一度颓废，迟至成化年间书院才发展起来。清初对书院采取抑制政策，雍正十一年（1733）命令各省于省会设置书院，作为科举应试机构。

明人胡俨在白鹿洞书院《重修书院记》中称："白鹿洞在南康庐山之阳、五老峰之下。山川环合，林谷幽邃，远人事而绝尘氛，足以怡情、适兴、养性、读书，宜乎君子之所栖托，士大夫之所讲学焉。"[①]古代许多书院常常选址于风景秀美，足以修身养性的山川之畔，书院位置的选择和设施的建设在很大程度上都会考虑到要与培养君子的教育宗旨相适应。因为古人相信，充盈天地之间的山川之气能够陶冶心灵、涤除尘垢，进而教化众人，濡养君子之风。

除了外部选址，不少书院内部的楹联和建筑也采用"君子"之名，安徽新绣溪书院撰有门联："读书须下苦功夫，试看寒梅，傲骨方能香扑鼻；立品始成美君子，进观大学，治邦先要德修身。"告诫莘莘学子寒窗苦读终可成功，立德修身方为君子。不少书院建筑设施也采用"君子"为之命名，清人田雯为贵州阳明书院作《阳明书院碑记》云：

---

① 盛元纂修：《南康府志》，查勇云、陈林森点校，江西高校出版社，2016年版，第198页。

呜呼！先生之学，以谪官而成；先生之道，其亦由龙场而跻身于圣贤之域也耶。当日坐拥皋比，讲习不辍。闻风而来学者，雍雍济济。观其课诸生"四条"，并"问答""语录"。俾尼山之铎被于罗施，弦诵流传以迄今日。黔之士肆成人有德，小子有造。岁时伏腊，咸走龙场致奠，亦有遥拜于其家者。先生之教何其广，而泽何其深且远欤。乃复于穷岩茂菁之间，以"何陋"名轩，"寅宾"为堂，"君子亭""玩易窝"旧迹岿然，遗风宛在。虽樵人猎士过其地者，无不感而生敬，流连而忾慕其为人。所谓顽夫廉懦，夫有立志而况其亲炙之者乎。①

《论语·子罕》曰："子欲居九夷。或曰：'陋，如之何？'子曰：'君子居之，何陋之有？'"在建筑命名上，阳明书院采用"何陋轩""君子亭"的命名方式，王守仁《君子亭记》说："夫子之居是亭也，持敬以直内，静虚而若愚，非君子之德乎？"有意将阳明心学接为孔子之说以表明其延续道统的地位。

同时，各类书院在设立与建设时，注重祭祀与书院学术传统、学风旨趣相关的历代儒学大师。如南宋绍熙三年（1192），朱熹在考亭建竹林精舍，祭祀周敦颐、二程、张载、邵雍、司马光、李侗七位学者。其中前六位为北宋理学家，朱熹对他们相当尊崇，曾作《六先生画像赞》称颂他们在理学发展史上的地位与贡献。又如元延祐元年（1314），岳麓书院开始于诸贤祠中祭祀朱熹、张栻，到明弘治年间，又建崇道祠专门祭祀朱、张二人，此后数百年间，岳麓书院对朱、张的祭祀一直延续。

书院祭祀大儒先贤的做法表明书院对教育脉络的追溯。到宋淳祐元年（1241），江万里建白鹭洲书院，"建祠祀二程夫子，益以周、张、

---

① 庞思纯、郑文丰：《明清之际的贵州书院》，贵州人民出版社，2017年版，第27页。

邵、朱为六君子祠"①，专门设立了祭祀程颢、程颐、周敦颐、张载、邵雍、朱熹六位大儒的"六君子祠"，树立榜样，培养大量俊彦英才。白鹭洲书院使得君子成为受到书院祭祀的儒家先贤的代称。如果说，以"君子"命名一般性的亭台建筑，说明书院重视这一通行概念。那么，以"君子"命名具有特殊含义的书院建筑，则表明儒家教育体系对君子文化的全面肯定。

此外，书院不仅祭祀为教育作出卓越贡献的前贤，还祭祀有功于书院创建、发展的官员。如在岳麓书院发展史上，有几位地方官员有功于书院，影响深远。除北宋开宝九年（976）潭州知州朱洞创建岳麓书院外，还有咸平二年（999）潭州知州李允则主持扩建书院，南宋乾道元年（1165）湖南安抚使刘珙重建书院，使岳麓书院兴盛一时。明弘治初年，长沙府通判陈钢、同知杨茂元重建兴复书院，使岳麓书院在沉寂百年之后重新兴盛。这几位有功于岳麓书院的官员，都是岳麓书院的供祀对象。嘉靖年间，岳麓书院辟六君子堂，祀上述五位官员及山长周式。明万历十八年（1590），长沙知府吴道行重修书院。后人因为"吴公有大功于斯地，道脉赖焉"，也将吴道行供祀于六君子堂，并改堂名为七君子堂②。由上可见，无论是六君子祠，还是七君子堂，以"君子"之名命名书院内部的重要崇祀建筑已成为书院传递教育观念的通例。

二、书院教育中的培养君子事迹

君子属于儒家理论中品质优良、道德完善的人格范畴，是仁、义、

---

① 刘绎：《白鹭洲书院志》卷一，《中国历代书院志》第2册，江苏教育出版社，1995年版，第568页。

② 李腾芳：《重修岳麓书院碑记》，《长沙岳麓书院续志》卷四，道光年间刊本，《中国历代书院志》第4册，江苏教育出版社，1995年版，第476页。

礼、智、信等品德的集合体，书院培养人才、教育俊彦的重要目标是使学生成为君子或趋近君子之人。大量学者也在书院中讲学，从而将仁、义、礼、智、信、勇等君子品德代代传承。

南宋著名爱国志士郑思肖之父郑震曾执教于江南的安定书院、和靖书院，讲学多年，被称为"道学君子"。又如明代顾宪成重建无锡东林书院，会同顾允成、高攀龙、安希范、刘元珍、钱一本、薛敷教、叶茂才等人发起东林大会，定期讲学，声势浩大，时称"东林八君子"。可见书院教育与君子文化紧密相关，例证不一而足。《太和县志》载：

太和旧有寿山书院，岁久倾圯，邑人欲修复，未果，适明府雷云峰先生莅任数载，尤急急于修废举坠，择购城东隅贾氏废宅，改置文峰书院，捐廉以为倡。接任者刘云亭先生亦以培养士类为己任，复广为劝输，遂得以观厥成……君子之教有本有末，君子之学非专不精，今两贤令既建书院、崇讲席，推本化原，太和之成人小子亦当争自濯磨，讲求正学。①

将养成君子作为太和文峰书院教育的准则内容。道光十五年（1835）贵州大定县令王绪昆为万松书院撰《重修万松书院记》称：

学者朝夕弦诵，非徒求工于文辞也，必实就乎理道。上之将以企于圣贤之域，次之亦不失为谨饬之儒；出可以为国家倚重之臣，处亦不失为品行端方之彦。盖所以为多士勖者，意良深也。余躬膺民社，不获时时与诸生讲贯其中。然院既重新，延明师，集益友，朝斯夕斯，乐群敬业，相与以有成，则于君子教育之雅意，亦不为无补，爰以

---

①《（民国）太和县志》，丁炳烺主修，吴承志纂修，邓建设点校，黄山书社，2014年版，第258页。

"乐育群英"四字，揭之门楣。①

他明确指出，教育的目的并非使人习得华丽辞藻，而是要从文悟道，探究道德标准和人生目标。那么道德标准和人生目标是什么呢？即成为君子，他进而说明，君子教育的重要内容是敬业乐群，不仅乐于教育他人，也乐于得到良师益友的教育。

需要特别提出的书院君子教育中一个具有典范性的例子，是南宋淳熙八年（1181）朱熹邀请陆九渊在白鹿洞书院所做的一场围绕"君子喻于义，小人喻于利"主题的讲学。陆九渊（1139—1193），字子静，因其曾讲学于贵溪象山，世称象山先生，是宋代著名的思想家。传世文献大致记载了这次讲学的情况："官南康之明年，陆子静来访，此亦学术史上一佳话也。盖子静之见，本与朱子不同，今特造访，请书其兄子寿墓志，则其心折朱子而重视之也至矣。朱子见其至，如接大宾，率僚友诸生，与俱至白鹿洞书院，请升讲席。"②朱熹虽然与陆九渊观点不同，但是也十分敬重他的学问。陆九渊认为君子和小人的区别就在于对待义和利的价值取向差异，"人之所喻，由其所习；所习，由其所志。志乎义，则所习者必在于义；所习在义，斯喻于义矣。志乎利，则所习者必在于利；所习在利，斯喻于利矣"。在陆九渊看来，如果一个人有公平正义之心，便可习得公平正义之理，从而做公平正义之事。如果一开始心术不正，凡事都以攫取个人私利为出发点，那么之后一切行为都必然会走上歧途。

同时，陆九渊在这次讲学中认为，做君子应当知行一致，不可阳奉阴违。"终日从事者虽曰圣贤之书，而要其志之所乡，则有与圣贤背而驰者矣。推而上之，则又惟官资崇卑、禄廪厚薄是计，岂能悉心力

---

① 庞思纯、郑文丰：《明清之际的贵州书院》，贵州人民出版社，2017年版，第180页。

② 孙毓修：《少年丛书·朱子》，团结出版社，2015年版，第82页。

于国事民隐，以无负于任使之者哉？"一些人表面上维护圣贤学说，但是暗地里却谋一己之私，迷恋于官职高低、收入多少，这样的"两面人"如何能对国家和人民的事业尽心尽力？义利观混乱必然导致价值崩塌、底线失守。只有从内心认同并树立正确的君子义利观，才能自觉遵守道德规范，形成自我制约机制。

所以，陆九渊对君子义利的阐释，将心与理合二为一，不仅在当时反响强烈，具有深远的教育意义，也在思想史上占有重要地位，扩大了陆氏心学的影响。

> 至是始复书院。而学问之统纪，关洛之绪言，益以光大。其关系于学术民风者，至重且大。后至潭州又复岳麓书院，亦此意也。
>
> 官南康之明年，陆子静来访，此亦学术史上一佳话也。盖子静之见，本与朱子不同，今特造访，请书其兄子寿墓志，则其心折朱子而重视之也至矣。朱子见其至，如接大宾，率僚友诸生，与俱至白鹿洞书院，请升讲席。子静讲"君子喻于义，小人喻于利"章，朱子以为切中学者隐微深痼之病。盖听者莫不然动心焉，请书于简以谂同志。[1]

由于陆九渊认为理出于心，所以他十分重视自省的力量，他说："君子以自昭其明德。"因而，学习圣贤、立志君子的青年人抑或从政者，必须勤于自省，端正义利观念，做到"供其职，勤其事，心乎国，心乎民，而不为身计"。如若一个人能够反躬自省，那么就能做到自我修正，从而实现自我完善，这也就离君子人格的理想境界不远了。

三、培养君子对当代教育的借鉴意义

随着时间推移，传统书院逐渐向现代学校转型，但人才教育中的

---

[1] 孙毓修：《少年丛书·朱子》，团结出版社，2015年版，第82页。

君子之风并未消散。在清代统治结束后，1914年11月5日，应时任清华学校校长周诒春的邀请，著名学者梁启超在同方部为清华师生带来了一场关于君子的精彩演讲。这篇演说词刊于1914年11月10日的《清华周刊》第20期：

　　君子二字，其意甚广，欲为之诠注，颇难得其确解。为英人所称劲德尔门包罗众义与我国君子之意差相吻合。证之古史，君子每与小人对待，学善则为君子，学不善则为小人。君子小人之分，似无定衡。顾习尚沿传类以君子为人格之标准。望治者，每以人人有士君子之心相勖。《论语》云：君子人与君子人也，明乎君子品高，未易几及也。

　　英美教育精神，以养成国民之人格为宗旨。国家犹机器也，国民犹轮轴也。转移盘旋，端在国民，必使人人得发展其本能，人人得勉为劲德尔门，即我国所谓君子者。莽莽神州，需用君子人，于今益极，本英美教育大意而更张之。国民之人格，骎骎日上乎。

　　君子之义，既鲜确诂，欲得其具体的条件，亦非易言。《鲁论》所述，多圣贤学养之渐，君子立品之方，连篇累牍势难胪举。周易六十四卦，言君子者凡五十三。乾坤二卦所云尤为提要钧元。乾象曰："天行健，君子以自强不息。"坤象曰："地势坤，君子以厚德载物。"推本乎此，君子之条件庶几近之矣。

　　乾象言，君子自励犹天之运行不息，不得有一暴十寒之弊。才智如董子，犹云勉强学问。《中庸》亦曰，或勉强而行之。人非上圣，其求学之道，非勉强不得入于自然。且学者立志，尤须坚忍强毅，虽遇颠沛流离，不屈不挠，若或见利而进，知难而退，非大有为者之事，何足取焉？人之生世，犹舟之航于海。顺风逆风，因时而异，如必风顺而后扬帆，登岸无日矣。

　　且夫自胜则为强，乍见孺子入水，急欲援手，情之真也。继而思之，往援则己危，趋而避之，私欲之念起，不克自胜故也。孔子曰：

"克己复礼为仁。"王阳明曰："治山中贼易，治心中贼难。"古来忠臣孝子愤时忧国奋不欲生，然或念及妻儿，辄有难于一死不能自克者。若能摈私欲、尚果毅，自强不息，则自励之功与天同德，犹英之劲德尔门，见义勇为，不避艰险，非吾辈所谓君子其人哉。

坤象言君子接物，度量宽厚，犹大地之博，无所不载。君子责己甚厚，责人甚轻。孔子曰："躬自厚而薄责于人。"盖惟有容人之量，处世接物坦焉无所芥蒂，然后得以膺重任，非如小有才者，轻佻狂薄，毫无度量，不然小不忍必乱大谋，君子不为也。当其名高任重，气度雍容，望之俨然，即之温然，此其所以为厚也，此其所以为君子也。

纵观四万万同胞，得安居乐业，教养其子若弟者几何人？读书子弟能得良师益友之薰陶这几何人？清华学子，荟中西之鸿儒，集四方之俊秀，为师为友，相蹉相磨，他年遨游海外，吸收新文明，改良我社会，促进我政治，所谓君子人者，非清华学子，行将焉属？虽然君子之德风，小人之德草，今日之清华学子，将来即为社会之表率，语默作止，皆为国民所仿效。设或不慎，坏习惯之传行急如暴雨，则大事偾矣。深愿及此时机，崇德修学，勉为真君子，异日出膺大任，足以挽既倒之狂澜，作中流之砥柱，则民国幸甚矣。①

他认为，"君子二字，其意甚广，欲为之诠注，颇难得其确解。为英人所称'劲德尔门'包罗众义与我国君子之意差相吻合"。梁启超敏锐地发现了中西方文明中的相似之处，不过，在梁启超看来，中华文化中的"君子"和欧美文化中的"劲德尔门"即"gentleman"的含义有相近一面，但是又有不同。梁启超对青年人寄予厚望，他认为做君子一要培植摒弃私欲、推重果毅的自强精神，志存高远，节制私欲，才能集中精力不屈不挠，攀登高峰迎难而进；二要涵养望之俨然、即之温然的宽厚气度，度量宽容，否则小不忍而乱大谋；三要争做崇德

---

① 梁启超：《梁启超论教育》，商务印书馆，2017年版，第147—149页。

修学、躬先表率的"时代楷模"，青年走在时代潮头，"君子之德风"，一言一行的影响不言而喻。梁启超认为，只有不断培养这些品质，方可"足以挽既倒之狂澜，作中流之砥柱"。

古往今来，从旧式书院到现代学校，中华文明中的书院传统其实不曾断绝，书院教育中注重培养君子的崇高目标也不应忘记。历经时代变迁，富有中华文化鲜明特色的君子之风在人格教育、通识教育以及国民教育中都会展现出历久弥新的价值，在融合现代文明、促进政治发展、改良社会风气等方面不无借鉴意义。

如何成圣成贤

——以朱子为中心

叶　达　冀晋才*

摘要：朱子圣人观集智者、治者和有德者于一体。智者，指圣人"聪明睿知"；治者，指圣人修道设教，人文化成，有外王之功；有德者，指圣人之德，诚发于中，"万善皆备"。德性诚明是聪明睿智、德治教化之根本。在朱子看来，圣人之所以为圣人，一方面因为"得天地清明中和之气"，另一方面在于"圣人本天"，圣人浑乎天理之公，无一毫人欲之私。从气、性上论圣人，朱子弥补了传统人性论罅漏：孟子没有意识到"人之所以有万殊不齐，只缘气禀不同"；荀子论气而不论性，"荀子只见得不好人底性，便说做恶"。朱子通过气、性论圣人，从形而上高度延展儒家圣人观，促进了儒家道德伦理学说发展。

关键词：朱子；天理；清明之气；人性论

儒家教育是圣贤教育，成圣成贤是儒者学行的终极目标，朱子认为，"做到圣人，方是恰好。才不到此，即是自弃"①，要求学者在道德实践中体认天理，体会"孔颜之乐""圣贤气象"。朱子是理学集大成者，他的圣人观既守传统，又有创新，在儒学史上影响深远。目前学界关于研究朱子的著作可谓汗牛充栋，但系统梳理朱子圣人观并分析其理路的著作，仍较为鲜见。牟宗三《心体与性体》乃一代巨作，

---

*叶达，浙江大学哲学学院博士后，主要研究方向为中国思想史；冀晋才，温州大学人文学院讲师，主要研究方向为宋明理学。

① 李绂：《朱子晚年全论》，段景莲点校，中华书局，2000年版，第138页。

该书深入探究了程朱理学心、性、理、气等概念，但没有论及朱子圣人观；钱穆《朱子新学案》一书有《朱子论圣贤》专题，重在梳理朱子论圣贤资料；此外，陈荣捷[①]、陈来[②]、张立文[③]、蒙培元[④]、杨天石[⑤]等学者都系统地论述过朱子思想，但对朱子圣人观地研究较为疏略。本文以朱子圣人观为核心，分析其内涵和形成原因，并探究其与传统儒家人性论关系，以进一步认识朱子学说。

一、智者、治者和有德者

儒家圣人观诞生于先秦时期，孔子奠定了其基本内涵和意义。在孔子看来，圣人"修己以安百姓"[⑥]"博施于民而能济众"[⑦]，既有内圣之治——修己，又有外王之功——安百姓、博施济众，甚至连尧、舜都无法达到。"子贡曰：'如有博施于民而能济众，何如？可谓仁乎？'子曰：'何事于仁，必也圣乎！尧舜其犹病诸。'"[⑧]孔子之后，孟子论圣人则曰："圣人，人伦之至也。"[⑨]他的言论更突显圣人的道德意蕴，认为唯有圣人能展现天赋的道德生命，"形色，天性也；惟圣

---

① 陈荣捷《朱学论集》《朱子新探索》等著作从学派传承和理论学说探究朱子，是高屋建瓴之作，但对朱子的圣人观缺乏系统论述（见陈荣捷：《朱学论集》，华东师范大学出版社，2007年版；陈荣捷：《朱子新探索》，华东师范大学出版社，2007年版）。

② 陈来《宋明理学》《朱子哲学研究》著作论述了朱子思想，然未对圣人观做专题论述（见陈来：《朱子哲学研究》，华东师范大学出版社，2000年版；陈来：《宋明理学》，辽宁教育出版社，1991年版）。

③ 张立文：《朱熹评传》，南京大学出版社，1998年版。

④ 蒙培元：《朱熹哲学十论》，中国人民大学出版社，2010年版。

⑤ 杨天石：《朱熹:孔子之后第一儒》，东方出版社，2019年版。

⑥ 《论语·宪问》。

⑦ 《论语·雍也》。

⑧ 《论语·雍也》。

⑨ 《孟子·离娄上》。

人，然后可以践形"①，能为后世建立道德实践法则和目标，"圣人，百世之师也，伯夷、柳下惠是也。故闻伯夷之风者，顽夫廉，懦夫有立志；闻柳下惠之风者，薄夫敦，鄙夫宽"②。朱子继承了孔孟圣人观，从理气、体用等方面对其拓展并形成了理学特色的圣人观。

在朱子看来，尧、舜、汤、禹、文王、武王、孔子都是圣人，不同之处在于尧、舜、文王、孔子生而知之，禹、汤、武王学而知之：

明道先生曰："尧、舜更无优劣，及至汤、武便别。孟子言'性之''反之'，自古无人如此说，只孟子分别出来，便知得尧、舜是生而知之，汤、武是学而能之。文王之德则似尧、舜，禹之德则似汤、武。要之皆是圣人。"③

朱子这样的区分并非没有依据。孟子认为尧、舜是"性之"，汤、武是"反之"。"尧舜，性之也；汤武，身之也"④，其本意为尧舜是自然之圣，本于天命之性而为圣，汤、武是后继之圣，学先圣之德而后觉为圣。无论先圣还是后圣，朱子认为他们都是圣人，因其具备圣人的品质，概括而言即智者、治者和有德者。

其一，圣人是智者。根据郭沫若在《两周金文辞大系》中的考证，古"聖"字从耳从口，意为"声入心通"或"入于耳而出于口"，表聪明之义，即圣人为聪明之人。孔子未明言圣人是智者，但子贡认为孔子"天纵之将圣""仁且智"，这一观点得到孟子赞同，"昔者子贡问于孔子曰：'夫子圣矣乎？'孔子曰：'圣则吾不能，我学不厌而教不倦也。'子贡曰：'学不厌，智也；教不倦，仁也。仁且智，夫子既圣

---

① 《孟子·尽心上》。

② 《孟子·尽心下》。

③ 朱熹、吕祖谦：《近思录》，上海古籍出版社，2000年版，第127页。

④ 《孟子·尽心上》。

矣！'"①在孟子基础上，朱子以"耳顺心通""聪明睿智"形容夫子之圣：

> 胡问："回'闻一知十'，是'明睿所照'，若孔子则如何？"曰："孔子又在明睿上去，耳顺心通，无所限际。古者论圣人，都说聪明，如尧'聪明文思'，'惟天生聪明时乂'，'亶聪明作元后'，'聪明睿智足以有临也'。圣人直是聪明！"②

颜回闻一知十固然聪明睿智，然夫子之圣又在聪明睿智之上，耳顺心通，无所限制。孔子的聪明睿智如同帝尧一般，"聪明文思""聪明睿智足以有临也"，这种聪明不是后天习得，而是"天生聪明"。朱子对其极尽赞美，圣人之智不是"智者利仁"式的聪明，不是精于利益算计，而是能发明心体之大用，察识众理之妙义，是对天道的敏锐和明觉，"一旦豁然贯通焉，则众物之表里精粗无不到"③。圣人之智虽由天成，但圣人博采众长、取诸众善，所以智无穷尽，"舜固是聪明睿知，然又能'好问而好察迩言，乐取诸人以为善'，并合将来，所以谓之大知。若只据一己所有，便有穷尽"④。圣人之智还体现在实践。圣人与众人同具人之形色，但圣人能尽理，所以能践形，众人则否，这就是孟子所说的"惟圣人能践形"。

其二，圣人是治者。所谓治者，即承担政治教化职责之人。孔孟称赞的圣人尧、舜、禹、汤，皆怀仁义之德，有天子之位，施行德政教化。朱子心目中的圣人，同样是"裁成天地之道，辅相天地之宜"：

> 天只生得许多人物，与你许多道理，然天却自做不得，所以必得

---

① 《孟子·公孙丑上》。

② 黎靖德：《朱子语类》，王星贤点校，中华书局，1986年版，第721页。

③ 朱熹：《四书章句集注》，中华书局，1983年版，第7页。

④ 黎靖德：《朱子语类》，王星贤点校，中华书局，1986年版，第1524页。

圣人为之修道立教，以教化百姓，所谓裁成天地之道，辅相天地之宜是也。盖天地做不得底，却须圣人为他做。①

　　朱子认为，"有禹汤之德，便有禹汤之业；有伊周之德，便有伊周之业……新民必本于明德，而明德所以为新民也"②。圣人以德治天下，孔子讲"修己以敬""修己以安人""修己以安百姓"③，实际上就已指出修己明德是安人、安百姓的基础。虽然朱子讲有其德便有其业，有其德并不意味身居高位。孔子无其位，但他建立儒家学派，影响深远，"所以继往圣、开来学，其功反有贤于尧舜者"④。孟子曾转述宰我语"以予观于夫子，贤于尧舜远矣"⑤，孔子未能如尧舜一样有位有德，但践仁行义，人文设教，影响之大，自生民以来未之有也，"出于其类，拔乎其萃，自生民以来，未有盛于孔子也"⑥。在朱子看来，孔子的伟大要远超尧、舜，他传道、行道，为整个社会奠定了文明基础，是百世之师，"圣人贤于尧舜处，却在于收拾累代圣人之典章、礼乐、制度、义理，以垂于世"⑦。纵观朱子一生，他著书立说，讲学躬行，亦是在效仿圣人行道以济时，"所愿欲者，不过修身守道，以终余年。因其暇日，讽诵遗经，参考旧闻，以求圣贤立言本意之所在"⑧。

　　其三，圣人是有德者。虽然朱子也强调圣人的才能和智慧，"圣人，神明不测之号""圣人自是多能"，但更重要的是德性，"圣主于德"⑨，只要在德性上有一毫之失，则名实不相符，"圣人万善皆备，

---

① 黎靖德：《朱子语类》，王星贤点校，中华书局，1986年版，第259页。

② 黎靖德：《朱子语类》，王星贤点校，中华书局，1986年版，第1477页。

③《论语·宪问》。

④ 朱熹：《四书章句集注》，中华书局，1983年版，第14—15页。

⑤《孟子·公孙丑上》。

⑥《孟子·公孙丑上》。

⑦ 黎靖德：《朱子语类》，王星贤点校，中华书局，1986年版，第959页。

⑧ 王懋竑：《朱熹年谱》，何忠礼点校，中华书局，1998年版，第75页。

⑨ 黎靖德：《朱子语类》，王星贤点校，中华书局，1986年版，第958页。

有一毫之失，此不足为圣人。故大舜无一毫釐不是，此所以为圣人。不然，又安足谓之舜哉"①。在朱子之前，宋儒周敦颐将"诚"视为圣人的根本，凸显圣人道德义和人伦义，"诚者，圣人之本""圣，诚而已矣"②。朱子继承了周敦颐的观点，"诚"是圣人的"骨子"，"圣"是德之发见乎外者：

　　问："'至诚、至圣'如何分？"曰："'至圣、至诚'，只是以表里言。至圣，是其德之发见乎外者，故人见之，但见其'溥博如天，渊泉如渊，见而民莫不敬，言而民莫不信'，至'凡有血气者莫不尊亲'，此其见于外者如此。至诚，则是那里面骨子。经纶大经，立大本，知化育，此三句便是骨子；那个聪明睿知却是这里发出去。至诚处，非圣人不自知；至圣，则外人只见得到这处。"③

　　圣人的聪明睿智来源于"骨子"里"至诚"。所谓"至诚"，是沟通天道和人道的桥梁，是成己成物、自立立人的前提，包含对天道的信仰和对自我的超越。圣德以诚为贵，这意味着无一丝虚伪夹杂其中。朱子以虞舜为例，虞舜之所以是圣人，在于心体浑然天理，不杂人欲之私。舜父母及弟象欲借穿井杀死舜，舜却知为人子应爱亲、为人兄应友爱其弟，"一心所慕，惟知有亲。看是什么物事，皆是至轻。施于兄弟亦然"④。可以说圣人一言一行，一动一静，无非天理，"圣人一动一静，莫非妙道精义之发，亦天而已，岂待言而显哉"⑤。总之，朱子认为圣人的根本在于德性，"以百里而王天下，德之盛也。行一不义、杀一不辜而得天下有所不为，心之正也。圣人之所以为圣人，其

　　① 黎靖德：《朱子语类》，王星贤点校，中华书局，1986年版，第232页。

　　② 周敦颐：《周敦颐集》，陈克明点校，中华书局，1990年版，第15页。

　　③ 黎靖德：《朱子语类》，王星贤点校，中华书局，1986年版，第1594页。

　　④ 黎靖德：《朱子语类》，王星贤点校，中华书局，1986年版，第1357页。

　　⑤ 朱熹：《四书章句集注》，中华书局，1983年版，第180页。

本根节目之大者，惟在于此。于此不同，则亦不足以为圣人"①。纵有天子之位，有周公之才智，无仁义之心，则不能参赞天地，化育万物，开万世之太平，正如孔子所说，"如有周公之才之美，使骄且吝，其余不足观也已"②。

朱子圣人观集智者、治者和有德者于一体，他认为德性诚明是聪明睿智、德治教化之根本。究其原因，朱子更注重内圣，内圣是主体的道德生命实践，有内圣才有外王的修齐治平、成己成人之功，内圣是外王根基。朱子穷经讲学，追求孔颜之乐，体现了他对圣人之德的追求，"既以自乐，间亦笔之于书，以与学者共之，且以待后世之君子而已，此外实无毫发余念也"③。

二、"得天地清明中和之气"和"圣人本天"

在朱子看来，圣人是人伦典范。从道德实践层面而言，圣人之所以为圣人，在于其展现了天赋的道德性命：

> 圣人之心，莹然虚明，无纤毫形迹。一看事物之来，若小若大，四方八面，莫不随物随应，此心元不曾有这个物事。且如敬以事君之时，此心极其敬。当时更有亲在面前，也须敬其亲。终不成说敬君但只敬君，亲便不须管得！事事都如此。圣人心体广大虚明，物物无遗。④

圣人之心莹然虚明，没有任何杂念，清如明镜，所以圣心随物随应，不掺杂人欲之私。当其"事君之时"，此心唯敬其君；当其事亲

① 朱熹：《四书章句集注》，中华书局，1983年版，第234页。
② 《论语·泰伯》。
③ 王懋竑：《朱熹年谱》，何忠礼点校，中华书局，1998年版，第75页。
④ 黎靖德：《朱子语类》，王星贤点校，中华书局，1986年版，第348—349页。

时，其心唯敬其亲。圣人之心广大虚明，体物无遗。然而圣人为何能如此？圣人"生知安行，不待学而能"①如何成立？圣人之性和众人之性有何区别？面对这些人性论难题，朱子借助了"气质之性"和"天地之性"等概念。

朱子认为圣人和众人的禀赋天地之性无有不同，即天赋的仁义之性人人皆同，唯气质之性不尽相似：

> 人性虽同，禀气不能无偏重。有得木气重者，则恻隐之心常多，而羞恶、辞逊、是非之心为其所塞而不发；有得金气重者，则羞恶之心常多，而恻隐、辞逊、是非之心为其所塞而不发。水火亦然。唯阴阳合德，五性全备，然后中正而为圣人也。②

气质之性即人的气禀，这是从"生之谓性"角度上使用气质之性一词，"'生之谓性'。性即气，气即性，生之谓也。人生气禀，理有善恶，然不是性中元有此两物相对而生也"③。气禀不同，导致后天品性差异，或贤或愚，或善或恶。从朱子所持宇宙论而言，人之形源于气，人之性源于理，理气和合而化生万物。所赋之理人人相同，所禀之气则有清浊之分，故人生而有善恶之别，"有自幼而善，有自幼而恶，是气禀有然也"④。圣人气禀清明纯粹，所以能为圣人，"圣人得天地清明中和之气""唯阴阳合德，五性全备，然后中正而为圣人也"。

圣人和众人气禀差别，自孩童时已显露：

> 人性虽同，而气禀或异。自其性而言之，则人自孩提，圣人之质悉已完具……善端所发，随其所禀之厚薄，或仁或义或孝或弟，而不

---

① 黎靖德：《朱子语类》，王星贤点校，中华书局，1986年版，第66页。
② 黎靖德：《朱子语类》，王星贤点校，中华书局，1986年版，第74页。
③ 朱熹、吕祖谦：《近思录》，上海古籍出版社，2000年版，第31页。
④ 朱熹、吕祖谦：《近思录》，上海古籍出版社，2000年版，第31页。

能同矣。①

这就是为什么后稷生而聪明，教民稼穑，树艺五谷，而越椒生而有"熊虎之状，而豺狼之声"②，长大作乱灭族，"后稷之克岐克嶷，子越椒始生，人知其必灭若敖氏之类"③。为了更好理解禀气差别，朱子用"宝珠在清冷水中"和"珠在浊水中"譬喻，"禀气之清者，为圣为贤，如宝珠在清冷水中；禀气之浊者，为愚为不肖，如珠在浊水中"④。

借助气质之性或曰气禀的不同，朱子论述了圣人和众人之别。从资禀上论圣人，是朱子圣人观的一大特征。这也是为何朱子感叹"圣人难为"，因气禀差异就是先天差异，"某十数岁时读孟子，言圣人与我同类者，喜不可言，以为圣人亦易做，今方觉得难"⑤。但朱子并不否认其成圣的可能，只是说成圣难。朱子知道神化圣人只会令学者望而却步，"不要说高了圣人。高后，学者如何企及。越说得圣人低，越有意思"⑥。这样一来，学者可以通过后天学习改变气禀清浊，从而下学上达：

圣希天，贤希圣，士希贤。伊尹、颜渊，大贤也。伊尹耻其君不为尧舜，一夫不得其所，若挞于市。颜渊"不迁怒，不贰过"，"三月不违仁"。志伊尹之所志，学颜子之所学，过则圣，及则贤，不及则亦不失于令名。⑦

---

① 朱熹：《朱子全书》第6册，朱杰人、严佐之、刘永翔主编，上海古籍出版社、安徽教育出版社，2002年版，第596页。

②《左传·宣公四年》。

③ 朱熹、吕祖谦：《近思录》，上海古籍出版社，2000年版，第31页。

④ 黎靖德：《朱子语类》，王星贤点校，中华书局，1986年版，第73页。

⑤ 黎靖德：《朱子语类》，王星贤点校，中华书局，1986年版，第2611页。

⑥ 黎靖德：《朱子语类》，王星贤点校，中华书局，1986年版，第1140页。

⑦ 朱熹、吕祖谦：《近思录》，上海古籍出版社，2000年版，第36页。

下学学人事，上达达天理，盈科而进，学不躐等。在下学上达过程中，朱子注重格物穷理工夫，"学者须是真知，才知得是，便泰然行将去也"，格物穷理才能带来真认知，才能有真正道德实践。

另外，朱子圣人观的另一层面是"圣人本天"。圣人与众人之异在气禀，其同则是天命之性理。"圣人本天"一语出自程颐："《书》言天叙，天秩。天有是理，圣人循而行之，所谓道也。圣人本天，释氏本心。"①其大意为：天理是宇宙本体，圣人遵循天理而行，这就是天道。圣人本于天道，佛教本于心。宋明理学的根基是天理，天理是宇宙运行的法则、万物存在的根据，人物之生无不禀赋此理，"人物之性本无不同，而气禀则不能无异耳……然性只是理……只是随气质所赋之不同，故或有所蔽而不能明耳。理则初无二也"②。儒家学者批判道家"以无为本"和佛教"以空为宗"学说，其背弃君臣父子夫妇之道，破坏人伦纲常，造成传统社会极大混乱。"圣人本天"从形而上维度确立了天理绝对性和人伦典范，是朱子攘辟佛老的重要理论，"佛老之学不待深辨而明。只是废三纲五常，这一事已是极大罪名，其他更不消说。"

从攘辟佛老立场而言，朱子"圣人本天"有力地捍卫了儒家道德学说。道家以无为宇宙本体，"天下万物生于有，有生于无"③，但又无法否认理的存在，这便自相矛盾，"无者无物，却有此理；有此理，则有矣。老氏乃云'物生于有，有生于无'，和理也无，便错了"④。道家以无为本，尚不否认有的存在，佛教则以天地为幻妄，比道家更彻底、更纯粹。朱子指出道家的无、佛教的空是没有实质内容的空体，对道德实践没有任何帮助，是消极避世学说：

① 程颐、程颢：《二程集》，中华书局，1981年版，第274页。

②《朱熹集》第4册，郭齐、尹波点校，四川教育出版社，1996年版，第1794—1795页。

③《老子》第四十章。

④ 黎靖德：《朱子语类》，王星贤点校，中华书局，1986年版，第2531页。

释老称其有见，只是见得个空虚寂灭。真是虚，真是寂无处，不知他所谓见者见个甚底？莫亲于父子，却弃了父子；莫重于君臣，却绝了君臣；以至民生彝伦之间不可阙者，它一皆去之。所谓见者见个甚物？①

他认为道家、佛教抛弃了人伦道德，其所谓的真知真谛不过是妄想而已。与道家、佛教相反，儒家的天理是最高的本体，充实而广大，"一性之中，万善完备"②：

吾儒所养者是仁义礼智，他所养者只是视听言动。儒者则全体中自有许多道理，各自有分别，有是非，降衷秉彝，无不各具此理。③

明天理才能明是非、辨公私、定正邪。天理是宇宙万物的本源，道德人伦的依据，如果不能肯认天理，那么圣人修道设教，人文化成，就没有意义，"圣人'穷理尽性以至于命'，便能赞化育"④。

"圣人本天"和"圣人得天地清明中和之气"是朱子圣人观中最重要的两个维度。一方面，气禀差异解释了人性为何有"自幼而善""自恶而恶"，圣人自孩提时"圣人之质悉已完具"，因其"得天地清明中和之气"；另一方面，圣人、众人虽然气禀有异，但仁义之性却无不相同，这就为成圣成贤提供了理论依据。朱子圣人观包含了下学上达、格物致知、民生彝伦等积极内容，体用兼备，不为空谈，影响深远。

---

① 黎靖德：《朱子语类》，王星贤点校，中华书局，1986年版，第3014页。
② 黎靖德：《朱子语类》，王星贤点校，中华书局，1986年版，第1386页。
③ 黎靖德：《朱子语类》，王星贤点校，中华书局，1986年版，第3022页。
④ 黎靖德：《朱子语类》，王星贤点校，中华书局，1986年版，第1360页。

三、"论性不论气，不备；论气不论性，不明"

朱子圣人观，建立在思考人性基础之上。他认识到传统人性论的问题所在：

> 荀、扬、韩诸人虽是论性，其实只说得气。荀子只见得不好人底性，便说做恶。扬子见半善半恶底人，便说善恶混。韩子见天下有许多般人，所以立为三品之说。就三子中，韩子说又较近。他以仁义礼智为性，以喜怒哀乐为情，只是中间过接处少个"气"字。①

朱子认为荀子性恶论只基于人性恶的一面，而忽视了善的一面，从而得出了似是而非的观点，更重要的是荀子性恶论使儒家主张仁政成为空谈，天的神圣至善也会丧失。至于扬雄的性善恶混说，则只是看到了人性有善有恶，未睹人性之全。韩愈性情三品说"上焉者，善焉而已矣；中焉者，可导而上下也；下焉者，恶焉而已矣"②，亦未解释恶的来源。因此，如果不对人性来源、善恶问题做出彻底解释，圣人如何得以可能？面对这些人性论难题，朱子进行了深入的思考。

朱子认为孟子性善论并不完备。孟子以心言性，以四端之心论本性，确立了性善学说，但孟子将恶的来源归结于本心的"陷溺"。在《孟子·告子上》，孟子以水之就下比喻人性之善，"今夫水，搏而跃之，可使过颡；激而行之，可使在山。是岂水之性也哉？其势则然也。人之可使为不善，其性亦犹是也"。其意为人之所以为恶在于其势使然。论及"富岁子弟多赖；凶岁子弟多暴"时，孟子又说"非天之降才尔殊也，其所以陷溺其心者然也"，可见孟子将人性恶的来源归结于

---

① 黎靖德：《朱子语类》，王星贤点校，中华书局，1986年版，第78页。
② 《韩昌黎全集·原性》卷十一。

本心的陷溺。朱子认为孟子的"陷溺"说算不上完备的理论：

> 此理却只是善。既是此理，如何得恶？所谓恶者，却是气也。孟子之论，尽是说性善至有不善说是陷溺。是说其初无不善，后来方有不善耳。若如此却似"论性不论气"有些不备。①

孟子无法解释为何有些人"自幼而恶"。汉代王充曾指出孟子人性学说问题所在：商纣、食我在孩童之时，已经显露为恶的征兆；尧、舜的后代丹朱、商均，纵使生于良好的环境，仍长为不肖之徒②。那么性善论又如何成立呢？所以在朱子弟子陈淳看来，孟子不论气禀，这是最大的问题，开启后世争端，"不曾发出气禀一段，所以启后世纷纷之论，盖人之所以有万殊不齐，只缘气禀不同"③。

同样，朱子也反对荀子性恶论。荀子认为"人性恶""人之性恶，其善者伪也"，人性生来便恶，善是后天人为。朱子认为荀子性恶论过于偏颇，只看到恶人之性，就认为人性恶，"荀子只见得不好人底性，便说做恶"。荀子性恶论的问题在于论气而不论性，从气上论人性，"饥而欲饱，寒而欲暖，劳而欲休"④，因此朱子否定了其观点，"只一句'性恶'，大本已失"。

至于扬雄性善恶混说，朱子也持批判态度。扬雄认为人性有"好善恶恶"的一面，"人之所好而不足者，善也；人之所丑而有余者，恶也"⑤。由于个体心灵操舍存亡的不同，遂展现出"善不足而恶有余"的结果。善恶是"性之所之"，是性表现出来的结果，不能将其当作"性之所有"，因此不能说性善或者性恶，只能说性包含了为善为恶的

---

① 黎靖德：《朱子语类》，王星贤点校，中华书局，1986年版，第65页。
② 见《论衡·本性篇》。
③ 陈淳：《北溪字义》，中华书局，1983年版，第7页。
④ 《荀子·性恶》。
⑤ 《太玄·玄摛》。

可能，即人性中既包含了向善的可能，又包含了向恶的可能。朱子认为扬雄性善恶混说，只是看到了"半善半恶人底性"，同荀子一样，扬雄也是"'论气而不论性'，故不明。既不论性，便却将此理来昏了"①。荀子扬雄人性论的问题，在于未认识到人有气质之性和天命之性，故朱子斥其大本已失，谈何仁义，"孟子性善，是论性不论气。荀杨异说，是论气则昧了性"②。

在反思传统人性论基础上，朱子提出了论人性必须兼论气、性。朱子认为，人性来自天，人性之善来自天理本善，"人受天地之中以生，其未感也，纯粹至善，万理具焉，所谓性也"③。至善纯一的天理是超越的、独立的，不随人的生死而变化，理超越于气而存在，"夫性者，理而已矣""不可以聚散言。其聚而生，散而死者，气而已矣。所谓精神魂魄，有知有觉者，皆气之所为也。故聚则有，散则无。若理则初不为聚散而有无也"④。朱子从形而上维度建立了人性基础，肯定了人所禀赋的天地之性至善纯一，而气质之性则有善有恶，故人性之恶来自气。气是材质，决定了人的贤愚、善恶，"有自幼而善，有自幼而恶，是气禀有然也"⑤。通过天命之性和气质之性的逻辑建构，朱子的圣人观以更严密的形式得以呈现。如果说孟子、荀子和扬雄因为忽略了气禀不同而无法解释为何有人"自幼而善"，有人"自幼而恶"，朱子的人性学说则很好地解决了这个存在千年之久的问题，并以严密的理学体系整合、重铸了儒家道德学说。

在朱子看来，圣人"生而知之""不待学而能"，如果只强调人性善而不论气质之性，那么仅可以说"人皆可以为尧舜"，不能解释为何

① 黎靖德：《朱子语类》，王星贤点校，中华书局，1986年版，第65页。
② 黎靖德：《朱子语类》，王星贤点校，中华书局，1986年版，第1388页。
③《朱熹集》第6册，郭齐、尹波点校，四川教育出版社，1996年版，第3523页。
④《朱熹集》第4册，郭齐、尹波点校，四川教育出版社，1996年版，第2165页
⑤ 朱熹、吕祖谦：《近思录全译》，于民雄译注，贵州人民出版社，2021年版，第24页。

人生或为尧、舜，或为商纣、越椒、食我①。同样，荀子性恶论主张"故圣人也者，人之所积也"，拒绝了天的至善，人性也就没有形而上根基。至于扬雄、韩愈的人性论，或"气昧了性"或"性昧了气"，这些都是传统儒家人性论问题，在面对强盛的佛老学说时自然会败下阵来。朱子从气、性角度解释人性，不但弥补了传统儒家人性论缺陷，而且为学者学以致圣打开了一条途径。

四、结语

钱穆先生认为，在中国历史上，前有孔子，近有朱子，此两人，皆在中国学术思想及中国文化史上发出莫大声光，留下莫大影响。旷观全史，恐无第三人堪与伦比②。朱子是理学集大成者，他以缜密的逻辑体系整合、重铸了儒家传统圣人观。与孔孟相比，朱子圣人观更强调"有德者"层面，智者和治者都是以有德者为依据而展开，正如他论"至圣"和"至诚"的关系，"至圣，是其德之发见乎外者……至诚，则是那里面骨子"。德性诚明是聪明睿智、德治教化的根本。同时，朱子又从"圣人本天"和"圣人得天地清明中和之气"两个维度，解释了圣人如何可能这一问题，他认识到"论性不论气，不备；论气不论性，不明"，传统人性论存在缺陷，引入理气范畴为儒家道德学说奠定了形而上基础。杜维明指出："儒家学说所关心的中心问题是成为圣人的过程，即完全实现成为一个真实的人的过程。"③朱子推崇"圣贤气象""孔颜之乐"要求学者在道德实践中体认天理，体会圣贤的乐趣，对中华文明产生了深远影响。

---

① 《论衡·本性篇》。
② 钱穆：《朱子学提纲（代序）》，《朱子新学案》，九州出版社，2011年版，第1页。
③ 杜维明：《仁与修身儒家思想论集》，胡军、丁民雄译，生活·读书·新知三联书店，2013年版，第18页。

君子人格的中正思想及启示

——以泰山地区为主

杨　奇　　李元熙*

摘要： 怀德济世作为君子内修外表的重要价值取向，指导中国人中正品格的塑造与发展。中国作为礼仪之邦，在儒学、易学等思想影响下，处世尚中、与人尚和的思想成为一种行世旨趣，加上古代诸多典籍文赋的借喻、记述与升华，守中持正的"本心"态度便成为了古今君子之风，化及万方。当君子之风形成良性的社会互动，中华优秀传统文化便更利于弘扬和转化，进而指导当下道路的前行。山东作为儒家文化发祥地，同泰山文化将君子尊道贵德的使命吐故纳新，育化出孔子、孟子、颜回、左丘明、石介、萧大亨、唐仲冕等君子名士，代祀绵远。而当今正处于文化思维大交融时代，更需找准本心以守法度，方得恒久前路。基于此，本文以部分同泰山文化圈相关的名士为例，试探析君子人格的优良启示。

关键词： 君子；中正品格；儒家；崇德

一、尊道贵德，叩问君子修身之本

为人处世，必先修本身，而道与德是修己的关键。《周易·乾·九

---

* 杨奇，山东省肥城市左丘明研究院文化研究室主任，研究方向为先秦史学及地方文史、传统文化；李元熙，山东省青年书法家协会会员，泰安市书法家协会会员，孔子艺术研究院研究员。

三》：“君子终日乾乾，夕惕若厉，无咎。”此则意在君子每日振作不息，无论日夜均时时警醒慎行，如此即使身处险境也可免于危害。故此言“君子”实有“大人”义，“大人”亦指有道德者或身居尊位者。居安思危是古代中国所推崇的辩证立身之道，若是时常处于安危更迭之中，便会未雨绸缪。《周易·乾·象》：“天行健，君子以自强不息。”此句与《论语》所言“人不知而不愠，不亦君子乎”甚有同旨，即言他人不知己心却依然豁达，这实则是刚强的表现，再者此二处“君子”均指有德者。则“君子食无求饱，居无求安，敏于事而谨于言，就有道而正焉，可谓好学也已”，本句强调君子在自身生活中的达观态度，言语谨严，方能达到自强不息的本真。于衣食无惧以外，追求的道德亦应以忠和信为主，“君子不重，则不威；学则不固，主忠信”。所以待人忠诚有信用，崇德向上，当是君子所求。以上数言，极言立身先修德，方能成为社会化的人，即“德不孤，必有邻”[1]。

之于一心崇德向善者，首推孔孟，以及儒家中多位名士，他们皆格外注重“立身”，故而偏好“道德”。孔子、孟子可谓中国早期君子典范，处纷繁国运而有普济之怀，处文脉临危而清勤修史，此均良善贤达。

孔子对于君子之风的感知，大多体现为君子的社会化属性，在仁道之路上行稳致远。《论语·泰伯》：“兴于《诗》，立于德，成于乐。”孔子本人既在典章礼乐中体悟仁善，又在周游列国、讲学辩论中实践所学。其人重礼教，是“礼”使其在社会上站得住，故而化民成俗，逐步使学礼、行礼之风流行。再者，其提出有等级秩序的“爱人”思想，这亦在扩大良善的“爱人”“仁”之义的社会性运用。孔子推行的“仁道”，当是君子之道。对于春秋战国社会，我们可认为他实现了一部分却未实现“天下观”的仁道。孔子以泰山等作比，在遥望中作《邱陵歌》：“人道在迩，求之若远……喟然回顾，题彼泰山。”其深感

---

[1] 《论语·里仁》。

"仁道"施行十分坎坷。但依旧依礼处世，坚守他的道义，此便是君子。

"德行也者，大雅之称也"[①]，则说德行是对大雅之人的称谓，具有一定的独特性，由此可知君子须有德，有德利于成才，而有才却未必存德。史学家左丘明，因"左"为官职简称，其祖父始即世代史官，故有家学之基。其在祖父教诲下，育化出忠厚善思、谨言慎行、怀德负责的优良道德。公元前506年，周伐楚，楚大败，其祖父倚相为保护楚国典册，奔往鲁国，定居在肥城都君庄，自此居于今肥城，故观其祖有君子风仪，亦传及后世。左丘明刻苦修身治史，世人尊崇，且其有"善贷且成"之行。《左传精舍志荐圣图》载："鲁候欲以孔子为司徒，将召三桓议之，乃谓左丘明。左丘明曰：'孔丘其圣人欤……今君欲以孔丘为司徒，召三桓而议之，亦以狐谋裘与羊谋馐哉。'于是，鲁候遂不与三桓谋，即召孔子为司徒。"左丘明以实例劝说鲁定公，终任孔子为司徒，为鲁国举荐了难得的人才，是谓成人之美。

《史记·卷十四·十二诸侯年表第二》云："鲁君子左丘明惧弟子人人异端，各安其意，失其真，故因孔子史记具论其语，成《左氏春秋》。"可见左丘明胸怀大志，有高度的史学洞察力与责任感，及时整合史籍并著述《左传》，并且其初心是为了避免"各安其意，失其真"而著书，有正统思维，能够尊重历史，这一点是史家应持之德。《论语·公冶长》曰："巧言，令色，足恭，左丘明耻之，丘亦耻之。匿怨而友其人，左丘明耻之，丘亦耻之。"通过孔子对左氏的评述，可见二人均为君子之道，皆憎恶甜言面笑、过于谄媚、心怀怨恨之人，不与之为友，故说孔、左二人是正统继承先代礼法典章之人，有明确的人生价值观。且《史记·卷一百三十·太史公自序第七十》载："左丘失明，厥有国语……"此中人物是"自强不息"的写照，且重在"自强"，而非他人使之"强"。左丘明晚年身患眼疾，却还一心耕读传家，

①《人物志》。

继续编史修书，汇成中国最早国别史《国语》。此书因内容可与《左传》相互参证，故成其人生双著，流传后世。再观后人追念，唐太宗李世民追封其为经师，明思宗朱由检称之为先贤，可见其人。而复观诸典，多称其为君子。《后汉纪·孝和皇帝纪上·卷十三》言"鲁君子左丘明"，《宋史·卷四百三十三·列传第一百九十二》记"先儒左丘明"，诸如此类，已见后世赞称。另有《左传》"君子曰"的著述方式，以致影响后来，有启发之功。

观左丘明修身之路，正是《初学记》引挚虞《左丘明赞》："丘明作史，时惟衰周；错综坟籍，思弘徽猷。阐明王典，光演春秋；诞宣圣旨，旷代弥休。"

故此，清勤君子之风应如孔、左二位，接续古礼而传古道；功绩永大，左丘明"与圣同耻"，敢于抒发社会道德评价为今所选择借鉴，归而言之，亦是重德有才而成其君子之典范，甚至成为君子代称，不负时代之托。

二、中睿外明，遥想君子处世之术

人群间必有明智超凡者，而此类人则会推动大多事业的发展，故"聪明者阴阳之精，阴阳清和则中睿外明，圣人淳耀，能兼二美"[①]。据此不论圣人与君子之别，二者当有敏锐警觉的预想和崇尚中和的态度。当内修到一定程度，其思想必将外化，此时人之"五材"：忠、智、仁、信、勇便也随时而生。

（一）明理尊德，颜回有道

被后世尊为复圣的颜回，作为孔子得意门生，极其尊道守正，推崇儒学，可谓穷毕生之力。其亦是身穷志强、笃志好学之士，终身随

---

① 《人物志·九征第一》。

从孔子而未仕。

颜回赞誉孔子："仰之弥高，钻之弥坚，瞻之在前，忽焉在后。夫子循循善诱人，博我以文，约我以礼，欲罢不能。既竭吾才，如有所立卓尔。虽欲从之，未由也已。"①由此可见，颜回对孔子思想体悟颇深，言出必行，可谓七十二贤之首。其尊师乐学的态度，之于泰山则体现在岱顶"望吴圣迹"。据《吴郡图续经记》载："昔孔子登泰山，见吴门有白马如练，此论者传闻之误而好奇之过也。"可观孔子与颜回在登临泰山一同遥望天下的气息和状态，可知师生二人相与交流万象，故颜回善得儒法并尽力践行，将"克己复礼"做得自谦得当。而孔子评价其人，便如"贤哉，回也！一箪食，一瓢饮，在陋巷，人不堪其忧，回也不改其乐"②。这是孔子对其弟子罕识的评述，视其为弟子中优良德善的典范。

总而言之，颜回的君子形象体现在其对道德立"仁"的推崇中，而以"仁"行世。孟子评之曰："禹、稷、颜回同道。禹思天下有溺者，由己溺之也，稷思天下有饥者，由己饥之也，是以如是其急也。"③该言指出禹、后稷、颜回都有仁心，有同理之心，这是将颜回的道德性质与先代禹、后稷归为一类，从侧面揭示了一定的君子仁爱之风。

（二）廉吏流芳，羊续悬鱼

羊氏家族作为泰山地区首要望族，自东汉兴起，官员贤达，滋茂繁盛。羊续作为廉吏代表，深具清德君子之性。

《廉吏传·羊续传》："羊续，字兴祖，太山平阳人也。中平三年，赵慈反，杀南阳太守，拜续为南阳太守。"又《后汉书·羊续传》记：

---

①《论语·子罕》。

②《论语·雍也》。

③《孟子·离娄下》。

"祖父侵，安帝时司隶校尉。父儒，桓帝时为太常……"得观羊氏家族"九世清德"家风传承之功，为羊续为官奠定处世之基。对于"羊续悬鱼"之典，《廉吏传·羊续传》云："常敝衣薄食，车马羸败。府丞献其生鱼，续受而悬于庭，丞后又进之，续乃出前所悬者，以杜其意。"《太平御览》卷九百三十六引谢承《后汉书》云："羊续好食生鱼。为南阳太守，丞侯俭贡鲤，续受而悬之。一岁，俭复致一枚，续乃以所悬枯鱼以示俭，终身不复食鱼。"此二典所论，皆言羊氏生活清苦且悬鱼止私受，他于南阳为太守，并以"车马羸败""敝衣薄食"作则，以崇尚简朴官风而欲转时人奢靡态势。羊续的清廉作风不仅视为"止私受"，实延展至生活中，且亦为关键。"羊续官清，衣布袍而问俗"①，又"以清率下。唯卧一幅布绸，败，糊纸补之"②，故此观之，君子当务实，为官则廉，为民则实，羊续不重华服，仅缊袍敝衣而造福黎民，是"天下清苦羊兴祖"的实证。他被世人所崇仰，然而本身并未自居"君子"，这是君子的态度，也是君子自我持中的法度。

（三）德才奉仁，张迁忠孝

汉代举孝廉的选官制度，在一定程度上推动了"忠"与"孝"的融合性政治运用，一方面将国人的"忠良"君子品性加以稳固以利于社会整合治理，另一方面将人本的"孝"义提升到家国一体的高度，进而选拔厚德且有才能的士人王族等群体，促进社会稳定。而东汉中平三年（186）的《张迁碑》则以遒劲雄健的中正笔法描绘出主人公张迁的德善君子形象，引人深思。

1.张迁祖德

"君讳迁，字公方，陈留己吾人也。君之先，出自有周"③，据此

① 《小仓山房文外集》卷七。
② 《太平御览》卷七百七。
③ 泰安岱庙《张迁碑》碑文。

可知张迁祖先为周代之人，其后言张仲、张良、张释之、张骞均视为张迁祖先。观张仲则"以孝友为行"，并观《诗经》知张迁之先祖，可谓代祀绵长。张良是谋士。张释之为西汉法学家，《史记·张释之冯唐列传第四十二》载：

> 张廷尉释之者，堵阳人也，字季……上问上林尉诸禽兽簿，十余问，尉左右视，尽不能对……乃诏释之拜啬夫为上林令……释之曰：'……今陛下以啬夫口辩而超迁之，臣恐天下随风靡靡，争为口辩而无其实……'文帝曰：'善。'乃止不拜啬夫。

由此对之于《张迁碑》原文：

> 文景之间，有张释之，建忠弼之谟。帝游上林，问禽狩所有……于是进啬夫为令，令退为啬夫……释之议为不可，苑令有公卿之才，啬夫喋喋小吏，非社稷之重。上从言。

由此观之，张释之明理不阿、依事论人的态度，能在此二处得以互鉴，并可见其不负"建忠弼之谟"的忠于职守、正直敢言的良臣之誉。此后所提及张骞，当为开化风俗、征服四海之功臣。纵观此中，张氏先人忠良传家、奉于家国的优良品性德泽后世，而张迁则继其先祖中正端绪。

2.张君遗风

《张迁碑》言简意赅，直言张迁生平。张迁在家则"孝弟于家"，在外则"中謇于朝"[①]，是所谓忠孝君子之类。之于"中睿外明"[②]，则当以人的内在修为和外在处世为探求导向，故此张迁应此理。

---

① 据《诸子平议》："樾谨按：'中'当读作'忠'，言忠诚之士，不能上达也。古'中''忠'通用，《汉张迁碑》'中謇于朝'……并假'中'为'忠'。"以此"中"通"忠"。

② 《人物志》。

张迁"中睿"必当修身有道。他以文从政，自是"治京氏易，聪丽权略"，深研京房关于《易》的学问，能较多地通晓世事变迁。他亦属"食无求饱，居无求安"之君子，"随就虚落"则可成。对于尚书所言"五教"，他推崇"宽容"，某些程度上与孔子所倡之"恕"不谋而合；之于东里子产以润色赋彩诗文而闻名，然而张迁最崇尚"仁"字。综此知张迁当属儒家推崇的"仁"善之德，且重其内修。

张迁的"外明"之态，则多展于其从政中。《张迁碑》云，"蚕月之务，不闭四门""存恤高年""路无拾遗，犁种宿野"，皆反映其治理社会清正有度，重民护民。其在少时任郡吏，"隐练职位，常在股肱"，可见其"中通外直"的品行，这亦造就了他坚韧处世的骨干能力。

总体上据《张迁碑》记述，以赞誉之辞和人物生平为重，可由此见到举孝廉之功用。而观张迁君子之风，当属敦厚明智、内修外达。在当时社会，他续承先祖遗韵，深受家族家风的教化，这也是促成其"君子"品格形成的关键要素，故细观此类墓志铭记述，得见人物生平与身后盛名，并树丰碑景仰，故当为持中之人。

三、高山景行，回归君子之德

"天道夷且简，人道险且难"[1]，若有出人之处，必历崎岖，而君子这一容纳四民万象的群体，在通常状况下，是具有较高品质素养的群体，他们始终保持谦谨的态度，处于居安思危的心境，故此常人易于内观，且易入清苦之境。

作为儒家文化发祥地的泰山地区，自左丘明勤苦治史，到范蠡浮海出齐的功遂身退之学，观孔子、孟子天下归仁的格局，以及颜回尊师重德的本分，皆是走向通人之学的正统之路。复观羊续悬鱼，柳下惠守道化德，石介心奉理学，萧大亨忠廉传家，诸多先贤名儒及中正

---

[1] 陆机《君子行》。

之人，在不自觉的修身之中做到了具有公明理法的德善品格之人，这也近乎君子了。一个真正的君子，在少时当博观诗礼，以厚其基；在中年应孝亲爱人，广纳道德；在老年应祸福自观，能成其大。

槐柏千秋岁，泰者有余音。君子实应为高尚人格的代表，以此为普世追求的导向，这便是"君子比德"思维，于此影响下，泰山等名山大岳便成为君子山岳化的象征，而君子也便在自然山川中成为了山岳的人格化体现。清人汪志伊说："孔子圣中之泰山，泰山岳中之孔子。"实道出山人合一之旨，将孔孟人格同"泰山岩岩"气象相合，为古今所倡，可让自然气息与人文内涵有机结合，此点亦可运用于当代人物品评和人物之社会价值的鉴赏中。

怀德如山重，弘文大道明。君子之风实源于先贤，"推位让国，有虞陶唐"[1]是早期君主君子之风的见证，而推及后世，"利他"思维也当是君子道义的重要旨趣。君子当"明明德"以光明品德，去恶扬善，故可论君子的修身、处世、雅性、抱负相融在怀德济世的利人思维中。而此于当世，面对快速发展的信息社会，找准守中持德的标志，尤为关键。君子之道，之于泰山地区，便同泰山挑山工精神进行社会性转化，借国山气象喻国人中正品性，继而构建符合历史气韵的社会主义和谐社会。再者，拓展高德之人故里城市的自然化文化表达，让山水人同归一路，在文创设计、景区内蕴、城市标识中融入具有和善、开放、静雅、明德的文化元素，更利于推动泰山、曲阜等地区"君德儒韵"的文化融合和持续发展，建设平安首善之区，这将大有裨益。

天下归仁，君子之风在齐鲁间润化得更为敦厚而崇高。自古化民成俗，深究君子怀德利人的本性，利于弘扬明德新民、善与自然的社会新风。亦同愿泰岱之区，人文鹊起，常续君子雅韵，常观中正国风。

---

①《千字文》。

后 记

　　本辑含"特稿""美好生活与君子文化""君子文化的历史内涵""君子教育的当代价值"4个专题栏目，刊文凡22篇。

　　君子文化是中华民族在历史发展长河中积淀几千年之久的精神文明，具有深厚的感召力与影响力，铸造了中华民族自强不息、厚德载物的性格特征，已浸润到中华民族的文化基因当中，是当代弘扬传统文化的重要着力点。自改革开放以来，中华君子文化的学术研究和社会实践逐渐丰富与成熟，相关学术专著、期刊、论坛、展览等纷呈迭出，取得了有目共睹的成果与成效。本期"特稿"栏目专门选录了冯契《儒家理想人格与中国传统文化·序》（手稿）与朱义禄《论"自强不息"——君子品性的实践及其现代意义》。朱义禄《儒家理想人格与中国传统文化》一书的独特创获，在于"相当全面地研究了儒家理想人格与民族传统文化的关系"。这无疑是近几十年来君子文化研究史上的一部具有开创性的专著。在《论"自强不息"——君子品性的实践及其现代意义》一文中，朱义禄指出，"自强不息"对中华民族人格的模塑有着积极的意义，而且是中华文明持续数千年不断的重要因素之一。冯契说："我国要实现社会主义现代化，不能脱离现实的国情，也不能离开历史的传统。"君子文化是彰显中华文明独特价值与魅力的人文渊薮，充分挖掘儒家理想人格的多维面相与现实价值，对当代社会精神文明建设大有裨益。

　　君子文化之所以具有薪火相传的生命力，不仅在于无数学者通过理论创获使其丰富并发展，更在于它本身联通现实、面向实践，能使人们以悠游从容的姿态面对日常生活。胡发贵指出，人不能只求物质上的满足（"饱食"），还应有所"用心"，亦即追求生活的精神品味和境界：首先是强调生活中的情感因素，其次是重心灵的愉悦，最后是重视道德价值。可以说，指出了君子文化在生活维度的多重面相。吕锡琛《论君子人生理想与雅健休闲生活》一文以养生为视角，认为孔子追求的"志道据德依仁游艺"人生理想蕴含了文化康养的功能，在这些理念的基础上形成了以经、诗、游、唱、琴、棋、书、画为主要内容的中式雅健休闲生活，对其进行创新性发展，有助于推动新君子文化融入现代生活实践。此外，郭继民、蔡章田、许光灿、彭龙富围绕"美好生活与君子文化"，论述了两者之间的有机关联及其积极意义，均指出君子文化具有引领与促进美好生活的现实价值。生活体验是传统文化的核心指向，探索美好生活与君子文化的内在关联，有助于人际关系的和谐从而推动新时代社会共同体建设。

君子文化作为历经两千余年荟萃无数仁人志士血汗与智慧而形成的文脉源泉，蕴含丰富而复杂的历史内涵与演变脉络。厘清君子文化的发展历程，对理解传统文化的核心观念以及探索新时代君子文化的建设路径，具有立正开新的积极作用。余治平《君子的处困、解困之道——以〈周易·困卦〉为之中心》一文以《困卦》卦辞诠释与九二例解为中心，尝试融贯象数、义理之诠释路径，揭橥卦变、爻变之机枢要害。他指出，面对泽上无水的困境，君子的态度是积极有为、奋力拼搏、杀出重围，而意志薄弱、缺乏控制力的小人则做不到，解困、出困需要借助于精神信仰。解光宇《孟子的君子观及其启迪》一文指出孟子的君子观主要有：大丈夫品格；"乐以天下，忧以天下"；居安思危的忧患意识；闻过则喜，有过必改，与人为善；不取不义之财；"盈科而后进"。孙君恒、关殷颖《君子的身份来源论》一文认为早期的君子，其实既有儒士也有道士（不是后来道教的道士），以儒道合一为主，到了汉代才真正有儒道的分别。

此外，李世平、潘玉爱、王彬、曲祯朋、易楚越、卢涵或从朱子学、或从荀学、或从易学、或从儒学的视角探讨了君子文化的不同渊源。以上论文，为我们进一步研究君子文化的历史内涵提供了重要参照依据。

中华君子文化是多维而立体的文化体系，孕育了传统社会核心价值观念与行为准则，深刻影响着教育、政治等多个领域。在教育领域，"遵从师道""师严道尊"等理念对传统社会文明进程具有举足轻重的作用。蒋国保《儒家君子人格的当代意义——以孔孟"君子"说为论域》一文指出，如何克服当代严重的意义危机、存在危机，也许可以从以儒家君子人格为榜样找到解决这一危机的出路，因为儒家君子人格根本就是一个拒斥功利原则的形象。丁成际、郑娟《儒家君子人格要义及当代价值研究》一文从文化自信、童蒙之教、高校德育以及终身学习等多个方面来构建新时代的君子人格。此外，马爱菊、史哲文、叶达以"新时代少年君子""书院教育""如何成圣成贤"为切入点，探讨了君子文化对当代教育的促进作用。中华君子文化蕴含丰富的传统社会教育智慧与教育制度等历史资源，能为新时代教育事业建设发展提供强大的智力支持。

《中华君子文化（第五辑）》已进入编纂尾声，由衷感谢学界前辈与诸多师友的肯定与帮助，特别是作者们的鼎力支持。作为国内为数不多，以君子文化为主题的学术型著作，我们必须努力精进、精耕细作，才能在人文学科日益边缘化的当代社会立住脚跟。相信在不久的将来，君子文化会闪现其璀璨的光芒与魅力。

叶　达

癸卯元宵于杭州黄姑山